正倉院写経所文書を読みとく

市川理恵

目　次

図・表目次

正倉院写経所文書を読みとく

序

本書でとりあげる「正倉院写経所文書」は、東大寺正倉院（写真1）に伝わった写経所の帳簿である。天平勝宝八歳（七五六）六月二十一日、聖武天皇の七七忌の忌日にあたり、光明皇后は御遺愛品など六百数十点と薬物六十種を東大寺の本尊盧舎那仏《るしゃなぶつ》（大仏）に奉納した。これらは正倉院に収められ、奈良国立博物館で毎年秋に開かれる正倉院展において、一部が公開されている。しかしこのような宝物や薬物とは別に、どう考えても保存を意図したとは思えない文書群が存在する。それらは写経所の帳簿類であり、約一万数千点に及ぶ。実は正倉院文書のほとんどは、写経所文書である。戸籍や計帳なども残っているが、これらはその裏面を帳簿として用いるために写経所に持ち込まれたものである。また石山寺の造営に関する造石山寺所関係文書《ぞういしやまじしょかんけいもんじょ》は、帳簿作成の参考にするために持ち込まれたものである。写経所文書は何らかの理由で、東大寺正倉院（中倉）に紛れ込んだと考えられ、鎌倉時代はじめまでには勅封倉（開けるのに天皇の許可が必要）となり、厳重に管理された。そして江戸時代後期の国学の隆盛にともない、東大寺別当済範《さいはん》親王の命によって穂井田忠友《ほいたただとも》が整理作業をはじめるまで、ほとんど手つかずの状態で残っていたのである。

日本古代史は他の時代と比べ、残存している史料が少ない。したがって「律令」や『続日本紀』（以下、『続紀』と記す）では、たった一〇文字程度の記事や令文に対して、数十本の論文が存在することもある。これに対し、写経所文書は未開拓であり、その意味ではもっとも将来性のある史料といえる。

写経所文書からは、古代において多くの写経事業が行われたことがうかがえる。写経は出版事業でもあり、遣唐使が持ち帰った貴重な仏教経典を手作業で複写するという役割があった。とくに光明皇后は、仏教の教義を研究するために、国内に存在するすべての経典を複写しようと試みた。これは五月一日経《ごがつついたちきょう》として約二十年にわたって書写され、皇后宮職系統写経機構の中心事業となった。複写した経典は寺へ頒布され、読経や講説、研究に用いられた。このような苦心と努力の甲斐あって仏教が全国に浸透していったのである。

写経所と写経事業

〈写経機構の変遷〉

写経は主に聖武《しょうむ》天皇の内裏系統写経機構、光明《こうみょう》皇后の皇后宮職系統写経機構、もしくは北大家や藤原仲麻呂家などの貴族宅の写経所、あるいは大安寺や山階寺（興福寺）などの大寺で書写された。現在、写経所文書として残っているのは、皇后宮職系統写経機構、つまり東大寺写経所とその前身機構の文書である。東大寺写経所は、藤原光明子の家政機関である写経所が発展したものであり、これは聖武天皇の内裏系統写経機構に対して、皇后宮職系統写経機構と呼ばれる。これまでの研究で、光明子家写経所から皇后宮職写経所となり、その後は「東院写一切経所《とういんしゃいっさいきょうじょ》→福寿寺《ふくじゅじ》写経所→金光明寺《こんこうみょうじ》写経所→東大寺写経所」と変化していったと考えられている。

天平十二年（七四〇）十二月の恭仁京遷都をきっかけに（『続紀』天平十二年十二月丁卯〈十五日〉条）、

写真1　東大寺正倉院

写経所は皇后宮職の管下から離れ、福寿寺写経所となっているが、この福寿寺は、その後「金光明寺」となり、さらに「東大寺」へとその名称が変化する。最終的に「東大寺写経所」となるのは、天平十九年（七四七）末からで、天平二十年七月にその上級官司である造東大寺司《ぞうとうだいじし》が成立する。

〈写経事業の流れと写経所の構成〉

写経事業においては、まず予算がたてられ、これに基づいて紙・筆・墨、銭、調布・絁《あしぎぬ》などの繊維製品、食器や調理用具、櫃《ひつ》などの収納用具、燃料の薪や炭など、必要物資が造東大寺司から供給される。このうち食料品は銭が支給され、写経所が平城京の東西市などで米や塩、海藻《め》、蔬菜（野菜）などを購入していたことがわかっている。そして作業着である浄衣《じょうえ》は、布で支給されて、写経所の縫女により縫製された。また本経（コピーのもとになるテキスト）が写経所にない場合は、あらかじめ内裏や他の寺などから借りた。写経作業としては、まず「装潢《そうこう》」によって写紙が整えられ、その後、「経師」によって書写される。「校生」のチェック（通常は二回）と修正を経た後に、「装潢」によって軸付けなどが行われた。装潢・経師・校生は、その仕事量に応じて、布施（＝給料）が支払われ、最後に写経事業の決算が報告された。この過程において、多くの帳簿が作成された。そのほとんどは活字化され、現在は『大日本古文書』（編年文書、全二十五巻）に収められている。[1]

写経所には、装潢・経師・校生の他に、別当・案主《あんず》・領《りょう》・舎人《とねり》などが所属していた。別当は、写経所の人事・財政・職務において絶大な権限をもっていた。その下に別当を補佐し、事務作業を行う案主や領がおり、彼らが帳簿を作成した。さらにその下に舎人がいて、雑使《ざつし》として各所へ赴き、堂童子《どうどうじ》として労働し、また食領《じきりょう》として料理供養所を監督していた。

写経所文書研究の意義

写経所文書にあらわれる神亀四年（七二七）～宝亀七年（七七六）までの約五十年にわたる写経事業は、政治史そのものの史料といえる。たとえば神亀四年と同五年の大般若経《だいはんにゃきょう》書写は、前者は藤原光明子の安産祈願、後者はその皇子の菩提を弔うために行われた。この皇子の夭折により、阿倍内親王が立太子することになり、やがて孝謙天皇、さらには称徳天皇として即位する。

また聖武天皇は天平十二年（七四〇）二月から同十七年五月まで恭仁京《くにきょう》・紫香楽宮《しがらきのみや》・難波宮を巡っているが、紫香楽宮で行われたのが、甲賀宮《こうがのみや》写経で、平城京に還都した直後の難波行幸時に「難波《なにわ》之《の》時御願《ときぎょがん》大般若経」を発願している。天平勝宝四年（七五二）の東大寺大仏開眼会《かいげんえ》においては六十華厳経が、また藤原宮子《みやこ》（聖武の母）の崩御においては、梵網《ぼんもう》経一〇〇部二〇〇巻と法華経一〇〇部八〇〇巻が書写されている。さらに藤原仲麻呂政権において、その権力拡大のために実施されたのが知識《ちしき》大般若経書写で、彼の推進する保良宮遷都の、その付属寺院として石山寺の増築が行われ、この時の帳簿が造石山寺所関係文書として残っている。称徳天皇・道鏡政権下では、写経はもっぱら西大寺写経所において行われ、東大寺写経所は約五年間活動を休止した。称徳天皇の崩御により即位した光仁天皇は、西大寺写経所を廃止して東大寺写経所に吸収させ、ここで始二部《しにぶ》・更二部《こうにぶ》を書写させた。このように写経事業は権力者の意向を反映しているのであり、政治史を考えるうえで欠かせないのである。

以上のように写経所文書を検討することで、『続紀』に記されていない多くの事実を発見することができるのであり、より詳細な奈良時代政治史を描くことができるのである。そしてそもそも一〇〇〇巻を超えるような大規模な写経事業は、遷都や大仏造営と並ぶ、国家の一大事業である。当然、政治史における意義が解明されなければならない。

一方、日本古代史においては養老令、さらに令の注釈書である『令義解』『令集解』、また規定を修正・変更し、あるいは細則を定めた格式を収める『類聚三代格』『延喜式』などが残っており、官人制度・財政制度・支配制度・土地制度・身分制度・教育制度などの制度史研究がさかんである。写経所文書はこれらの制度が、実際にはどのように機能していたかを調べることができる。また現在、天平宝字元年（七五七）まで施行されていた大宝令は残っていないが、その令文を復原することもできるのである。

写経所文書はまた、通常は歴史の表舞台にあらわれることのない、下級官人の実態を伝える史料でもある。その詳細は個別の研究論文に詳しいが、本書の第二章においても、下級官人のエピソードをコラムとして掲載しているので、参照していただきたい。

このように写経所文書の史料的価値は非常に高い。しかしこれを研究に用いるのは難しい。多くの文書は、年紀がなく、文が途切れていて、基本的な情報がわからないのである。(2) このため敬遠される傾向にあった。しかし約一三〇〇年前の史料がそのまま残されていたのである。世界的にみても非常に珍しい。研究者にとっては、まさに「宝の山」である。

注

（1）本書では『大日本古文書』は「巻ノ頁」で示す。『大日本古文書』一～六は急いで編纂されたため間違えが多く、七以降に再収されているものがある。その場合は再収された方を用いる。再収については、西洋子『正倉院文書整理過程の研究』（吉川弘文館、二〇〇二年）の別表2を参照されたい。また『大日本古文書』には、「正集

△」や「続々修△帙△裏」など、冒頭に正倉院文書の所属が記されているが、間違っていることが多い。これも西氏の前掲著書の別表2か、『正倉院文書目録』（東京大学出版会、一九八七年～）の「大日本古文書対照目録」を参照されたい。

（2）『大日本古文書』では、年紀が記載されていない文書は、該当すると思われる年の「類収」に収めているが、間違っていることが多い。その場合は、『大日本古文書』の「巻・頁」を書き留めて、『正倉院文書目録』の「大日本古文書対照目録」で照会し、ここになければ『東京大学日本史学研究室紀要』の「正倉院文書写経機関関係文書編年目録」で探すが、わからない場合も多い。そうなれば、どの写経事業のものか仮説を立てながら、個別の研究論文をあたっていくしかないのである。

第一章　帳簿の実例

はじめに

まずは実際に写経書文書を読んでいきたい。写経書文書とは、写経所の帳簿である。しかし一口に「帳簿」といっても、その種類は多種多様である。年代によっても、写経事業によっても作られる帳簿は異なる。しかし典型的なものを数例解説することができれば、他の帳簿も理解しやすくなるのではないだろうか。そのように考え、どの写経事業でも比較的よく作られた、【一】用度案《ようどあん》・【二】浄衣用帳《じょうえようちょう》・【三】銭用帳《せんようちょう》・【四】充紙帳《じゅうしちょう》・【五】食口案《しょっこうあん》・【六】布施申請解案《ふせしんせいげあん》・【七】告朔解案《こうさくげあん》を解説する。

帳簿は題籤軸《だいせんじく》をもつ整然としたものもあれば、メモ書きのような断片もある。法制史料や正史とは違い、推敲された文章が書かれているわけではないので、全体的に書き間違えや計算間違えが多く、これらは黒塗りにしたり、抹消符をつけたり、丸で囲むなどの方法（写真2）で抹消されている。また下級官人の書状は先方に意図が通じればよく、帳簿も写経所内で解釈できればよい。ゆえに文法が無視されたり、周知のことは省略されたりする。また帳簿はとくに正式なものであればあるほど「調整」されていること

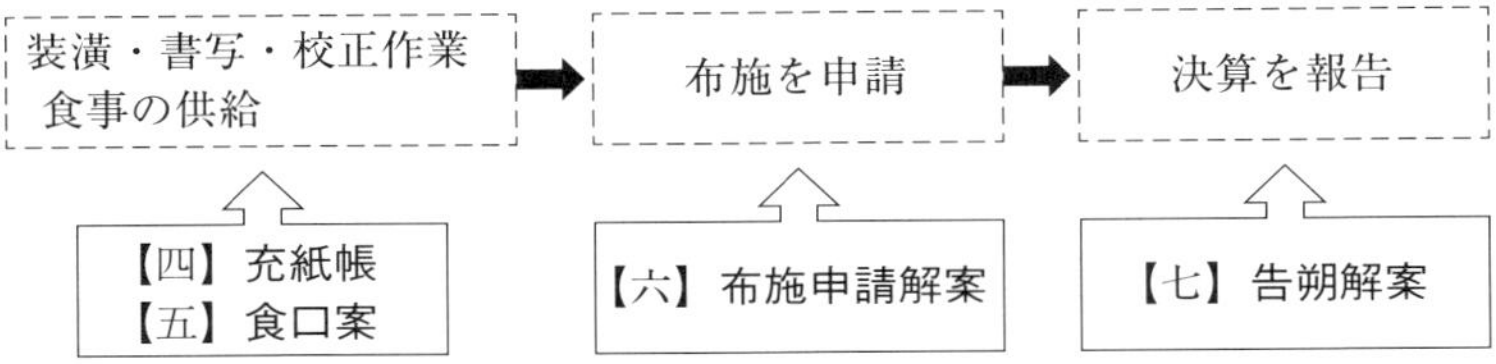

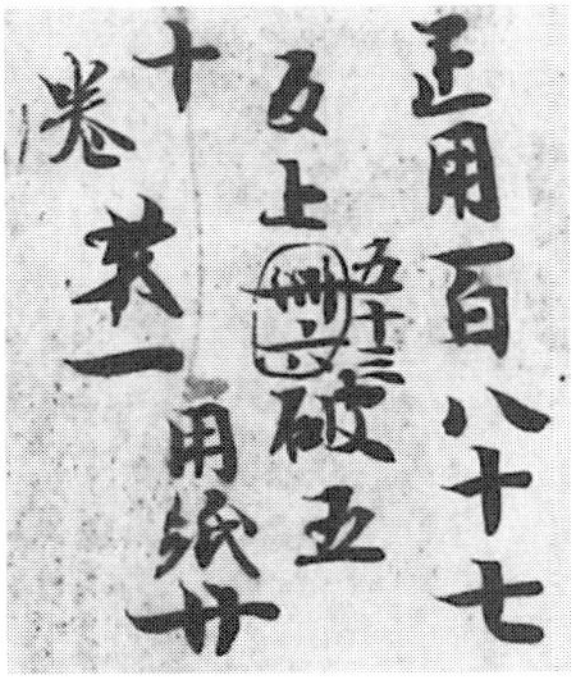
写真２　丸で囲んで抹消する例（続々修20ノ5第70紙）「四十六」を丸で囲んで抹消し、「五十三」に訂正している。

が多く、必ずしも事実そのものが記されているとは限らない（ただしこれは小規模な『数値の調整』で止まっており、『改ざん』というほどのものではない）。むしろ写経所内の非公式な帳簿、メモ書きのような断片の方が事実を語っていることが多い。

写経所には写経所別当（安都雄足《あとのおたり》・葛井荒海《ふじいのあらうみ》など）のもとに、事務責任者として案主《あんず》（辛国人成《からくにのひとなり》・上馬養《かみのうまかい》など）がおり、彼らが帳簿を作成した。帳簿は基本的に案主がまとめて作成し、残したものと考えられており、そのため同時期の、あるいは同じ写経事業のものが複数存在する。したがって研究するうえでは、まずこれらの帳簿を比較することが重要である。

本章では【一】用度案《ようどあん》・【二】浄衣用帳《じょうえようちょう》・【三】銭用帳《せんようちょう》・【四】充紙帳《じゅうしちょう》・【五】食口案《しょっこうあん》・【六】布施申請解案《ふせしんせいげあん》・【七】告朔解案《こうさくげあん》を解説するが、写経事業の流れとの帳簿の関係は図1のようになる。[1]

写経事業が決定すると、まず写経所で予算案が作成される。この時の予算案が【一】用度案である。そしてこれにもとづき物品が納入される。写経所ではこれ

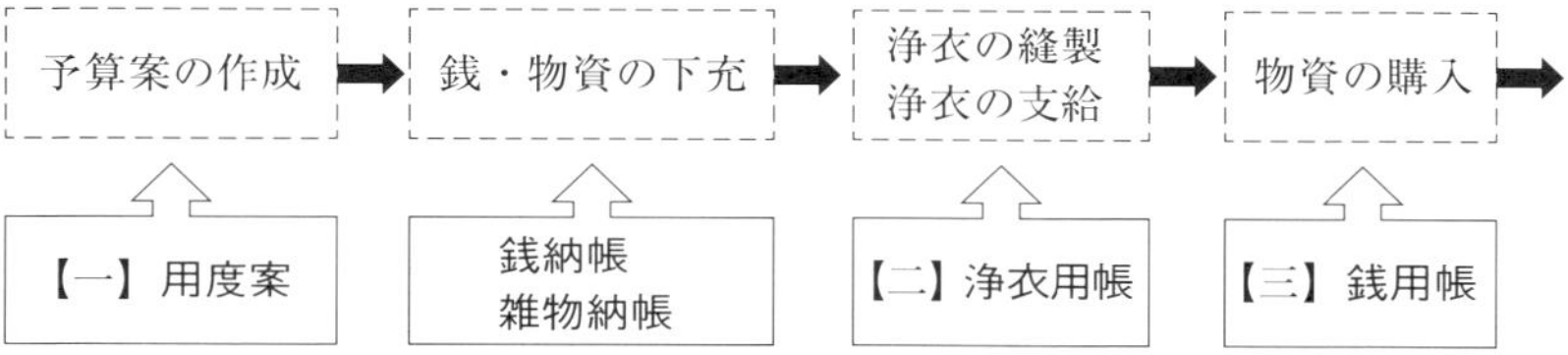

図１　写経事業の流れ

らを雑物納帳《ぞうもつのうちょう》・雑物請帳《ぞうもつせいちょう》、銭納帳《せんのうちょう》、紙墨筆納帳《しぼくひつのうちょう》などの納帳に記す。支給された絁《あしぎぬ》・綿《わた》・調布・庸布などで浄衣《じょうえ》が縫製され、できあがると経師《きょうし》などに支給する。その際には【二】浄衣用帳に、いつ誰に支給したかを記す。また写経所は支給された銭で、【一】用度案で購入予定とされた物資を買う。銭の支出は【三】銭用帳に、購入された物資は雑物納帳に記す。いよいよ装潢《そうこう》・書写・校正作業がはじまると、装潢・経師・校生などに紙や筆・墨が割り当てられ、これらは【四】充紙帳や充筆墨帳《じゅうひつぼくちょう》などに記す。食事も供給されるが、用いた食米は、【五】食口案に記す。それぞれの作業が終わると、上紙帳《じょうしちょう》・書上帳《しょじょうちょう》・校帳に記し、あるいは手実を上帙帳《じょうちつちょう》などに貼り継ぐ。写経事業が終了すると、写経所が経師たちのそれぞれの作業量から布施額を計算し、布施（＝給料）が申請される。その案が【六】布施申請解案である。最後に決算報告である【七】告朔解案を作成する。ただし告朔解案は写経事業の途中でも作られており、一ヶ月ごとの時もあれば、数ヶ月分の時もあるので、それぞれの期間内の決算報告書といえる。

【一】用度案

解　説

写経事業が決定すると、まず写経所で必要な物品とその数量を列挙した予算書にあたる用度案が作成される。用度案については、栄原永遠男氏(2)が天平勝宝六年二月十八日「造東寺司解」（十二ノ五〇〜五七）について、詳しく解説しているので参照されたい。本書では二部大般若経《にぶだいはんにゃきょう》写経事業の用度案を例示する。ここでは写経に必要な紙・筆・墨や、布施や浄衣に必要な調布や絁、経師たちの食料の米や塩、海藻・大豆などが計上され、さらに食器や調理器具、そして人員が書かれている。長文なので、表1を参照されたい。尚、帳簿は大字、すなわち「壹、貳、参、肆、伍、陸、漆、捌、玖、拾」で記されることも多いが、便宜上、「一、二、三、四、五、六、七、八、九、十」で表した。また「廿」は「二十」、「卅」は「三十」と表記した。さらに異体字も適宜直している。異体字については、『大日本古文書』一〜五の巻末に「異字一覧」があるので、参照されたい。

《用度案の実例1》

〔史料1〕天平宝字六年十二月十六日付奉写二部大般若経用度解案(3)

（十六ノ五九〜六八）（写真3）

(1)応奉写大般若経二部一千二百巻

用紙(a)二万四千八百八張「※一部料(b)一万二千五百六十六張」

(c)経紙二万三千一百三十二張「※一部料一万一千六百八十六張」

(d)二万一千五百三十二張見写料「※一部料一万七百六十六（ママ）」

一千張(e)儲料「※六百」

六百張(f)標紙料 以二張着二巻「※(g)三百二十 三百張見用 二十張破料」

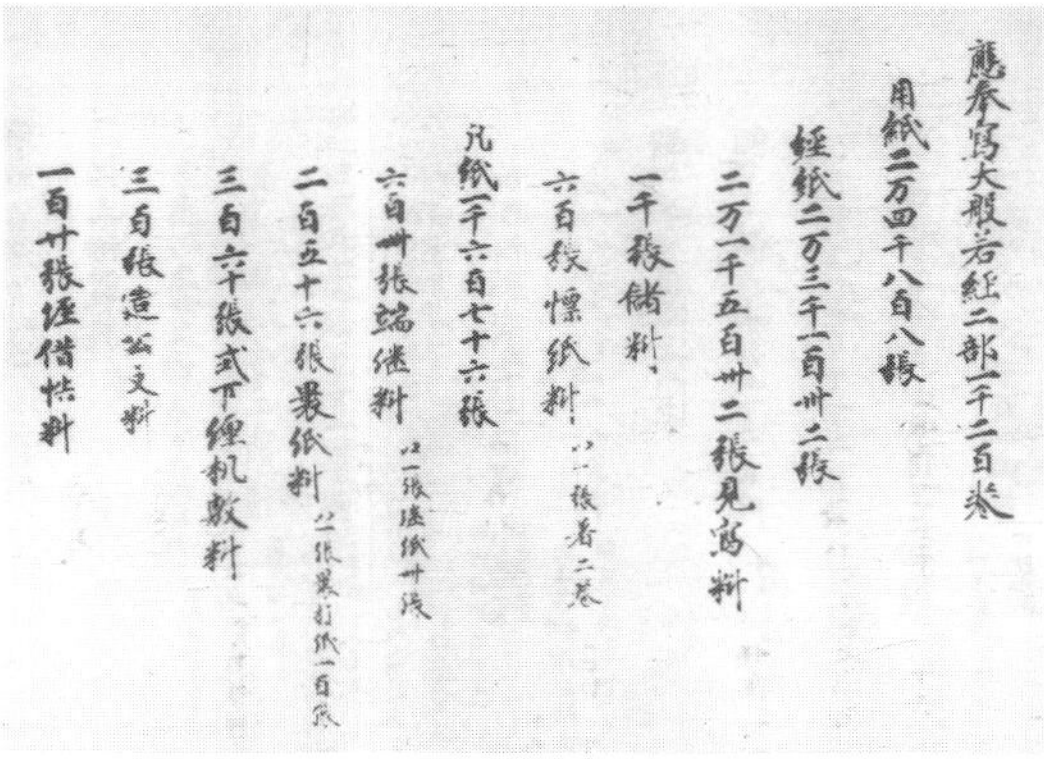

写真3-1 〔史料1-(1)〕天平宝字6年12月16日付奉写二部大般若経用度解案（続々修4ノ7第1〜6紙）

(h)凡紙一千六百七十六張※「一部料八百八十張」
　六百四十張(i)端継料　以㆓一張㆒継㆓紙四十張㆒※「三百二十」※
　二百五十六張(j)裹紙料　以㆓一張㆒裹㆓打紙一百張㆒※「一百七十」
　三百六十張(k)式下纏机敷料※「一百八十張　二度料」
　三百張(l)造公文料※「一百五十」
　一百二十張(m)経借帙料※「六十張」

この写経事業は藤原仲麻呂政権下の天平宝字六年（七六二）十二月十六日の慈訓の宣によってはじめられ、翌七年四月に完了している。ここでは大般若経一部六〇〇巻を二セット、計一二〇〇巻を書写することが述べられ、用いる紙の総量(a)二万四八〇八張《はり》（＝枚）が記される。その下に＊とあるように朱筆で、一部の用紙数(b)「一万二千五百六十六」が書き込まれている。これは(c)経紙の一部料一万一六八六張と(h)凡紙の一部料八八〇張の合計である。紙は大きく(c)経紙と(h)凡《ぼん》紙《し》に分けられ、経紙の方が上質である。経紙は(d)二万一五三二張が実際に書写に使用する分で、一〇〇〇張が(e)儲料、すなわち予備用で、六〇〇張が(f)標紙料、すなわち表紙用で、二巻で一張使っている。朱筆の(g)「三百二十」は、「三百張」は実際に使うもので、二〇張は「破料」とある。破とは、破れたり、書き損じたり、漉きが悪くて破棄する分をいう。

(h)凡紙は六四〇張が経紙の(i)端継《はしつぎ》料、すなわち経紙の前後に貼り継がれるもので、四〇張に一張が使われている。(4) 二五六張が(j)裹紙料《つつみがみりょう》、すなわち一張で打紙一〇〇張を包んで、密にし、表面を平滑にするた

写真４「式」の例（続々修24ノ6裏第17紙）

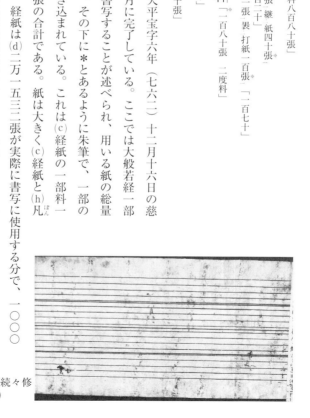

表1 予算書〔史料1〕と決算書〔史料2〕の比較

〔史料1〕予算書

	項目	数量	内訳
(1)	用紙	二万四八〇八張	
	経紙		二万三一三二張
	凡紙		一六七六張
(2)	布	六七二端一丈五尺六寸	
(3)	細布	三端三丈	
	絁	二〇二匹五丈八尺	
	綿	六五八屯	
	庸布	二七段二丈二尺	
(4)	兎毛筆	一四四管	
	墨	七二挺	
	鹿毛筆	一四管	
	綺	二〇四丈	
	軸	一二〇〇枚	
	帙	一二〇枚	
	橡汁	四斗	
	黄蘗	五五二斤	
	銭	三九貫三七九文	
	兎毛筆一四四管		五貫七六〇文
	墨七二挺		二貫一六〇文
	木履五二両		七八〇文
	韮一五六両		一貫五六〇文
	小明櫃四〇合		五二〇文
	薪六一六荷		九貫二四〇文
	荒炭七七斛		三貫八五〇文
	菜直		一五貫五〇八文
(6)	米	一一七石三斗六升八合	
	塩	二石三斗二合六夕	
	醤	三石九斗六升八夕	
	未醤	三石九斗六升八夕	
	酢	一石九斗八合六夕	

〔史料2〕決算書

	追加購入	追加費用	残量
(6)	紙		四五〇張
(6)	黄蘗		二七斤
	銭		七貫五〇〇文
(3)	雑沓一五両	三四三文	
(5)	明櫃一八合	四二九文	

(6)	糟醤	六石二斗二升八合	
	海藻	六五四斤一二両	
	滑海藻	六五四斤一二両	
	布乃利	五三一斤	
	大凝菜	五三一斤	
	小凝菜	五三一斤	
	芥子	七斗六合	
	糯米	四石二斗四升八合	
	大豆	八石四斗九升六合	
	小豆	八石四斗九升六合	
	胡麻油	一石四斗一升二合	
	漬菜	九石五斗七升六合	
(7)	大笥	五八合	
	折櫃	五八合	
	水麻笥	一二口	
	匏	一〇柄	
	杓	二〇柄	
	経机	五〇前	
	中取	四前	
	食薦	二〇枚	
	切机	四前	
	叩戸	五口	
	掏水埦	三〇口	
	坏	一二〇口	
	佐良	一二〇口	
	塩坏	一二〇口	
	片埦	一二〇口	
	研	四〇口	
	砥	五顆	

(6)	大豆		一斛
	小豆		一斛
(5)	大笥六〇合	四二〇文	
	折櫃四一合	六一五文	
	小麻笥一五口	一九七文	
	瓠二〇口	四〇文	
	杓二六柄	五一文	
(3)	前薦一三枚	一〇四文	
(5)	掏塩杯九〇口	八〇文	
	掏片埦一〇〇口	一八〇文	
(3)	砥四顆	二五三文	

(7)	竹	四〇枝	
	畳	八八枚	
	薦	八八枚	
	刀子	二〇柄	
	辛櫃	六合	
	釜	二口	
	槽	一口	
	箕	八舌	
	船	三隻	
	瓫	二〇口	
	箒	三〇枚	
	置箒	六枚	

(3)	葛野蓆八〇枚	三貫四八〇文	
	小刀四柄	二〇〇文	
(6)	辛櫃	一〇合	
(3)	箕二舌	七六文	
(5)	瓫三二口	二〇四文	
(2)	帙縁料絁等	一四貫一五〇文	
(3)	鏁子六具	四七〇文	
	鉄臼一口	六〇〇文	
	折薦九五枚	三貫五九文	
	調葉薦五〇枚	一貫五〇〇文	
	松一六荷	八九四文	
	波太板一〇枚	一貫文	
	椙榑三七村	二貫五八五文	
	箸竹一七〇把	一六六文	
(4)	小麦六石五斗	六貫二五〇文	
	索餅九四一藁	二貫九〇七文	
	雑菓子	二貫一四九文	
	雑海菜	二貫一一九文	
(5)	堝一二口	三〇文	
	掏盤一一一口	二三一文	
	掏瓶三口	四二文	
	掏垸一〇〇合	三五〇文	
	掏羹坏一〇〇口	一〇〇文	
	籠四口	二七文	

めに打つのである。三六〇張の(k)式下纏机敷料《しきしたまききしきりょう》は、渡部陽子氏[5]によると「式」（写真4）は一行一七字という写経の企画通りに写すための目安の紙で、「下纏《したまき》」は、一日の作業の終わりや仕事の切れ目に、筆墨その他の写経用具を包んでおくもの、「敷紙」は下敷きである。三〇〇張が(l)造公文料、すなわち帳簿などを作る紙で、一二〇張が(m)経借帙料である。借帙とは作業段階で使われるもので、凡紙だけでつくられた帙である。[6]

(2)

(a)布六百七十二端一丈五尺六寸
五百三十八端一丈二尺（*「二百六十九端六尺」）　(b)写紙二万一千五百三十二張料（「一万七百六十六」）　以㆓一端㆒充㆓写紙四十張㆒
四十三端二尺四寸（*「二十一　二丈二尺二寸」）　(d)校紙四万二千六十四張料（(c)「二一千五百三十二」）　以㆓一端㆒充㆓校紙一千張㆒
五十五端一丈三尺二寸（*「二十七　二　七　六」）　(e)装潢紙二万二千一百三十二張料（「一　一　六十六」）　以㆓一端㆒充㆓作紙四百張㆒
(f)十二端題経一千二百巻料（*「六　六」）　以㆓一端㆒充㆓題経百巻㆒
七端一丈八尺　(g)襪百四両料　両別三尺　経師装潢校生料人別二度
十四端三丈六尺　(h)湯帳五十二条料　条別一丈二尺
一端一丈八尺　(i)手巾十二条料　条別五尺

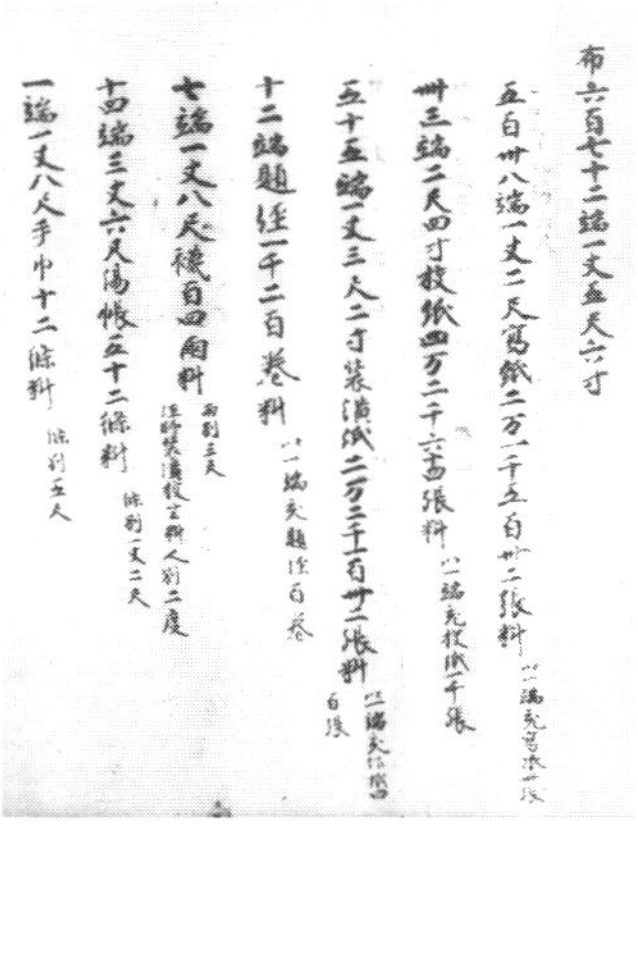

写真3-2〔史料1-(2)〕

(a)布とあるのは、調布のことである。これはまず布施（＝給料）として使われる。(e)装潢紙二万二一三二張は、写紙(b)二万一五三二張に(1)(f)の標紙（表紙）六〇〇張（10頁）を足した数であり、(d)校紙四万二〇六四張は朱筆で一部は(c)「二万一千五百三十二」とあるので、正確な数値は「四万三〇六四張」である。これは(b)写紙二万一五三二張の二倍となっているので、校正を二回行う予定であったことがわかる。

五三八端一丈二尺は(b)二万一五三二張分の写紙、すなわち経師が写経した分の布施にあたる。写紙四〇張で調布一端にあたる。四三端二尺四寸は(d)校紙四万二〇六四張、正しくは四万三〇六四張に相当し、校生に支給する分である。これは校紙一〇〇〇張で調布一端にあたる。校正は誤字・脱字・衍字などをチェックする作業であり、その訂正法としては、刀子などで紙を削りとる擦消、墨の乾かないうちに水で洗い流す洗消、過ちの箇所を切り落とす切断法がある。[7] 五五端一丈三尺二寸が(e)装潢紙二万二一三二張にあたるもので、これは作紙四〇〇張で調布一端になる。装潢の作業は、まず写経する前に料紙を貼り次いで巻物にする継作業、紙の緊密度・平滑度を高めることで墨の滲みを止める打作業、界線を引く界作業、すなわち「継《けい》・打《だ》・界《かい》」を行う。そして写経が終わった後は、端切《はしきり》、軸付け、緒付けなどの装書作業がある。大隅亜希子氏に[8]よれば天平十八年以降は、継・打・界・装書の四工程の紙数をそれぞれ把握し、それらの合計の四分の一が布施の対象とされた。(f)十二端題経一千二百巻料は、大般若経六〇〇巻を二部、計一二〇〇巻の題経（外題）を書き込む題師の布施で、題経一〇〇巻で布一端であった。以上が布施に使用される調布である。

七端一丈八尺の(g)襪（まつ・しとうず）（写真5）はくつした、足袋のようなものである。[9] 調布で一〇四両、すなわち一〇四セットが作られる。「経師装潢校生料人別二度」とあるので、一人二度支給されたのであり、経師・装潢・校生の総数が五二人であることがわかる。十四端三丈六尺湯帳五十二条料の(h)湯

写真5　大歌布襪　第4号

帳（＝温帳、ゆちょう・ゆばり）は湯もじ（蒸し風呂に入る際に着用する衣服）に使用する。一端一丈八尺手巾十二条料の(i)手巾《たのこい》は、共同で利用する手ぬぐいのことであり、十二条を作成したことがわかる。このように調布は、布施と襪・湯帳・手巾に使われていたことがわかる。続いて繊維製品が並ぶ。

(3)

(a)細布三端三丈冠五十二条料　条別三尺
(b)絁二百二匹五丈八尺
五十八匹(c)綿袍(d)五十八領料　袍別一匹　経師装潢校生膳部雑使并五十八人料
三十九匹(e)襖子五十二領料　領四丈五尺　経師装潢校生料
十九匹四尺(f)汗衫五十二領料　領別二丈二尺　経師装潢校生料
二十四匹一丈(g)袴五十八腰料　腰別二丈五尺　経師装潢校生膳部雑使并五十八人料
五十二匹(h)被五十二覆料　覆別一匹　経師装潢校生料
十四匹二丈四尺(i)褌五十二腰料　腰別一丈二尺
二丈胡簶料　薄
(j)綿六百五十八屯
百十六屯袍五十八領料　領別二屯
百四屯襖子五十二領料　領別二屯
五十八屯袴五十八腰料　腰別一屯
三百六十四屯被五十二覆料　覆別七屯

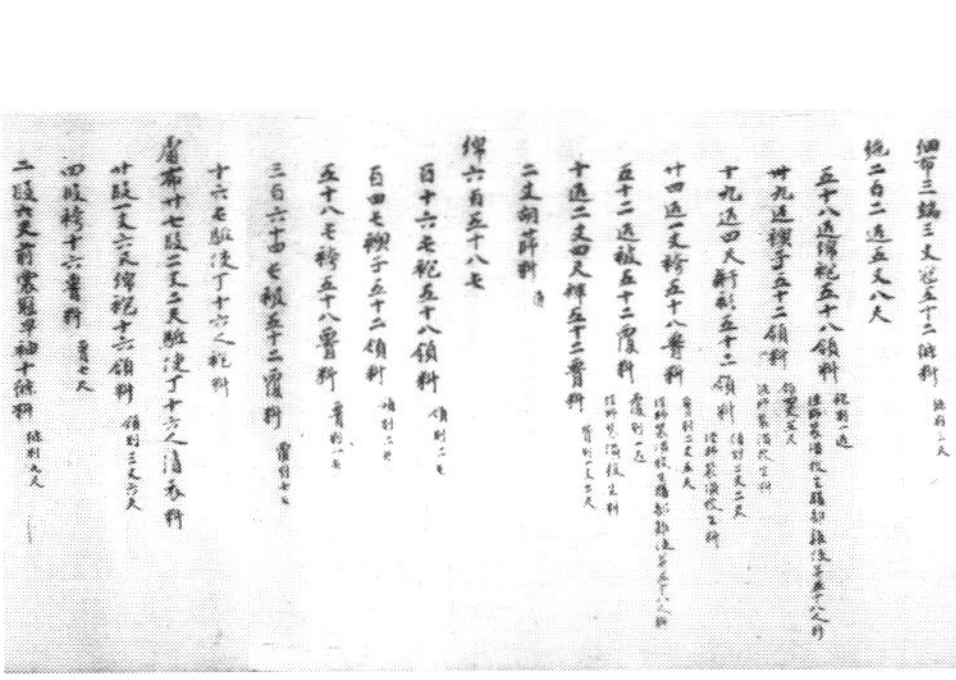

写真3-3〔史料1-(3)〕

十六屯駈使丁十六人(k)袍料

(l)庸布二十七段二丈二尺駈使丁十六人清衣料

二十段一丈六尺(m)綿袍十六領料　領別三丈六尺

四段(n)袴十六腰料　腰七尺

二段六尺(o)前裳冠早袖十条料　条別九尺

(a)細布《さいふ》は冠《かん》に使うもので五十二人分用意される。冠は頭巾のようなものである。(b)絁・(j)綿・(l)庸布は浄衣に用いる。この写経事業は、天平宝字六年十二月から翌七年四月に行われたので、防寒対策として綿の入った袍《ほう》（上半身用の外衣）（写真６）、すなわち(c)綿袍が用意されている。これは、経師・装潢・校生とともに膳部《かしわべ》・雑使《ざつし》など(d)五八人に支給されている。他に同じく(g)袴《こ》（下半身用の外衣）（写真７）も用意される。そして経師・装潢・校生には、そのほかに(e)襖子《おうし》（防寒用の上衣）と下着にあたる(f)汗衫《かんさん》（上半身用の内衣）（写真８）、そして(h)被《ふすま》（＝衾、布団のようなもの）・(i)褌《こん》（下半身用の内衣）が与えられている。また駈使丁《くしてい》（＝仕丁《しちょう》）には(k)袍料とあるように(j)綿の入った庸布の(m)綿袍と、(n)袴・(o)前裳・冠・早袖（写真９）を作っている。前裳《まえも》・早袖《はやそで》は、外衣の上に着用する仕事着である。浄衣は基本的に写経事業に新調・配布されるものであったらしく、常に用度案において記されている。

栄原永遠男氏[10]は、天平宝字四年（七六〇）の法花経（＝法華経）など四五〇部

写真６　大歌録綾袍　第１号

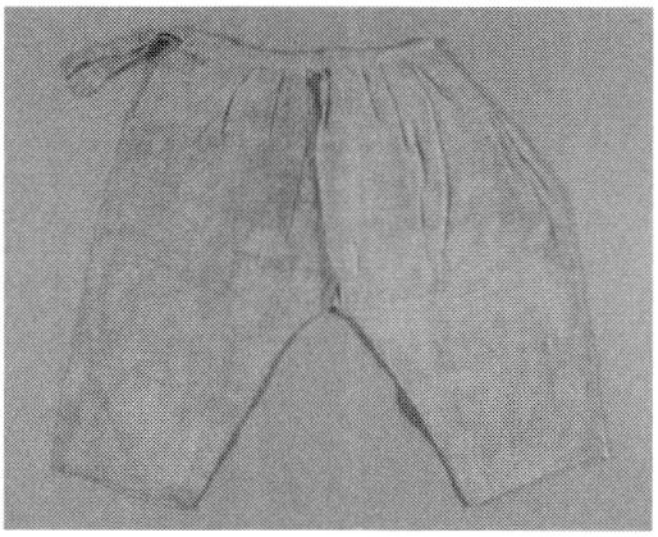

写真７　布袴　第４号

の書写における浄衣について検討し、袍・袴は経師・装潢・校生の場合、絁を用いて袷《あわせ》（裏地のついた衣服）仕立とし、その間に綿を入れたものであったのに対し、雑使に支給されたのは細布製の単衣《ひとえ》（表地だけの衣服）、優婆夷《うばい》も細布製の袍のみで裳は支給されず、仕丁《しちょう》にいたっては、袍・袴ともに租布であったとする。このように外装については、経師・装潢・校生と雑使・優婆夷と仕丁の三者の差は歴然たるものがあったとする。内衣である汗衫・褌や襪・湯帳は、経師・装潢・校生のみに支給され、他には支給されていない。これに対して前裳《まえも》・早袖《はやそで》は、仕丁のみに支給されている。

(4)
(a)兎毛筆一百四十四管　以一管写紙百五十張　「※一部料七十二管」
(b)墨七十二挺　挺別写紙三百張　「※一部料三十六挺」
堺料　(c)鹿毛筆十四管　以一管堺紙一千六百張　「※一部料七管」
(d)綺二百四丈　以一尺七寸着一巻
(e)軸一千二百枚
(f)帙一百二十枚
(g)橡汁四斗　以一升染表紙十五張
(h)黄蘗五百五十二斤　以一斤染紙四十張
銭三十九貫三百七十九文
五貫七百六十文　(i)兎毛筆百四十四管直　管別四十文

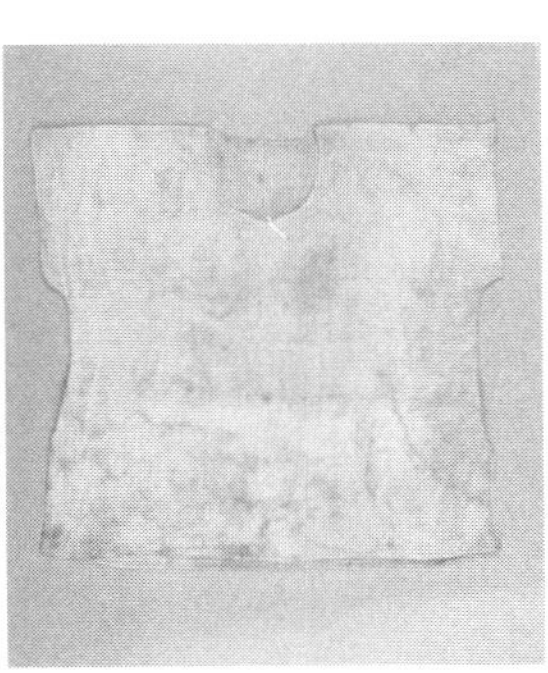
写真8　貫頭布衫　第3号

写真9　早袖　第3号

二貫百六十文　(j)墨七十二挺直　挺別三十文

七百八十文　(k)木履五十二両直　両別十五文

一貫五百六十文　(l)菲百五十六両直　両別十文

五百二十文　(m)小明櫃四十合直　合別十三文

九貫二百四十文　(n)薪六百十六荷直　荷別十五文

三貫八百五十文　(o)荒炭七十七斛直　斛別五十文

十五貫五百八文　(p)青菜直

十四貫七十二文経師装潢三千五百十八人料　(q)人別四文

一貫四百三十六文校生七百十八人料　(r)人別二文

写経に用いる(a)兎毛筆《うげひつ》（写真10）、堺線を引くときに用いる(c)鹿毛筆《かげひつ》は一管につき、それぞれ写紙一五〇張、堺紙一六〇〇張という基準にしたがって、一四四管と一四管が必要となる。(b)墨（写真11）も同じく一挺（＝廷）で写紙三〇〇張という計算で、七二挺が必要となる。いずれも機械的に計上されている。(d)綺《かんはた》は巻紐で、色糸による平織であった。(11) (f)帙《ちつ》（写真12）は、巻子本の経典を包むものである。(12) (h)黄蘗（おうばく・きはだ）は経紙を黄色に染め、(g)橡汁（つるばみのしる）は表紙にする経紙を黒く染める。

これらは直接、現物を請求しているようにみえるが、銭の内訳に(i)

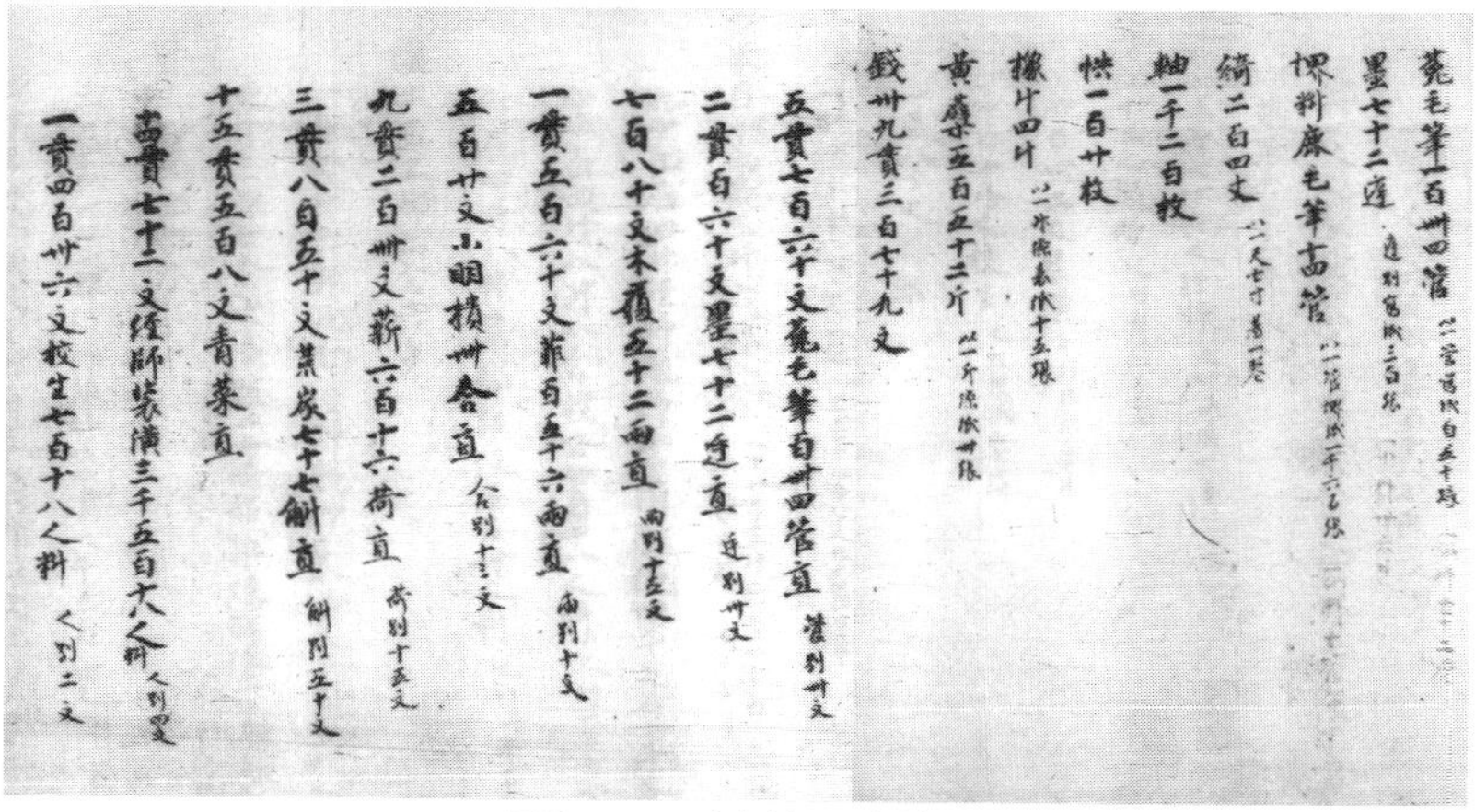

菟毛筆一百卌四管
墨七十二廷
堺料鹿毛筆十四管
綺二百四丈
軸一千二百枚
帙一百廿枚
橡汁四斛
黄蘗五百五十二斤
銭卌九貫三百七十九文
五貫七百六十文菟毛筆百卌四管直
二貫百六十文墨七十二廷直
七百八十文木履五十二両直
一貫五百六十文菲百五十六両直
五百廿文小明櫃卌合直
九貫二百卌文薪六百十六荷直
三貫八百五十文荒炭七十七斛直
十五貫五百八文青菜直
十四貫七十二文経師装潢三千五百十八人料
一貫四百卌六文校生七百十八人料

写真3-4〔史料1-(4)〕

兎毛筆は一四四管（管別四〇文）、(j)墨は七二挺（挺別三〇文）とあり、最初から東西市などで購入することを想定していた。(k)木履（写真13）と(l)菲も同様である。(k)木履は木沓《きぐつ》のことで、五二セット用意されるので、経師・装潢・校生に配布するものである。(l)菲は藁沓《わらぐつ》のことで、耐久性の問題からか木履の三倍にあたる一五六両が用意されている。他に(m)小《こ》明櫃《あかるひつ》（箱）、(n)薪、(o)荒炭なども購入する予定であった。そして(p)青菜直とは、食事に出す蔬菜の購入費のことで、鮮度を重視して、最初から東西市などで購入することを想定している。経師・装潢は(q)人別四文であるのに対し、校生は(r)人別二文となっている。

(5)

経師四十人題師二人校生八人装潢四人膳部二人雑使四人駈使丁十六人

惣単(a)六千二百二十八人

(b)三千七十六人経師　(c)人別写紙七張

十二人題師　人別題経一百巻

四百四十二人装潢　(d)人別作紙五十張

七百十八人校生　(e)人別校紙六十張

一百八十人膳部

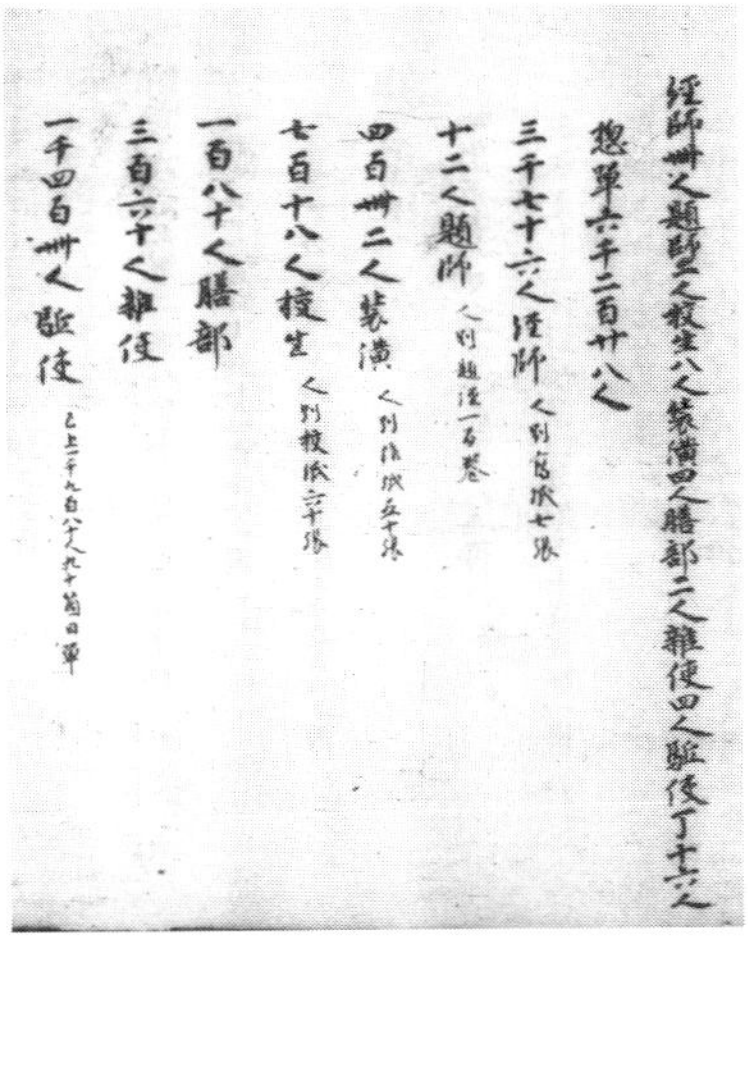

写真3-5〔史料1-(5)〕

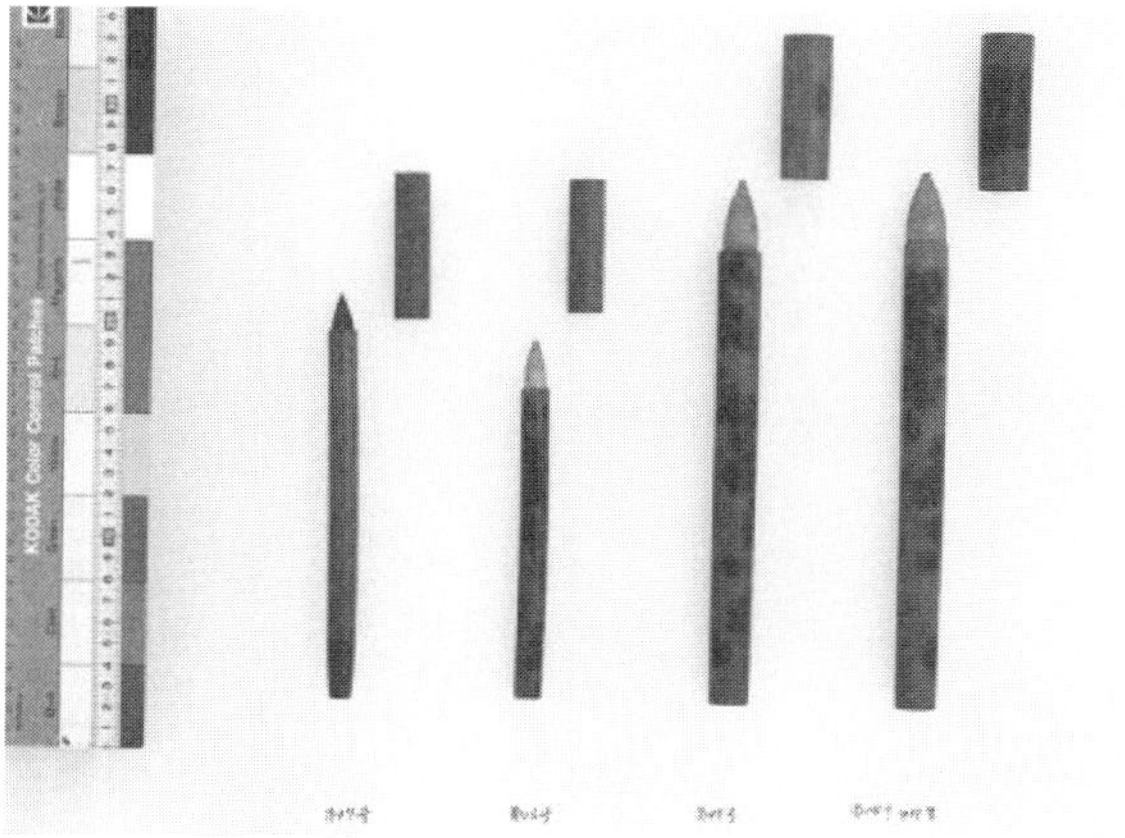

写真 10　筆　第 14 ～ 17 号

写真 13　履　第 4 号

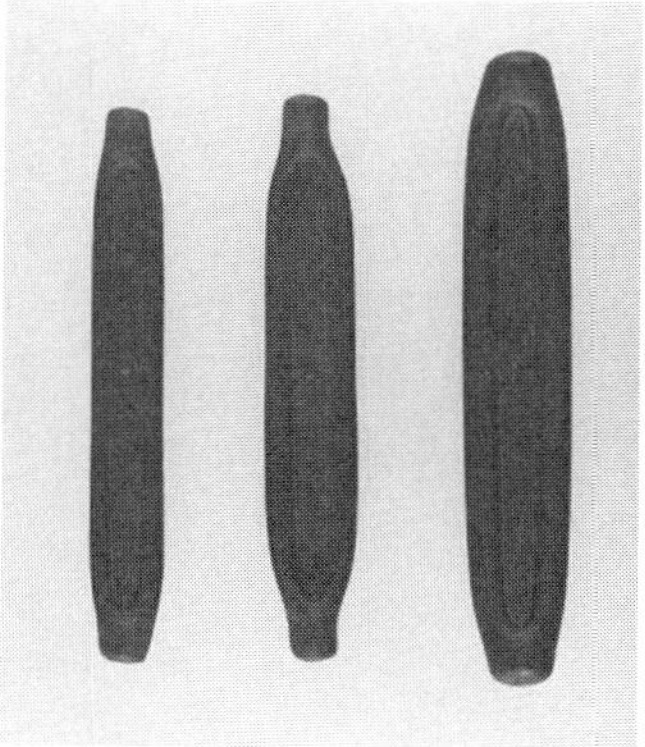

写真 11　墨　第 8 ～ 10 号

写真 12　最勝王経帙

　　三百六十人雑使
　　一千四百四十人駈使　已上一千九百八十人九十箇日単

経師は(c)一日七張を書写し、装潢は(d)一日五〇張を作り、校生は(e)一日六〇張を校正することが想定されている。ここでは総数(a)六二二八人とあり、その内訳は経師・題師・装潢・校生・膳部・雑使・駈使丁であることがわかる。経師の単功は(b)三〇七六人で、一人一日七張を写すと、三〇七六×七張＝二万一五三二張となり、これは(2)(b)「二万一千五百三十二張料」（15頁）に一致する。装潢紙は(2)(e)二万二千一百三十二張料であるが、一人五〇張で計算すると、四四二人で二万二一〇〇張となり、三二張の端数が出ている。また校紙も(2)(d)四万二千六十四張を訂正した数値の四万三千六十四張料であるが、一人六〇張で計算すると、七一八人で四万三〇八〇張となり、一六張の端数が出ている。いずれも机上で計算されたものである。

(6)

米百十七石三斗六升八合　八十八石五斗六升八合(a)白　二十八石八斗(b)黒
　九十九石四斗経師題師装潢駈使四千九百七十人料　(c)人別二升
　十一石四斗八升八合校生七百十八人料　(d)人別一升六合
　六石四斗八升膳部雑使五百四十人料　(e)人別一升二合
塩二石三斗二合六夕
　一石七斗六升五合経師題師装潢三千五百三十人料　(f)人別五夕
　五斗三升七夕六合校生膳部雑使駈使二千六百九十八人料　(g)人別一夕

醤三石九斗六升八夕
三石五斗三升経師題師装潢三千五百三十人料 [h]人別一合
四斗三升八夕校生六百七十八人料 [i]人別六夕
末醤三石九斗六升八夕
三石五斗三升経師題師装潢三千五百三十人料 [j]人別一合
四斗三升八夕校生六百七十八人料 [k]人別六夕
酢一石九斗八合六夕
一石七斗六升五合経師題師装潢三千五百三十人料 人別五夕
一斗四升三合六夕校生七百十八人料 人別二夕
糟醤六石二斗二升八合経師已下駈使已上料 人別一合
海藻六百五十四斤十二両
滑海藻六百五十四斤十二両 已上二種
五百三十一斤経師題師装潢校生四千二百四十八人料 人別二両
一百二十三斤十二両膳部雑使駈使一千九百八十人両 人別一両
布乃利五百三十一斤
大凝菜五百三十一斤
小凝菜五百三十一斤已上三種経師題師装潢校生四千二百四十八人料 人別二両
芥子七斗六合経師題師装潢三千五百三十人料 人別二両*〔夕〕〃

写真3-6〔史料1-(6)〕

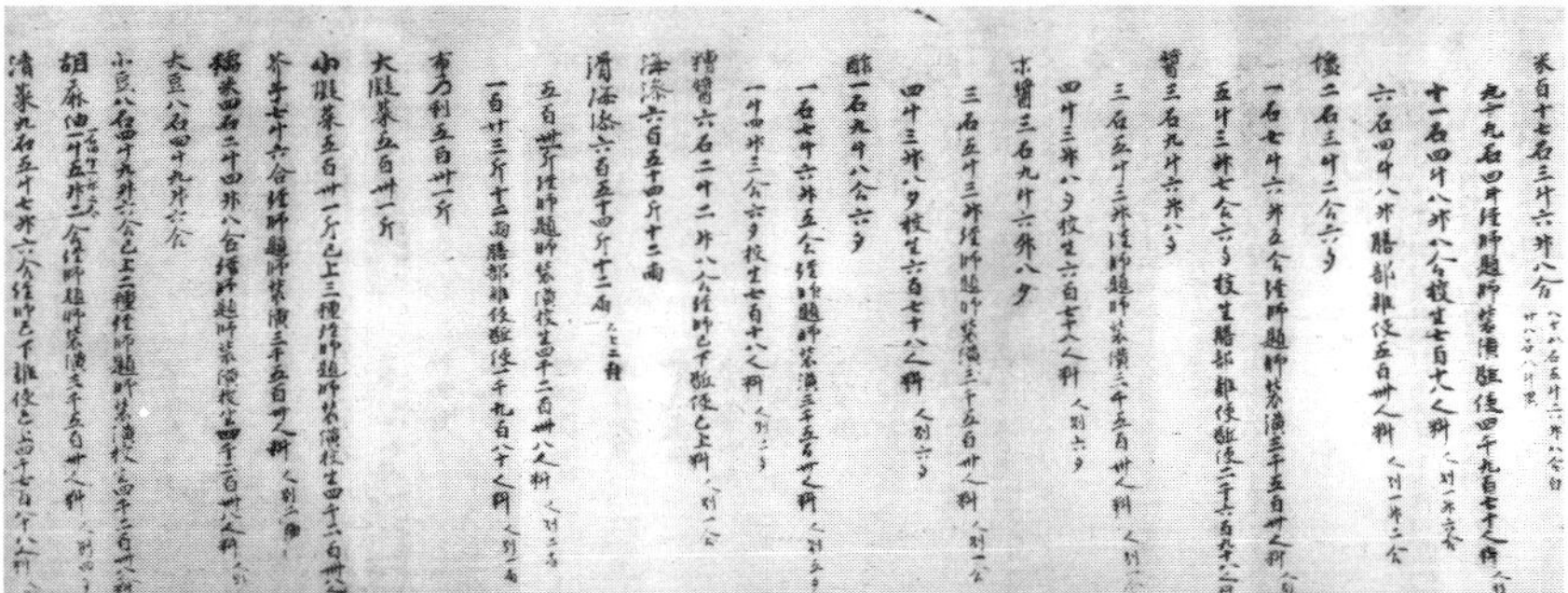

糯米四石二斗四升八合経師題師装潢校生四千二百四十八人料 人別一合
大豆八石四斗九升六合
小豆八石四斗九升六合已上二種経師題師装潢校生四千二百四十八人料 人別二合
一石四斗一升二合
胡麻油一斗五升二合経師題師装潢三千五百三十人料 人別四夕
漬菜九石五斗七升六合経師已下雑使已上四千七百八十八人料 人別二夕

ここからは日々の食料品が続く。米は(a)白米と(b)黒米（玄米）がある。経師・題師・装潢・駈使が(c)一人一日二升、校生は(d)一升六合、膳部・雑使は(e)一升二合で計算される。塩は経師・題師・装潢で(f)一人五夕、校生・膳部・雑使・駈使が(g)一人一夕、醬《ひしお》と末醬（みしお・みそ）は経師・題師・装潢が(h)(j)一人一合、校生が(i)(k)一人六夕となる。経師・装潢・校生のうち、校生の支給量が少ないことがわかる。さて酢・糟醬《かすひしお》（＝滓醬・醬滓、カスの多少混ざった醬、もろみ）と調味料が続いた後に、海藻《め》・滑海藻《あらめ》・布《ふ》乃利《のり》・大凝菜《こるもは》（てんぐさ）・小凝菜《いぎす》と海藻類が続き、調味料である芥子（からし、けし）がくる。(13) その後、糯米《もちよね》・大豆・小豆・胡麻油、そして漬菜（つけもの、生菜の漬けもの）が続いている。

(7)

(a)大筥五十八合	(b)折櫃五十八合
(c)水麻笥十二口 大十 小二	(d)匏十柄
(e)杓二十柄 大八 小十二	経机五十前
中取四前	(f)食薦二十枚
切机四前	叩戸五口
掬水埦三十口	坏百二十口

佐良百二十口　　(g)塩坏百二十口
片埦百二十口　　研四十口
砥五顆　　竹四十枝
畳八十八枚 三十枚堂料 五十八枚宿所料　　薦八十八枚 三十枚堂料 五十八枚宿所料
刀子二十柄 大十二 小八　　辛櫃六合
釜二口 各受五斗已下　　槽一口 受五斗
箕八舌　　船三隻
瓫二十口　　箸三十枚
置箸六枚
(h)駈使十六人 四人紙打 八人(i)干 二人雑使 二人温沸

以前、応レ奉レ写大般若経二部用度雑物、所レ請如レ件、謹解、

天平宝字六年十二月十六日

(a)大笥は飯を盛る器、(c)水麻笥《みずおけ》も水を入れておくもので、(b)折櫃《おりひつ》は食器類をしまう櫃である。(d)匏《なりひさご》(=瓠・瓢)・(e)杓《ひさご》(=杓)はともにひさごである。とくに杓は水麻笥に付属するもので、湯水を汲むものであった。経机(写真14)は書写のための机で、中取は机状の厨房具である。(f)食箸(=食《す》薦《こも》)は食事をする時に座るもので、箸や置箸も敷物である。

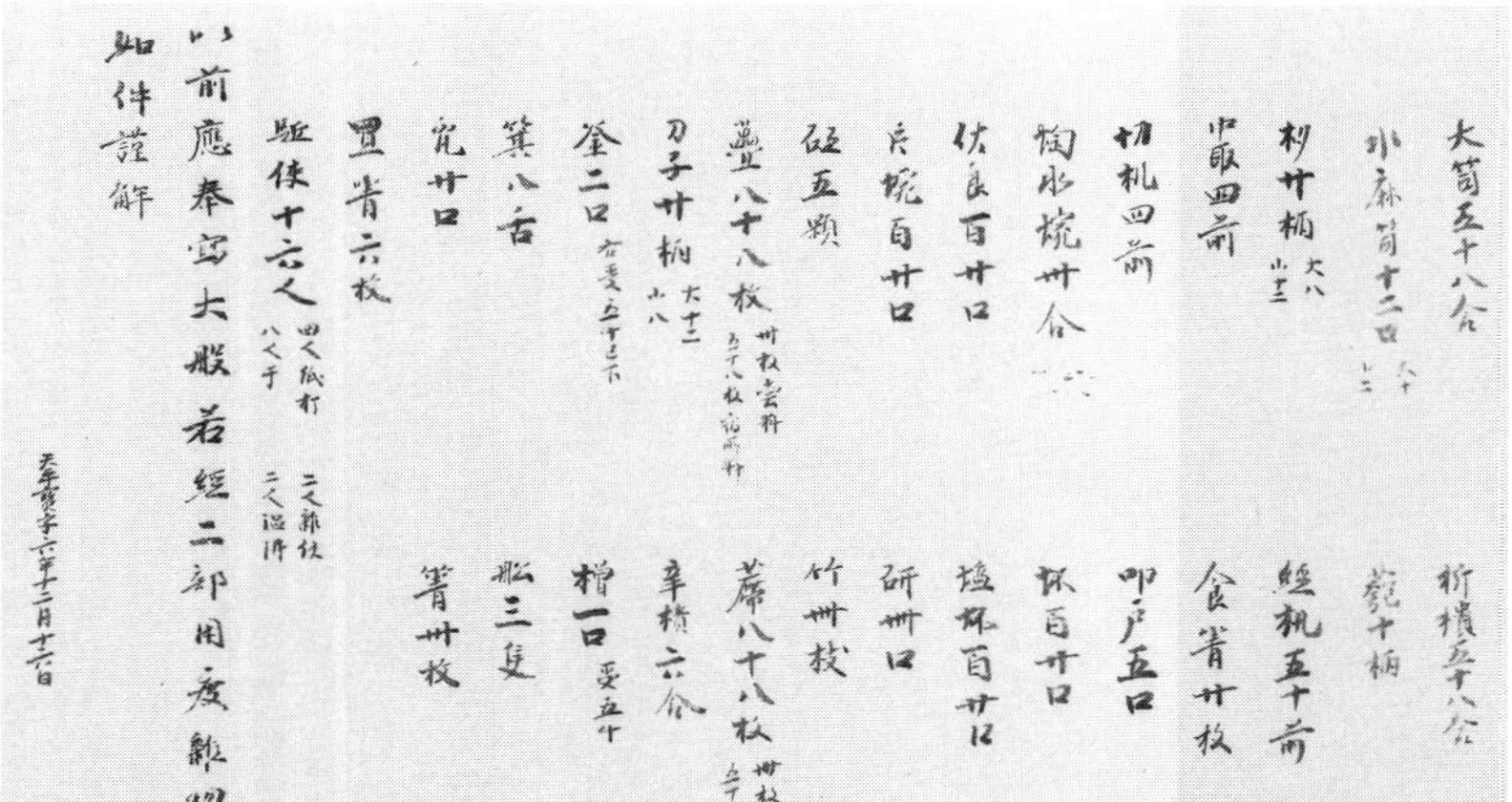

写真3-7〔史料1-(7)〕

切机《まないた》、叩戸《たたいえ》（漬け物を入れる須恵器）・掬水埦（水を入れる陶器）（写真15）・坏《さかづき》（＝杯、焼物製の盃、埦よりも小型のもの）（写真16）、佐良《さら》（底の浅い器、今日の皿）（写真17・18）、(g)塩坏（塩を入れる杯）、片埦（木製の片口のついた埦）と続く。研は硯《すずり》、砥《といし》は磨くためのもので、刀子《かたな》（かたな）（写真19）は文房具として紙を切ったり、書き間違えた文字を削った。槽は（＝甑、こしき）木製の飯を炊く用具で、船は洗い桶、瓫《ほとぎ》は土師器で火にかける道具である。(i)「干」は「廝」である。賦役令38仕丁条によれば、中央の官司で雑役に従事する仕丁は五〇戸から二人徴発され、同郷の二人がペアになり、実際に労役する者を立丁、立丁の食事や身の回りの世話をする者を廝丁《しちょう》といった。(h)駈使は、駈使丁のことで、写経所に配属された仕丁のことである。二人が雑使（使い走り）、四人が紙打ち、八人が調理、二人が湯沸かしに従事した。これまで約一年にわたり、石山寺写経所で書写していたため、二部大般若経は久しぶりの東大寺写経所での写経事業であった。そのために多くの調理器具や食器類が請求されたのである。

考　察

予算書は書式があるらしく、どの写経事業においても似たような物資が請求されている。そしてこれにしたがって必要物資が下充される。この二部大般若経写経事業では、現物が支給されず、かわりに大量の調綿《ちょうめん》が支給された。写経所ではこの調綿を官人たちに割り当てて売却させ、銭を納めさせた。そしてこの銭で必要物資を購入していたことは、多くの研究者が指摘している。[14] またこの予算書に対して決算書も残っている。両者の比較については、表1（12頁）を参照されたい。

《参考史料》

写真 15　薬埦　甲号

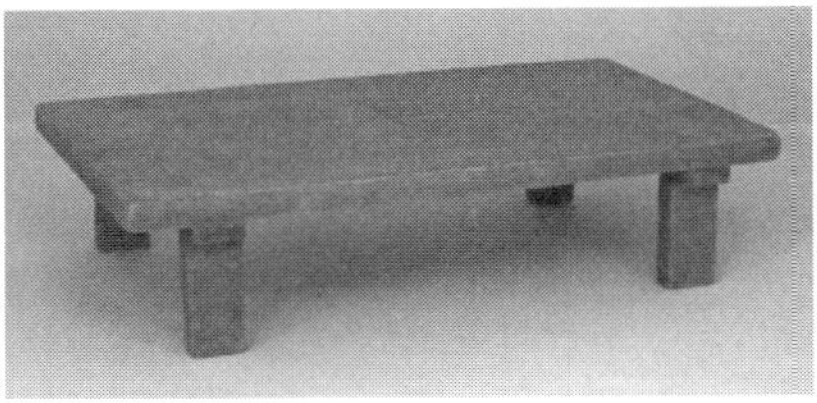

写真 14　榻足几　第 4 号

写真 17　磁皿　丙 9 号

写真 16　犀角杯　乙

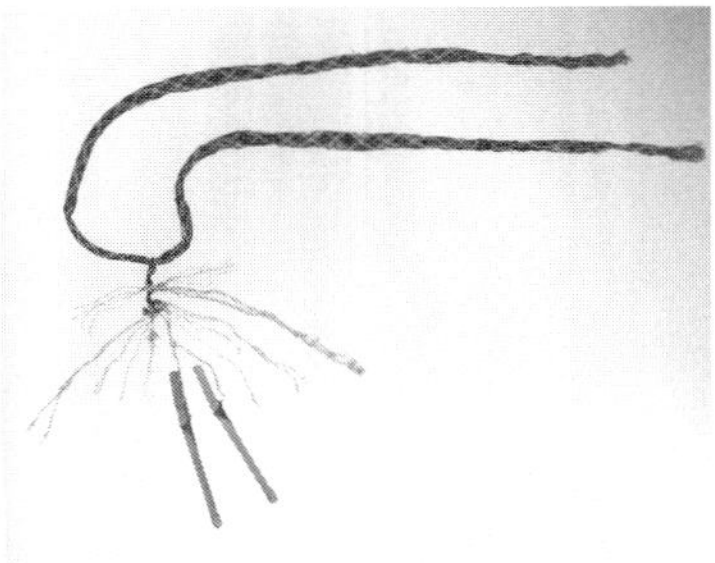

写真 19　雑色縚綬帯

写真 18　佐波理皿　第 1 号 - 1

〔史料2〕天平宝字七年四月二十三日付東大寺奉写大般若経所解案（十六ノ三七六〜三八二）（写真20）

(1)東大寺奉写大般若経所解　申請用雑物事

合奉写大般若経二部一千二百巻　黄紙及表綺緒朱頂軸

繡帙一百二十枚　浅縁（緑）裏紫綾縁及帯　各着黄楊《つげ》籤

奉納白木辛櫃六合　敷布各一条　居各白木榻足机

(a)請綿一万六千四十屯

(b)褁租布八十段

(c)納辛櫃三十五合

売得価銭一千三十五貫七百一十三文

一千二十一貫四百六十八文綿一万六千四十屯直

一千一百屯　別七十文

三千八屯　別六十六文

六千四屯　別六十五文

五千九百二十八屯（マヽ）

十一貫三百九十五文租布八十段直

四十一段　別百四十文

三十九段　別百四十五文

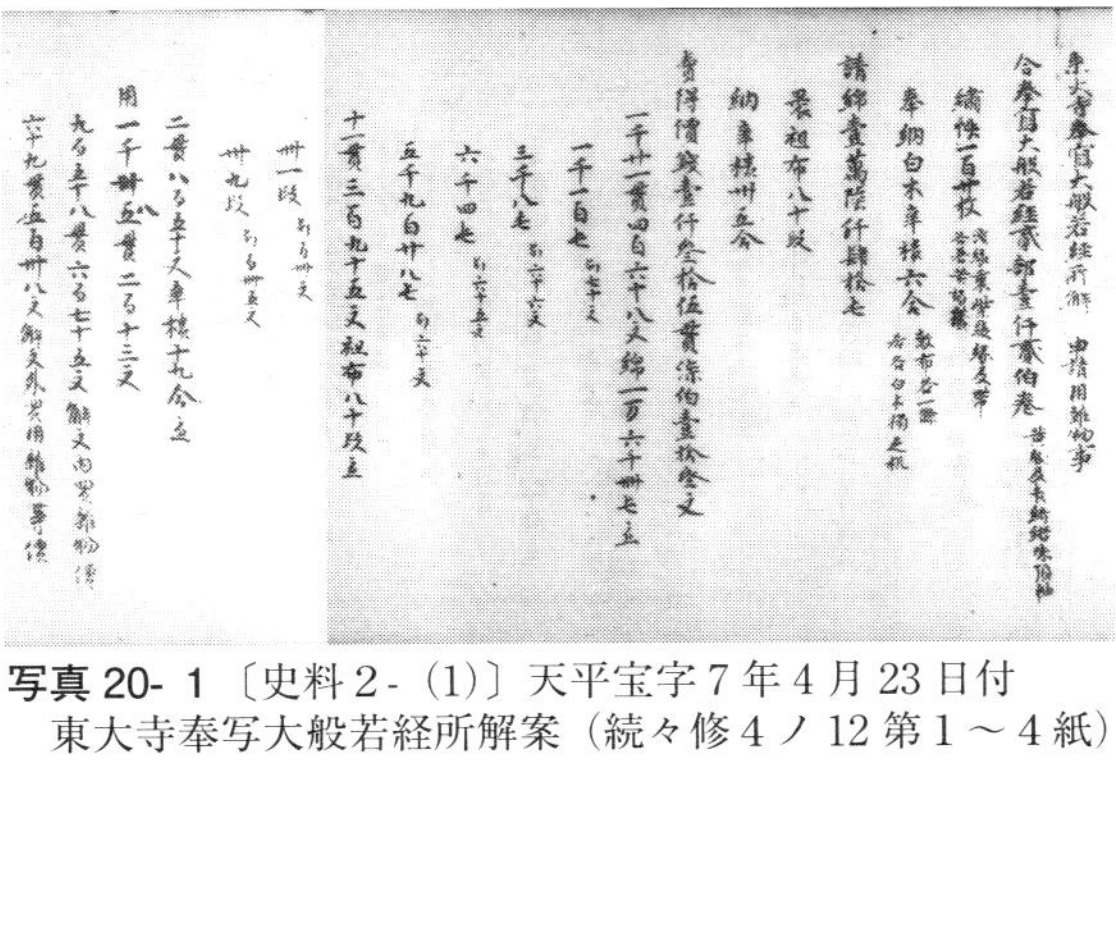

写真20-1〔史料2-(1)〕天平宝字7年4月23日付
東大寺奉写大般若経所解案（続々修4ノ12第1〜4紙）

二貫八百五十文辛櫃十九合直
用一千三十五《二十八》貫二百十三文
九百五十八貫六百七十五文(d)解文内買雑物価
六十九貫五百三十八文(e)解文外買用雑物等価

ここから実際には(a)調綿一万六〇四〇屯が(b)租布八〇段に包まれ、(c)三五合の辛《から》櫃《びつ》（＝唐櫃、箱）（写真21）に入れられて下充されたことが知られるが、写経所は調綿とともに租布や辛櫃も売却して、財源としていたことが知られる。そして(d)「解文内」とは、先の〔史料1〕の用度案（10頁）に記された雑物を指し、この購入価格が九五八貫六七五文とある。そしてここにない予定外の購入物が(e)「解文外」の六九貫五三八文である。本来、写経事業は用度案の予算内で遂行すべきものであり、(e)「解文外」の六九貫五三八文は予算オーバーとなったことを示す。[15]このように用度案をもち出して、(d)「解文内」と(e)「解文外」にわけて決算書を作成している例は他に見あたらない。

(2)　十四貫一百五十文買帙縁料絁等直
九貫二百二十文紫綾絁二匹三丈直
四貫七百三十文浅緑《(緑)》綾絁二匹三丈五尺直
二百文紫緑糸三両直

渡部陽子氏[16]によれば、これは帙の裏に使う浅緑綾絁、縁と帯に使う紫綾絁、それらを縫いつける紫緑糸のことであり、これらが予算外で購入することになったことを示す。

写真21　古櫃　第67号

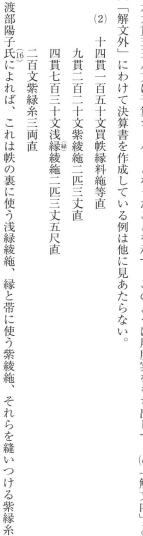

（3）

四百七十文買(a)鏁子六具直

三百四十三文買(b)雑沓十五両直

六百文買鉄臼一口直

二百文買紙小刀四柄直

三貫四百八十文買葛野蓆八十枚直

三貫五十九文買折薦九十五枚直

一貫五百文買調葉薦五十枚直

七十六枚買(c)箕二舌直

八百九十四文買(d)松十六荷直

一貫買(e)波太板十枚直　作机料

二貫五百八十五文買(f)榻榑三十七村直

一百六十六文買(g)箸竹一百七十把直

一百四文買(h)前薦十三枚直

二百五十三文買砥四果直

(a)鏁子（さす）はかぎ、かけがね（写真22）のことであり、(d)松はたいまつ（松明）などの明かりに使われた。(c)箕《み》は臼で舂いた塩・楡・米などを簸択する道具で、(g)箸竹は竹製の箸、(h)前薦は、食薦である。〔史料1〕の用度案(7)(f)で食薦二〇枚（25頁）を計上しているが、さらに一三枚買い足している。机

写真 20-2
〔史料 2-（2）〕

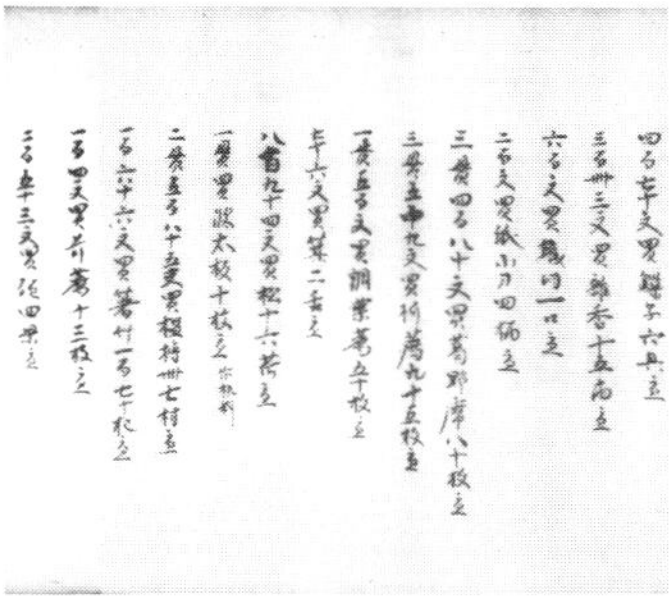

写真 20-3〔史料 2-（3）〕

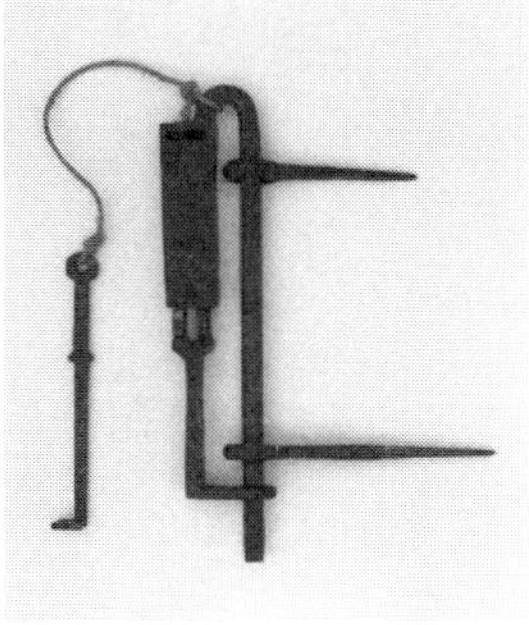

写真 22　鏁子　第 16 号

を作るための(e)波太板一〇枚が購入されているが、さらに(f)榲榑《すぎくれ》三七村が購入されており、どこかの造作が行われたように思われる。正倉院文書では、木材の数量を示す単位には「村」、雑材・作材・残材などをいう場合には「材」を用いている。(b)雑沓は〔史料1〕の用度案(4)(k)(l)で木履《きぐつ》五二、菲《わらぐつ》一五六両(20頁)を計上しているにもかかわらず、さらに一五両を用意している。

(4)　十三貫四百二十五文買雑食物等価
　六貫二百五十文小麦六石五斗直
　二貫九百七文　(a)索餅九百四十一藁直
　二貫一百四十九文雑菓子等直
　二貫一百十九文雑海菜等直

ここではさらに食物を買い足している。注目されるのは(a)索餅《むぎなわ》（うどんを乾燥させたもの）の価格であり、藁別で約三文である。これは天平宝字四年四月二十六日付写経所解案（十四ノ三三九）の藁別、約一・六六文と比べると、かなりの値上がりである。同六年十一～十二月に米価を中心とする物価高騰がみられるが、[17]まさに米粉と小麦を原料とする索餅の値上がりにつながったと考えられる。

(5)　二貫九百九十六文買食雑器等価
　四百二十九文明櫃十八合直 大小
　六百十五文折櫃　(a)四十一合直
　四百二十文大笥　(b)六十合直
　一百九十七文小麻笥十五口直

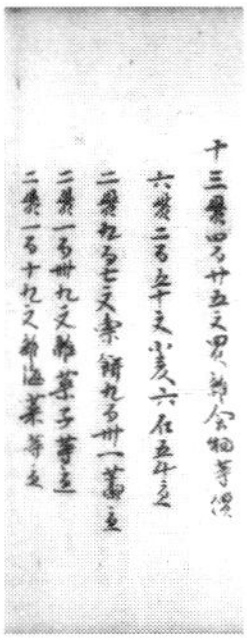

写真 20-4
〔史料2-(4)〕

五十一文杓二十六柄直
四十文瓠二十口直
三十文堝十二口直
二百四文瓮三十二口直
二百三十一文掏盤一百十一口直
四十二文掏瓶三口直
三百五十文掏埦一百合直
一百八十文掏片埦一百口直
一百文掏羹坏一百口直
八十文掏塩坏(c)九十口直
二十七文(d)籭四口直

(d)籭《したみ》は、竹で編んだ深型のザルである。ここでは食器類をかなり買い足している。予算、すなわち〔史料1〕の用度案(7)(b)(a)(g)（25頁）で、折櫃は五八合、大笥も五八合、塩坏は一二〇口も計上されているが、それぞれさらに(a)四一合、(b)六〇合、(c)九〇口が買い足されている。

(6)

三貫二百三十一文雇車四十二両賃 (a)自₂節部省₁綿請運幷東西市食物買運雇役

(b)二貫一百四文自₂難波₁米等買運川船一隻賃

十五貫四百九十二文雇役夫一千五百五十一人功料 一千五百三十四人別十文 十八人別九文

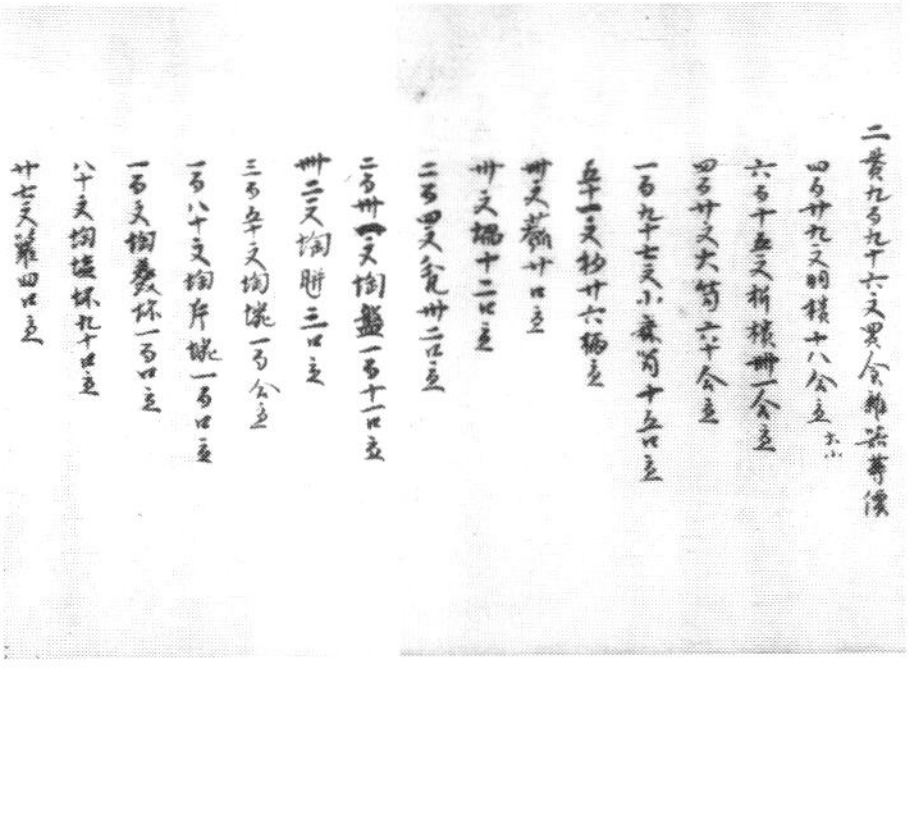

写真20-5〔史料2-(5)〕

一貫十文雇女一百六十三人功料 三十二人別七文 百三十一人別六文
二貫四百文縫帙縁幷裏一百二十枚功料 枚別二十文
残銭(c)七貫五百文
辛櫃十合
紙四百五十張
黄蘗二十七斤 太
大豆一斛
小麦一斛
以前、依二少僧都賢太法師慈訓去六年十二月十六日宣一、奉写二部大般若経料
請二用雑物幷残物等一如レ件、謹解、
天平宝字七年四月二十三日案主散位従七位下下村主
別当主典正八位上安都宿祢
案主散位従八位下上村主

(a)「自二節部省一綿請運幷東西市食物買運雇役」とあるように、節部省からの調綿や東西市からの購入物の運搬に雇車が使われていることが知られる。節部省は、藤原仲麻呂政権により唐風に改称したもので、もとは大蔵省である。先述したように、二部大般若経写経事業の財源である調綿は節部省から運ばれており、〔史料2〕(1)(a)(b)(c)（29頁）にあるように、租布に包まれ、辛櫃に入れられていたが、さらに次の史料がある。

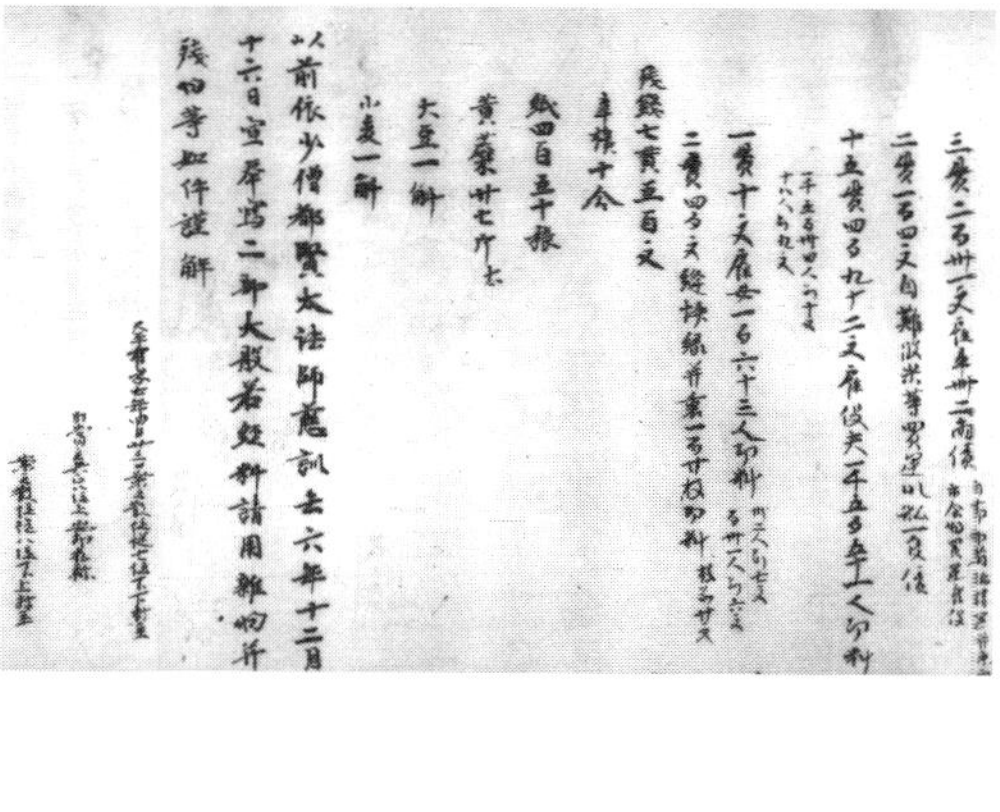
写真20-6〔史料2-(6)〕

《参考史料》

〔史料3〕天平宝字六年十二月十七日付造東寺司主典安都雄足状（十六ノ六八～六九）（写真23）

一以二明日一、写経用度可レ下二節部省一、宜レ承二-知状一、政所申二雑使六人許夫十人許一受、以二巳時前一、可レ参二-向節部省一、事有二要促一、以勿二延廻一、今具レ状、以告、

主典安都雄足

十二月十七日

安都雄足は十二月十七日に明日巳時（午前十時ごろ）前に、雑使六人・夫十人を節部省に参向させ写経用度、つまり調綿を受け取るように指示している。奉写灌頂経所食口案の十二月十八・十九日条からは雇夫六人が節部省から綿を運んでいることがわかる(18)（十六ノ三一）。つまり財源は造東大寺司を介さずに、節部省から車で写経所に運ばれたのである。

(6)(b)「二貫一百四文自二難波一米等買運川船一隻賃」とあるが、天平宝字六年閏十二月一日付造寺司等案（十六ノ一〇九）で、安都雄足《あとのおたり》が難波使に米などの購入を命じているが、これが実際に運ばれていることがわかる。そしてこの写経事業では、最終的に(c)七貫五百文と辛櫃（＝唐櫃）・紙・黄蘗・大豆・小麦が残っている。

次の例は用度案を物資の受給簿としても活用している。

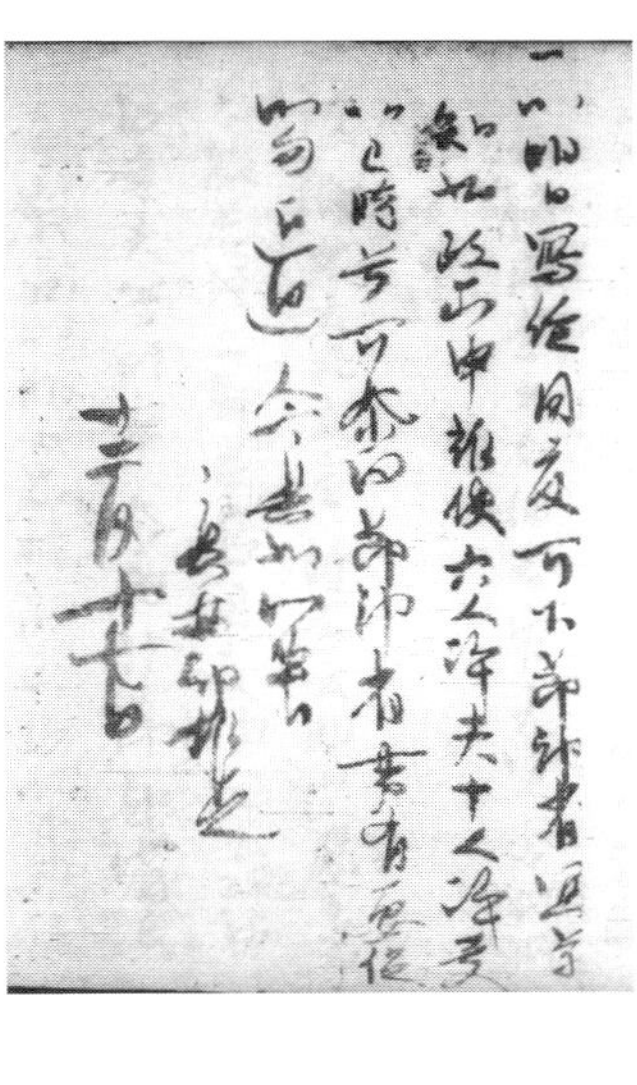

写真23〔史料3〕天平宝字6年12月17日付造東寺司主典安都雄足状（続々修10ノ7裏第6紙）

《用度案の実例2》

〔史料4〕天平宝字六年十一月二十二日付十二灌頂経用度文(19)（十六ノ一一四3～一一五9、十六ノ一四～一五13、十六ノ一一五10～一一七、一六ノ一六）

造東大寺司

合応レ奉レ写十二灌頂経一十二部 一百四十四巻

応レ用紙二千六十九張

経紙一千八百八十八張「二十六日給了」（中略）

(a)「未」凡紙一百八十一張（中略）

「内」銭三貫六百三十五文（中略）

「内」綿一百一十四屯「十二月二十七日依レ員了」（中略）

「未」菲一十六両 経師六人装潢一人校生一人幷八人料 人別二度 (b)「今可レ申」（中略）

「大炊」米七斛五斗〔一十一石一斗〕五升六合（中略）

「大膳職」塩一〔二〕斗七升〔六合〕経師已下雑使已上料 人別四夕（中略）

(c)「未　定」末醬三斗二升三合八夕〔七十五斤　十両〕（中略）

「大膳職」海藻五十三斤二両〔七　五　十〕

「大膳職」滑海藻五十三斤二両 已上経師已下雑使已上料 人別二両（中略）

(d)「无」心太四十一斤十四両経師已下校生已上料 人別二両（中略）

「无」　芥子六升七合経師已下校生已上料 人別二夕（中略）

以前、依二法勤尼十月廿一日宣一、応二奉写十二灌頂経用度計定一如レ件、

天平宝字六年十一月二十二日主典正八位上安都宿祢「雄足」（以下略）

この十二灌頂経は二部大般若経よりも早く十二月十一日に書写がはじめられ、閏十二月二十一日に終了した。ここには用度案に追筆で物資の請求先や納入日が記載されている。山本幸男氏[20]によれば(a)「未」(c)「未定」は、別筆記入時には供給機関が未定であることを、(d)「无」は供給されないことを示し、(b)「今可レ申」は再度の請求を行うための覚えとして書き込んだもので、別筆のないものは銭で購入したものを除けば、造東大寺司で賄われたとする。このように十二灌頂経は、内裏を中心とする複数の機関[21]と造東大寺司から現物が供給されている。数ある写経事業のなかでも、古代国家の現物給与の原則（紙・筆・墨などは図書寮から、布・絁・綿などは大蔵省から、米は民部省から、塩・醤などは大膳職から、それぞれ現物で支給されるという原則）[22]に最も近いものとなっている。

しかし写経事業においては、これは例外であり、とくに光明皇后存命中は、光明皇后の関係部署から支給されることが多い。また用度案にこのような書き込みがみられる例は、この一点のみである。

【二】浄衣用帳

解説

用度案において、浄衣料として絁や調布・庸布・綿が請求されていたが、これらは下充されると「雇女

縫浄衣」（六ノ三〇七）とあるように、雇女によって縫われ、浄衣が仕立てられていた。経師たちが写経所で仕事をする際には、この浄衣を着用していた。栄原永遠男氏は、(23) 天平十一年（七三九）とされる写経司解案の待遇改善要求のなかに「一　欲レ換二浄衣一事」とあり、「右浄衣、去年二月給付、或壊《やぶレ》或垢、雖レ洗尚臭、請レ除、被及帳以外悉皆改換」とあることから（二十四ノ一一七）、浄衣は汗や垢によごれ、墨その他のついた状態で一年以上着続けていたとする。ここで「洗っても尚臭し」とあるので、この間に何度か洗濯していたことがわかる。経師たちの請暇解（休暇願）には、その理由として浄衣の洗濯をあげているものがある。

〔史料5〕宝亀三年八月十四日付秦度守請暇解（二十ノ五六〜五七）（写真24）

秦度守謹解　申二請暇日一事

合四箇日

右、奉二写帙一畢、依レ此為二穢衣洗一、請レ暇事如レ件、仍注二事状一、謹解、

宝亀三年八月十四日

「韓国形見」

ここでは帙を写し終えた秦度守《はたのわたしもり》が、浄衣の洗濯のために四日間の休暇を申請している。宝亀二年（七七一）三月三十日付奉写一切経所解（告朔解案）では、「三十七人雇女　洗経師等浄衣幷雑生菜二十五石七斗藺幷洗漬」（六ノ一六〇）とあるので、経師などの浄衣を洗う雇女がいたことがわかる。さらにこの三ヶ月後の同二年五月二十九日付奉写一切経所告朔解にも「五十人雇女　洗師等返上浄衣被幷雑生菜四十二石二斗藺幷洗漬」（六ノ一九八）とある。「假退時、浄衣被返上事」（十七ノ六〇七）とあるように、休

暇をとる時、写経事業から退く時には、浄衣は返上されるのであり、このタイミングで洗濯されていたのである。

用度案で毎回請求されているように、浄衣は基本的には写経事業ごとに作られていたらしい。先の「雇女　縫浄衣」（六ノ三〇七）は宝亀三年正月一日から三月三十日までの内容を記す宝亀三年三月三十日付告朔解案に記されているが、始二部写経事業は同年二月十五日頃に書写がはじまっている(24)。つまり始二部のための浄衣が縫製されたのである。ただし天平宝字二年（七五八）九月十五日付安都雄足牒には「経師先所レ給浄衣令レ洗、早速招集、以二十九日一可レ令レ初」（十四ノ六四）とあり、着回している例もみられる。天平宝字二年は六月十六日に千巻経、七月四日に千四百巻経の宣が出て、九月十一〜十二日に布施がまとめて支給され、九月十九日からは千二百巻経の書写がはじまった。すなわちこの千二百巻経の書写を開始するにあたり、安都雄足は案主の上馬養《かみのうまかい》に、経師に支給した浄衣を洗っておくように命じているのである。山本幸男氏(25)によれば、千二百巻経書写に参加した経師七七人のうち、六一人が千巻経か千四百巻経書写に参加していた。このように短期間で終了した写経事業の場合は浄衣を使い回していたと思われる(26)。

浄衣は写経事業をはじめる時に支給されるので、ここから写経事業がはじまった時期を推測することができる。さらに浄衣用帳には、支給される経師の名前が記されていることもあるので、誰がいつからどの写経事業に参加したのか、特定することができる。

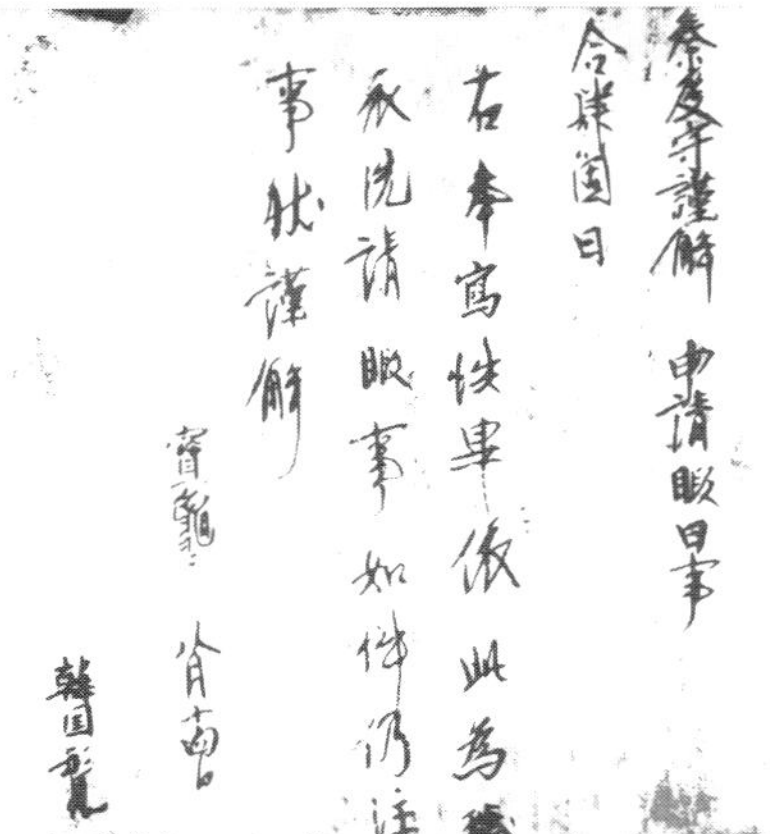

写真 24〔史料 5〕宝亀 3 年 8 月 14 日付秦度守請暇解（続々修 39 ノ 4 裏第 28 紙）

《浄衣用帳の実例》

〔史料6〕奉写一切経料浄衣用帳（神護景雲四年七月　六ノ八）（写真25）

七月

三日下浄衣十*〔二〕三具　汗衫褌布単袍袴温帳冠袜布単袍袴
経師十一人丸部豊成　(a)坂合部浜足　『(b)紀山守』　(c)*「返上了」
高橋春人　嶋三立麿　(d)*「未褌」秦鎰取　『(e)坂上浄道』*「返上了」　不破友足　『(f)曾祢佐美万呂、
穴太上万呂　(g)他田建足　仕丁二人丸子真万呂　坂合部秋人并十三人加一具
(h)*「以二九日一返上汗衫衾帳袍袴袜冠内褌上了」

少鎮大法師　　案主上馬養　　味酒広成

（中略）

八日下浄衣五具　汗衫褌布単袍袴温帳冠袜　并五人料人別一具
大宅童子　丸部大人　(i)船木万呂　※〔占〕辱部忍男　他田嶋万呂

案主上馬養　　味酒広成

少鎮大法師　　別当法師

大法師

先一部写経事業のために神護景雲四年（七七〇）五月二十日から浄衣を配っている。七月三日には汗衫・褌布《こんふ》・単袍袴・温帳（＝湯帳）・冠・袜《まつ》布が支給され、経師名が並ぶ。また朱筆で(c)「返上了」とあり、(b)紀山守《きのやまもり》・(e)坂上浄道《さかのうえのきよみち》・(f)曾祢佐美万呂《そねのさみまろ》には合点がついているように、浄衣の返上帳としても使われている。朱で(d)「未褌《こん》」と書き込まれているのは、嶋三立麿《しまのみたてまろ》の褌がまだ返上されていないことを示す。また(h)「以二九日一返上汗衫衾帳袍袴袜冠内褌上了」には、九日に返上された汗衫・衾《ふすま》・帳（＝温帳）・袍・

袴・袜・冠・内褌を造東大寺司に進上したとある。同帳簿の八月十一日条に朱で「以㆓九月五日㆒且返上衮三十三領」と書き込まれており（六ノ一二）、さらに先一部写経事業は、宝亀二年（七七一）九月頃に書写が終了しているので、「九日」とあるのは宝亀二年九月九日であることがわかる。

研究への展開

そして〔史料6〕の七月八日条においては、五人の経師に先一《せんいち》部《ぶ》写経事業のための浄衣が配られている。ここに(i)船木麻呂がいることが注目される。船木麻呂《ふなきまろ》には次のような手実が残っている。

《参考史料》

〔史料7〕宝亀三年八月三十日付船木麻呂手実（二〇ノ一五七）（写真26）

船木麻呂解　申上帙事
合受紙百八十二張　正用(a)百七十九張(八)　(27)□之中布施　(b)受八十四張　(c)未九十四張
大乗雑三十二帙十一巻　諸法勇王経一巻 二十二　第一義法勝経一巻 十六
(d)一切法高王経一巻 二十三　弥勒来時経二部二巻 六枚 各三枚
順権方便経上巻 十六　順権方便経下巻二巻二部 三十四 各十七枚
楽瓔珞荘厳経二部二巻 六十張 各三十張

写真25〔史料6〕奉写一切経料浄衣用帳
（神護景雲4年7月　続修後集21第2紙）

(e)大威燈光仙人問疑経一巻十七之中(f)西司所ﾚ写十五枚 今所ﾚ写二枚
返上三枚　「破二枚」
宝亀三年八月三十日　「勘上真継」
※「(g)八十四張布施了
九十四張未料」「※十一月五日」

この手実は始二部《しにぶ》写経事業のもので、宝亀三年（七七二）八月三十日に船木麻呂が自ら書写した経巻を申請する。すなわち合計(a)一七八張を書写し、このうち(b)八四張は布施を受け取っているが、(c)九四張は未払いとする。この手実は他の経師の手実とともに上帙帳に貼り継がれており、その際に(g)「八十四張布施了／（以下、改行は「／」であらわす）九十四張未料」とあるように、布施が給付された張数と未給付の張数が書き込まれている。

そして(d)「一切法高王経《いっさいほうこうおうぎょう》一巻二十三」は一切法高王経(28)の第一巻を写し、用いた紙が二三張であったことを意味しており、船木麻呂が書写した経典名が具体的に記されている。ところが(e)大威燈光仙人問疑経《だいいとうこうせんにんもんぎきょう》一巻においては、十七枚のうち十五枚は(f)「西司」、すなわち造西大寺司管下の西大寺写経所において書写し、残り二枚は東大寺写経所において書写したとする。称徳天皇発願十部一切経である始二部写経事業は、当初は内裏系統写経機構の一切経司（＝西大寺写経所）ではじめられたが、光仁天皇の方針により西大寺写経所が停廃され、その書写済みの経巻三七二三巻は宝亀二年十月に東大寺写経所に運びこまれ、同三年二月から東大寺写経所において始二部写経事業が再開された。山下有美氏(29)は、このような手実が他に

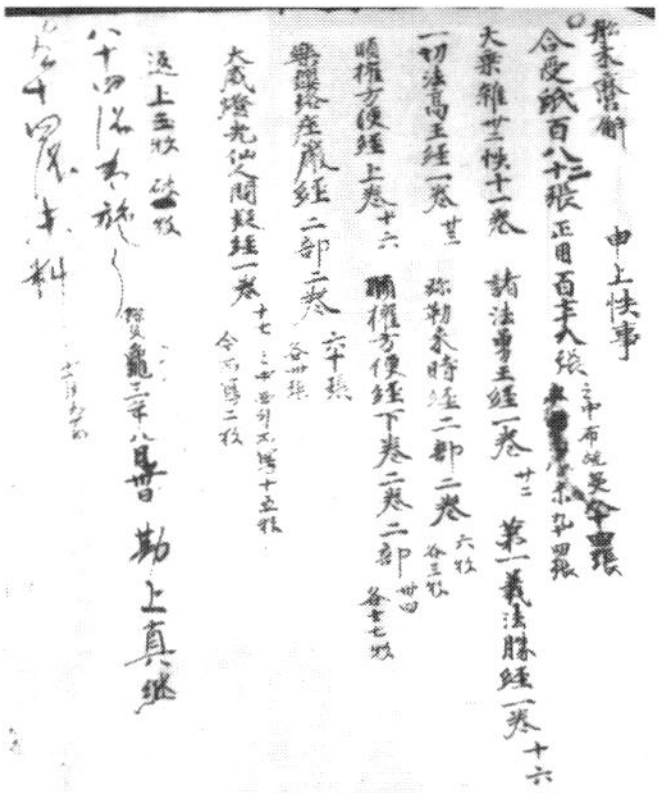

写真 26〔史料７〕宝亀３年８月 30 日付船木麻呂手実（続々修 21 ノ３第 226 紙）

も多数存在することから、西大寺写経所において書写している間に、一巻の経典の途中で書写を中断しなければならないような切迫した事態が生じたことを想定し、それは称徳天皇の死と引き続いての道鏡の左遷であったと考えた。しかし先の〔史料6〕ⅰ（40頁）により、船木麻呂は、称徳天皇存命中の神護景雲四年（十月に宝亀改元）七月八日に東大寺写経所で浄衣を与えられていることが判明する。すなわち西大寺写経所において始二部を書写していた船木麻呂は、先一部写経事業に招集されると、端数を残したまま中断して東大寺写経所に移ったのである。このように西大寺写経所にいたことが判明する経師十五名のうち、十三名が端数を残したまま先一部写経事業へ参加したことが確認でき、七月三日に浄衣を支給された〔史料6〕ⓐ坂合部浜足・ⓖ他田建足（40頁）もこのなかに入っている。ここから実忠《じっちゅう》直轄の写経事業であった先一部写経事業は、始二部写経事業よりも優先されていたことがわかる。

【三】銭用帳

解説

写経所では収納した銭は銭納帳、雑物は雑物納帳・雑物請帳に記した。また銭・紙・衣などの収納を一括して記した写千巻経所銭幷紙衣等納帳（十三ノ二四三〜二五二）、食米と雑物の収納を記した後金剛般若経経師等食米幷雑物納帳（十四ノ五五〜六〇）などもある。これらは数回に分けて下充されるものであったらしく、「△月△日　納銭△貫」などと記される。一方、写経所では、支出を記した帳簿も作られる。銭の支出は銭用帳、雑物は雑物用帳、食物は食物用帳、浄衣には浄衣用帳などがある。銭用帳も「△

月△日　下銭△△文」とその日に下充した金額を記し、その後に内訳が記されていることが多い。

《銭用帳の実例1》

〔史料8〕奉写一切経料銭用帳（宝亀二年三～四月　十七ノ二九五～二九七）（写真27）

（前略）

（三月）二十九日下銭九貫九百六十文

四貫文索餅二百藁直　(a)藁別二十文

一百八十文末醤二升直　(b)升別九十文

一百八十文荒醤二升直　升別九十文

九百文雇女十五人功　(c)人別六十文

八百文蕨八十三把直　把別十文

三貫二百文芹十五圍直　（略）

七百文兎毛筆二管直充経師　足奈公万呂　小長谷部嶋主　(d)人別三百五十文

少鎮大法師「実忠」

案主上「馬養」　味酒広成

別当大判官美努連

法師「奉栄」

四月

一日下(e)新銭四百三十九文

四十八文木履三両直　両別十六文

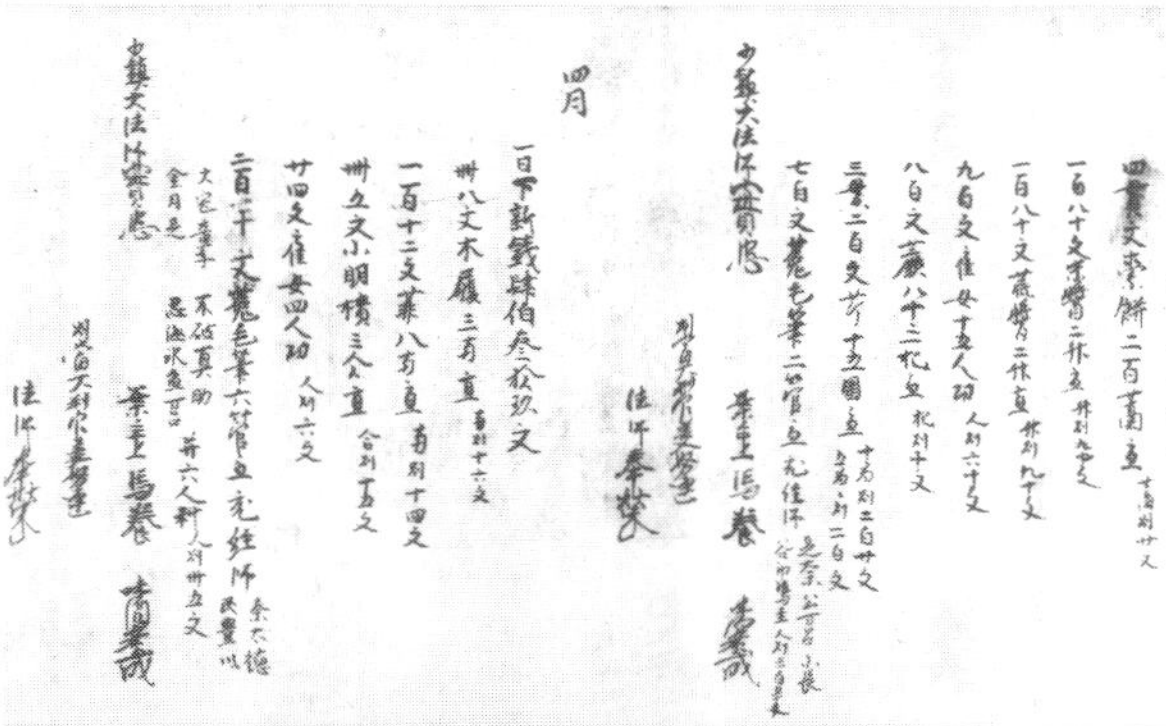

写真27〔史料8〕奉写一切経料銭用帳（宝亀2年3～4月　続々修2ノ8第33紙）

一百十二文菲八両直　両別十四文
四十五文小明櫃三合直　合別十五文
二十四文雇女四人功　(f)人別六文
二百十文兎毛筆六管直充経師　秦太徳　民豊川　(g)人別三十五文
大宅童子　不破真助　金月足　忍海氷魚万呂　并六人料
少鎮大法師「実忠」　案主上「馬養」　味酒広成
別当大判官美努連
法師「奉栄」

（後略）

この銭用帳は日付の下にその日に支出した合計金額が書かれ、次行からその内訳が並ぶ。ここでは索餅《むぎなわ》を(a)藁別二〇文、末醤を(b)升別九〇文で購入していることがわかり、物価を調べることができる。この宝亀二年の銭用帳は、三月と四月の間で物価が変動しているようにみえる。すなわち三月二十九日においては、(c)雇女は人別六〇文、(d)兎毛筆は管別三五〇文であったが、四月一日には(f)人別六文、(g)管別三五文となる。ちょうど十分の一になっている。四月一日条に(e)「新銭」とあるが、新銭とは天平神護元年（七六五）九月に発行された神功開宝《じんぐうかいほう》と、天平宝字四年（七六〇）三月に発行された万年通宝《まんねんつうほう》を指しており（『続紀』天平神護元年九月丁酉〈八〉条、天平宝字四年三月丁丑〈十六〉条）、ともに和同開珎の十倍の価値をもっていた。すなわちこの銭用帳は、宝亀二年四月から新銭（＝神功開宝・万年通宝）表記に変えたのである。これまで帳簿においては、価格は和同開珎で表記されており、天平宝字四年三月に万年通宝が発行された時も、万年通宝を表示する時のみ「新銭△文」としていた。しかし宝亀二年（七七一）四月以降は、帳簿はすべて神功開宝・万年通宝で表記されるようになるのである。(30)

考察

銭納帳と銭用帳、雑物納帳（雑物請帳）と雑物用帳、浄衣請帳と浄衣用帳などは、いずれも収入と支出の関係にある。そしてたとえば、銭で筆墨を購入すれば、まず銭用帳にその旨が記され、さらに購入された筆・墨が写経所に収納されれば、これは雑物納帳に記される。したがって銭用帳と雑物納帳には、同じ内容が書かれる。

具体的に二部大般若経写経事業の帳簿をみていきたい。

《参考史料》

〔史料9〕奉写二部大般若経料雑物収納帳(31)（五ノ三〇〇～三〇六、十六ノ一二一～一三一）の閏十二月

六日条（十六ノ一二一～一二三）（写真28）（閏十二月）

六日収納銭十二貫

右、附㆓漆部枚人㆒下綿二百屯価、屯別六十文、

調葉薦五十枚　麻五斤 大

交易綿十四斤　木履三十一両

菲五十両　黒米二斛

紙七千六百張

経紙六千張　上品九百張 中紙五千百張　　凡紙一千六百張
絁一百二十匹　　細布四端
鏁子一具　　(a)析鍵六隻
明櫃二合　　塩五果　々別准一升五合
醤一斗一升　中　　酢二斗　中
末醤五升　　柏四十把
松十村　一馬荷　　竹箒二隻
右、附二上馬養下道主等一、買検納如レ件、
小麦二斛　　小豆四斛
大豆三斛　　水麻笥二口
杓二十柄　　瓠二十口
蓆八十枚　　前薦二十一枚
折薦六十枚　　折櫃六十合　九十
堝埦一百合　　塩坏一百口
堝片埦一百口　二百　　堝羹坏一百口
堝盤九十口　　糯米一斛
右、附二市領伊部水子（子水）通大石阿古万呂等一、買進上、依レ員検納如レ件、

雑物収納帳においては、閏十二月六日に上馬養・下道主《しものみちぬし》らが調《ちょうの》葉薦《はこも》・麻（大斤で五斤）・交易綿・木《き》

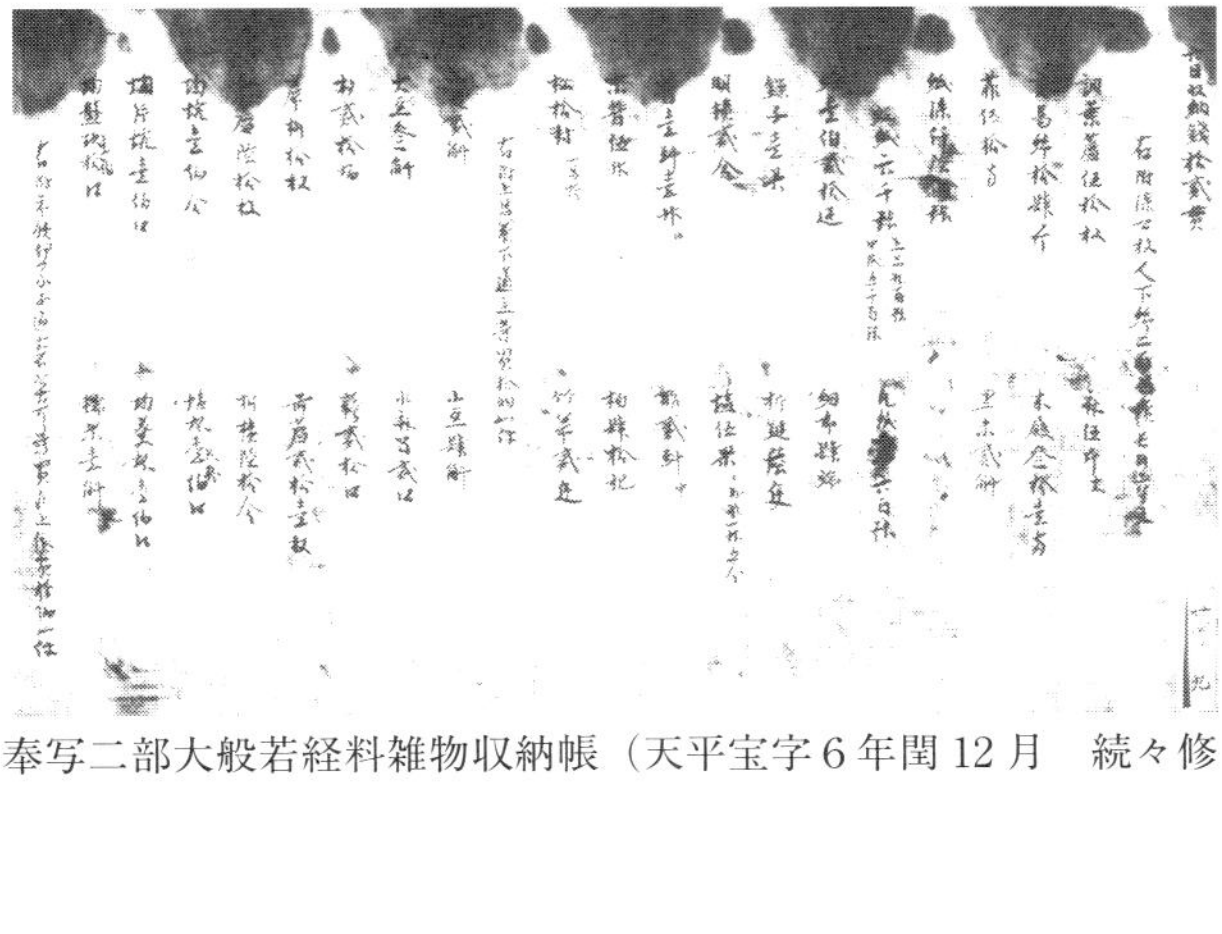

写真 28〔史料９〕奉写二部大般若経料雑物収納帳（天平宝字６年閏 12 月　続々修 43 ノ 20 第２紙）

履《ぐつ》・菲《わらぐつ》・黒米・紙（経紙・凡紙）・縄・細布・鑷子（さす）・(a)折鍵・明櫃《あかるひつ》・塩・醤《ひしお》・酢・末醤（みしお・みそ）・柏《かしわ》（食物を盛る葉）・松・竹箒《たけぼうき》を購入し、市領である伊部《いべの》水子通（子水通《こみみち》カ）・大石阿古万呂《おおいしのあこまろ》らが、小麦・小豆・大豆・水麻笥《みずおけ》・杓《ひさご》・瓠《なりひさご》・薦・前薦《まえこも》（＝食薦《すこも》）・折薦《おりこも》・折櫃・埦埦・塩坏・埦片埦・埦羹坏・埦盤（写真29）・糯米《もちよね》を購入し、それぞれ写経所に納めたことが記されている。市領とは市庄の領のことである。造東大寺司は東市庄・西市庄を持ち、それぞれ東市・西市における物資購入と価格調査を行っていた。[32]

そして銭用帳には、次のように記載されている。

《銭用帳の実例2》

〔史料10〕奉写二部大般若経銭用帳（十六ノ九一～一〇四）の閏十二月六日部分（十六ノ九三～九五）

（写真30）

（閏十二月）

六日下銭三十五文　又下銭四貫 買筆墨賃

右、自二節部省一運来綿千屯、雇車一両賃、

主典安都宿祢「雄足」　領 上「馬養」 下道主

(a)同日下銭一百四十六貫一百十九文

一貫五百文買(b)調葉薦五十枚直 枚別三十文

一百文買(c)麻大五斤直 斤別二十文*「五」　一貫一百二十文買(d)交易綿十四屯直 別八十文

写真29　佐波理加盤　第7号

四百五十文(e)木履三十一両直 十六両別十五文 十五両別十四文
五百五十文(f)菲五十両直 両別十一文
一貫八百文買(g)黒米二斛直 石別九百文
十三貫五十文買紙七千六百張直
　一貫八百文上紙九百張直 張別二文
　九貫六百五十文中紙五千一百張直 四千張別二文 一千一百張以二三文一充二二張一
　一貫六百文凡紙一千一六百張直 張別一文
一百二十三貫六百八十文絁一百二十匹直 十五匹別一貫五十文 五十六匹別一貫四十文
　十五匹別一貫三十文 十八匹別一貫 十五匹別一貫二十文 一匹九百四十文
二貫二百四十文細布四端直 別五百五十文
百十文鏁子一具直　　三十文(h)鎹六勾直
八十文明櫃二合直 合別四十文　　八十文塩五果直 別十六文 果別一升五合
二百二十文醤（中）一斗一升直 升別二十文　　三百七十八文酢二斗直 二升別十九文 一斗八升別二十文
三十五文柏四十把直　　三十文末醤五升直
八十文松一駄荷直 員十村　　四文竹箒二隻直
三百九十六文(i)自二東西市一雑物買運雇車五両往還賃
一百八十六文(j)買雑物令二持運一担夫食物直

ここでは閏十二月六日に(a)一四六貫一一九文が下充され、それぞれ(b)調葉薦が一枚三〇文、(c)麻

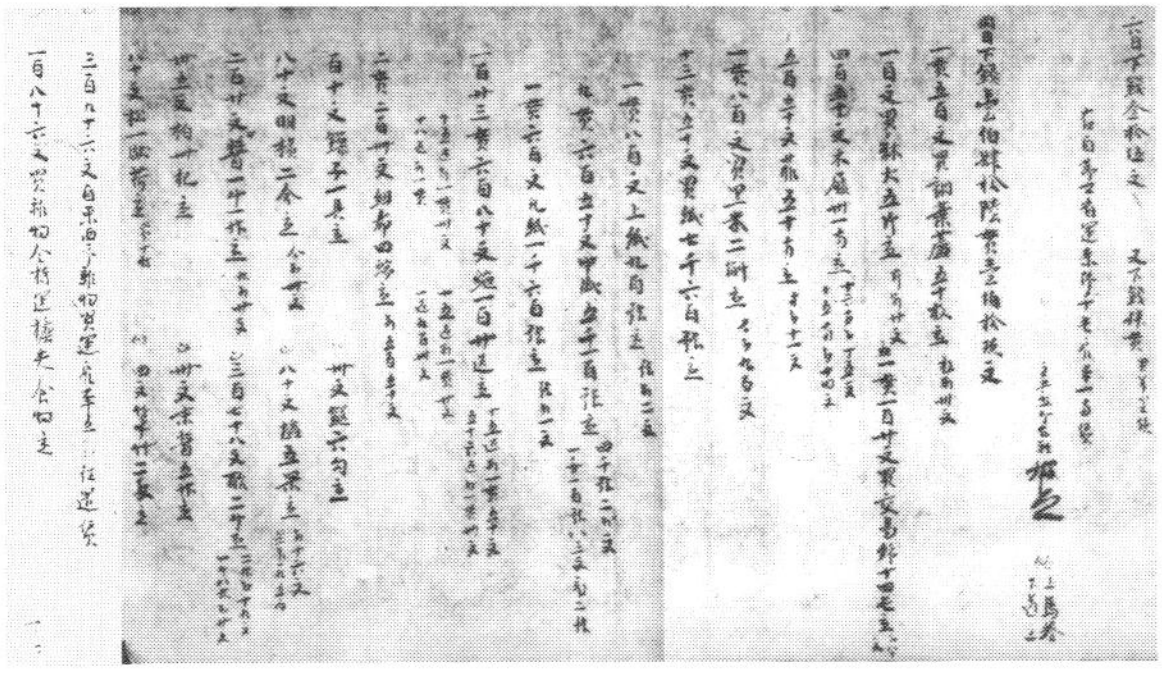

写真30〔史料10〕奉写二部大般若経料銭用帳（天平宝字6年閏12月　続修後集6第2紙＋続々修4ノ10第1紙）

が一斤二〇文、(d)交易綿が一屯八〇文、(e)木履は一六両が両別一五文、一五両が両別一四文、(f)菲は両別一一文、(g)黒米が石（=斛）別九〇〇文などそれぞれの物価があきらかになる。その後、紙・絁・細布《さいふ》・鏁子（さす）・(h)鎰《かすがひ》（戸締まりに用いる金具）と続くが、鎰は〔史料9〕(a)（47頁）の折鍵に相当する。その後に明櫃《あかるひつ》・塩・中醤（中品の醤、真作る醤）・酢・柏《かしわ》・未醤・松・竹箒とある。そして(i)「自二東西市一雑物買運雇車五両往還賃」(j)「買雑物令二持運一担夫食物直」とあるように、これらが東西市で購入され、車や担夫を使って運ばせていることがわかる。このように雑物納帳と銭用帳を比較することで、閏十二月六日条の具体的な購入物や購入先、価格や運搬方法などの詳細を知ることができる。しかし吉田孝氏(33)が指摘したように、雑物納帳の案文と思われる次の史料が存在する。

《参考史料》

〔史料11〕奉写二部大般若経料（?）雑物納帳(34)（天平宝字六年閏十二月　十六ノ一二九～一三〇）

（写真31）

小麦二斛　小豆四斛　大豆三斛　水麻笥二口　杓二十柄
瓠二十口　蓆八十枚　前薦二十一枚
右、附二市領子水通阿古万呂等一、買検納如レ件、
主典　安都宿祢　　領　下道主上
八日収納折薦三十枚　折櫃二十合　陶埦一百合
堝盤一百口　堝片埦一百口　堝羹坏一百口
堝塩坏九十口

右、附二市領子水通阿古万呂等一、買検納如レ件、
主典安都宿祢　　領　上 下道主

九日収納糯米一斛　折櫃四十合　折薦三十枚
右、附二大石阿古万呂伊部子水通等一、買検納如レ件、
黒米二斛　調葉薦五十枚　麻大五斤
交易綿十四屯
右、(a)司中附二道主等一、買納如レ件、但米黒間買、

これらは〔史料9〕雑物収納帳（46頁）を作る前に作成された文書と思われ、ほとんどの物資が抹消されている。そしてこの内容は、〔史料9〕雑物納帳や〔史料10〕銭用帳（48頁）の記載内容と異なる。すなわち市庄の子水通《こみみち》・阿古万呂《あこまろ》が、某日に小麦・小豆・大豆・水麻笥《みずおけ》・杓《ひさご》・瓠《なりひさご》・薦・前薦《まえこも》（＝食薦）を、八日に折薦、折櫃・埦・埦盤・埦片埦・埦羹坏・埦塩坏を購入している。そして九日には大石阿古万呂・伊部子水通が、糯米《もちよね》・折櫃・折薦を、下道主が(a)「司中」、つまり造東大寺司のなかで、黒米と調葉薦・麻・交易綿を購入している。すなわち購入の日付、購入先、購入者が異なっているのであり、実際には〔史料11〕のように、某日・八日・九日の三日間にわたって少しずつ納入され、さらに一部は造東大寺司のなかで購入されていたことがわかる。

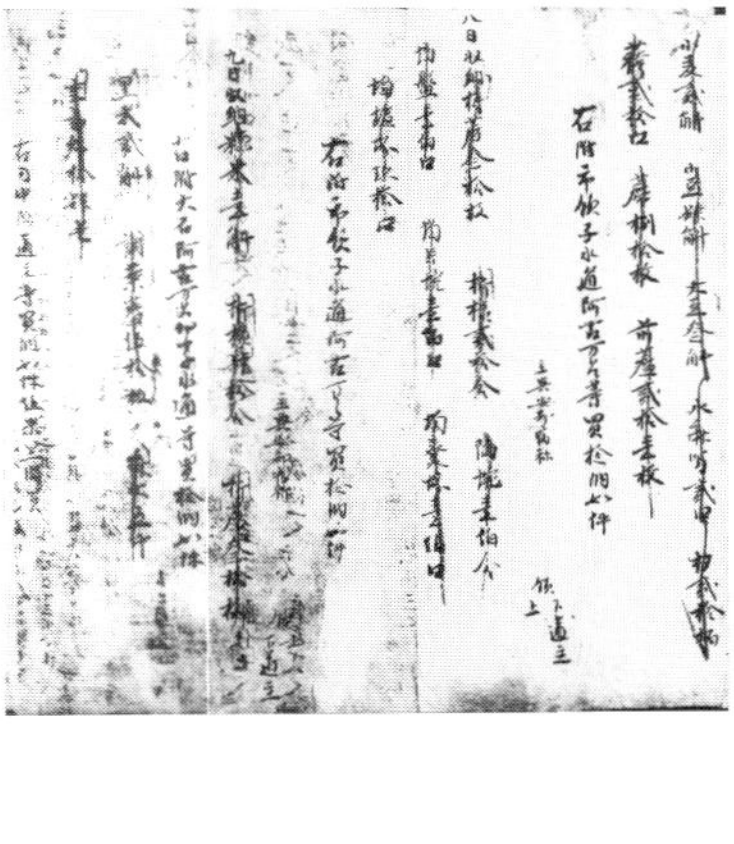

写真31〔史料11〕奉写二部大般若経料雑物納帳（天平宝字6年閏12月　続々修40ノ5裏第2～3紙）

このように二部大般若経写経事業の雑物納帳（五ノ三〇〇～三〇六、十六ノ一二一～一二九）と銭用帳（十六ノ九一～一〇四）は、調整されていたことが知られる。帳簿はその用途や目的により調整されるものであるが[35]、これらは小規模で「改ざん」というほどのものではない。つまり事実とかけ離れていると考える必要はないのである。

また吉田氏が明らかにしたように、安都雄足をはじめとする下級官人は、造石山寺所や石山寺写経所の銭や米を頻繁に借用している。このような下級官人の借用は、非公式なものであったらしく、銭用帳には記されていない。

そして宝亀年間にいたっては始二部写経事業から、写経所は大規模な月借銭《げっしゃくせん》運用を行っていた。次のような月借銭解は、約百通残っている。

《参考史料》

〔史料12〕宝亀四年四月四日付大友路万呂月借銭解（六ノ五〇九）（写真32）

謹解　申請月借銭事

合一貫文　(a)加レ利百文別十五文

右件銭、望料給時、本利并将二進納畢一、仍状具以注、謹解、

宝亀四年四月四日専受大友路万呂

償人　(b)桑内真公

※「◎九百文(c)葛井典之　一百文(d)出挙之内」

「以七月十日納一千四百六十五文　一千文本 (e)四百六十五文三月又三日利

一千三百十文葛井典 (f)四百十文三月之利 九百文本(36)

一百四十五文 (g)司之三月 (h)四十五文三月之利 一百文本

ここで大友路万呂が、宝亀四年四月四日に一貫（＝一〇〇〇文）を借りていることがわかる。(a)「加レ利百文別十五文」とあるように、一〇〇文に対し、月一五文の利子がつくが、利率は宝亀三年（七七二）中は月ごとに一〇〇文あたり一三文、宝亀四年以降は一五文である。保証人は、大友路万呂の同僚で経師の(b)桑内《くわうちの》真公《まきみ》で、質草はなく、布施の支給時に元本・利子を返済すると述べている。この一貫は、写経所の財源のうち(c)「葛井典之」（造東大寺司主典の葛井荒海《ふじいのあらうみ》の私銭カ）から九〇〇文、(d)「出挙《すいこ》之内」から一〇〇文から支出された。この「出挙之内」は(g)「司」といい換えられているので、「出挙＝司」であることがわかる。七月十日に返済された際には、利子は(e)四六五文となり、「葛井典之」分が(f)四一〇文とある。そして「出挙＝司」分が(h)四五文である。四一〇文と四五文の合計は四五五文となるが、これは三ヶ月分の利子であり、これに三日分の利として一〇文を加算して合計四六五文が算出されたと思われる。

《参考史料》

〔史料13〕宝亀三年十月十一日付大友路万呂月借銭解（二十ノ三一八）（写真33）

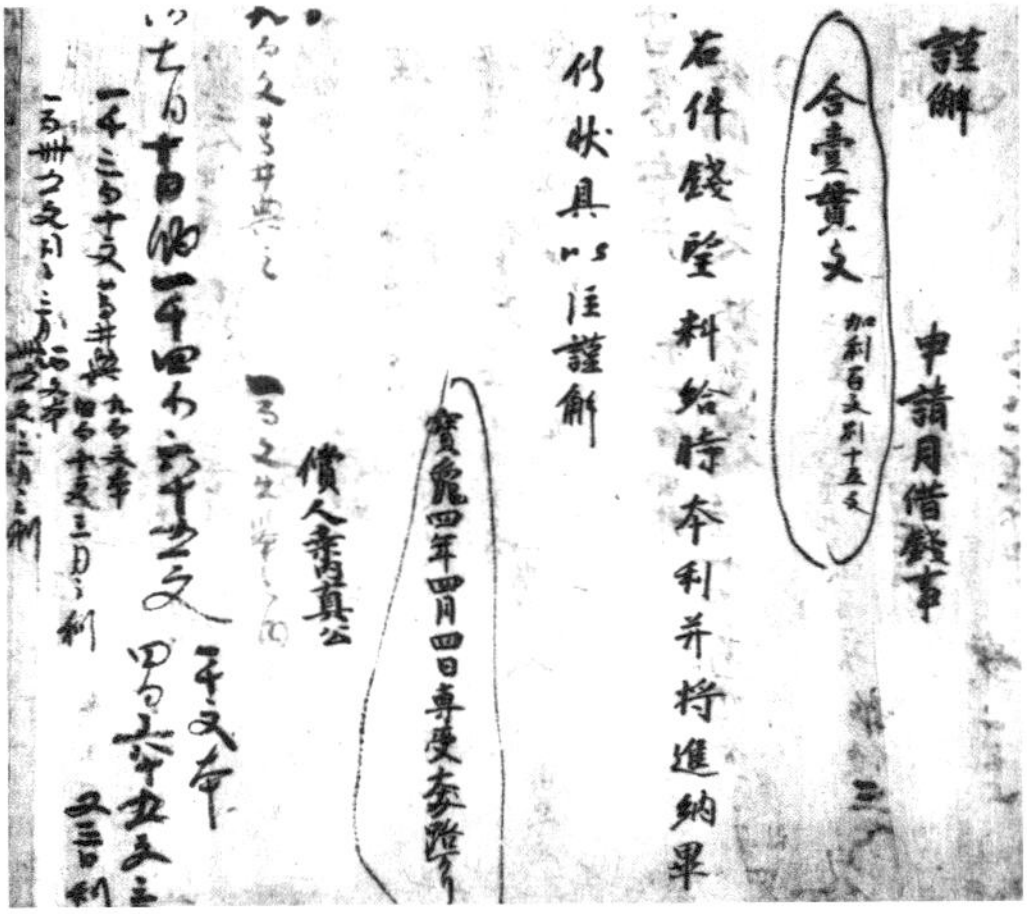

写真32〔史料12〕宝亀4年4月4日付大友路万呂月借銭解（続修24第1紙）

宝亀三年十月十□（一カ）日大友路□□（万呂カ）

「償山部針間万呂」

「桑内真公」

「物部常石」

※「同日下充(a)八百文(b)石」 ※「以㆓四年四月四日㆒納㆓五月又二十日利五百九十文㆒」
葛井典之

※「同月十九日下充(c)二百文(d)付足羽宅成(e)司出挙之内 利二百十二文」
※「以㆓四年四月四日㆒納㆓五月又十日利一百四十七文㆒」

これは同じく大友路万呂の月借銭解で前欠である。しかし後半の記載から一貫を借りていたことがわかる。保証人は前出の桑内真公のほか、経師の山部針間万呂《やまべのはりまろ》・物部常石《もののべのつねいわ》が名を連ねている。この一貫は十一日に(a)八〇〇文が(b)「石」から支出され、十九日に(c)二〇〇文が(e)「司出挙之内」から支出されたが、本人ではなく代理人の(d)足羽宅成《あすわのやかなり》に付されている。

利率が高いことからも、このような月借銭運用による収入は、写経所財政に大きく貢献していたと思われる。しかしこの収入は、始二部写経事業の公的な帳簿には記載されていない。まず〔史料13〕で大友路万呂が月借銭を申請した宝亀三年十月部分の銭用帳をみてみたい。

《銭用帳の実例3》

〔史料14〕奉写一切経所銭用帳（六ノ二〇一～二一二）の宝亀三年十月部分（六ノ二一七～二一八）（写真34）

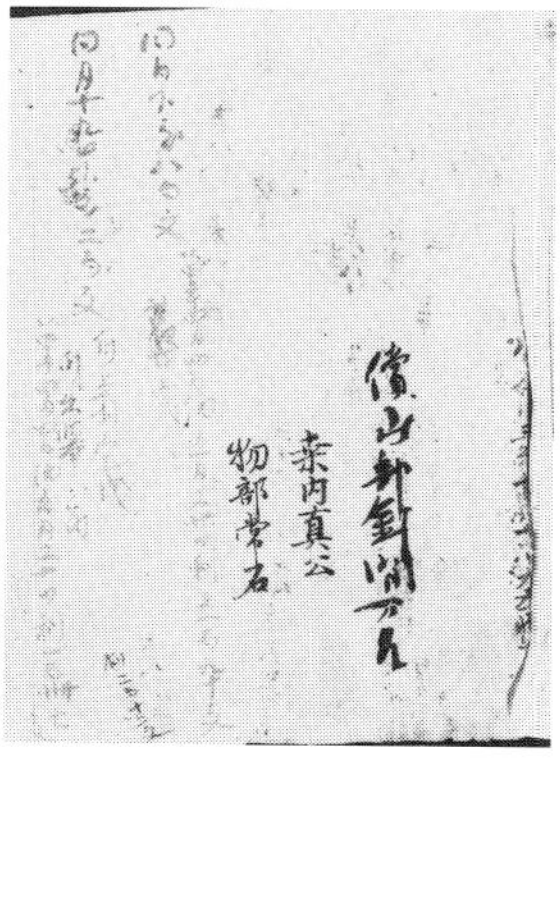

写真33〔史料13〕宝亀3年10月11日付大友路万呂月借銭解（続々修40ノ2裏第3紙）

十月
四日下新銭五百六十文兎毛筆十六管直充
他田建足　大宅童子　秦正月万呂　桑内真公　坂上諸人
＊「返上即充香山久須万呂」
槻本乙成　五百原豊成　音太部野上　山部針間万呂　丈部浜足
尾張宮成　石川宮衣　念林老人　大友路万呂　他田嶋万呂
案主上　馬養
二十一日下銭二百十文兎毛筆六管直充　高向子祖　山辺千足　秦吉麿　壬生広主
金月足　物部道成并六人〻別三十五文
案主上　馬養
二十八日下銭二百八十五文
二百四十五文兎毛筆七管直充　工浄成　念林宅成　葦浦継手　小治田乙万呂
秦礒上　伊福部真勝　答他虫万呂并七人各三十五文
二十文鹿毛筆十管直　管別二文
二十文針二十手直　別一文
案主上　馬養
二十九日下銭二百十文兎毛六管直充
清野人足　船木麿　桑内真公　刑部真主　秦正月万呂
占部忍男并六人各三十五文
又下銭四十八文雇女六人功料　人別八文
案主上　馬養

このように銭用帳の十月は四・二十一・二十八・二十九日にしか記事がなく、月借銭のことはまったく記されていない。一方、銭納帳には、告朔解案に記載のない大判官《だいじょう》美努奥麻呂《みぬのおくまろ》からの借銭が記されているが、ここにも月借銭の利子収入の記載はない（十九ノ一一二～一一九）。しかし写経所の非公式な帳簿であったと思われる下銭《かせん》幷《ならびに》納銭帳《のうせんちょう》には、月借銭が記載されている。

〔史料15〕下銭幷納銭帳（宝亀三年十月　二十ノ三〇九～三一〇）（写真35）

（十月）

五日下銭五百文　四百文雑用銭内＊(2)「返上」
一百文出挙之内＊(2)「返上」　充出雲小万呂
〃〃案主上＊(1)「馬養」　布師千尋

十一日下五百文　縫帙功料「借用」＊(1)「返上」＊(2)
「雑用之内」＊(1)
案主上「馬養」＊(1)　布師千尋

十二日納四十八文
案主上「馬養」＊(1)　布師千尋

十三日下銭一貫　借用上「以十二月二十九日返上了」
「雑用之内」＊(1)　質物白絁一匹
案主　上「馬養」　布師千尋

十四日納二貫四十三文
右、人〻収納銭、検納如件、
案主上

同日下銭七百文　又下一百文　雑用銭内＊(1)「出挙之内」＊(2)「返上」
六百文月借韓国形見等(a)

二百文買菁直付山辺千足＊(2)「返上」
案主　上＊(1)「馬養」　布師千尋

十五日下一貫文　充多治比真田作＊(1)「出挙之内」
案主　上「馬養」　布師千尋

＊(1)「十八日下銭四百文　雑用之内　筆直料」
＊(1)上「馬養」　布師千尋

(b)十九日下銭二百文　充大友路万呂(c)＊(1)「出挙之内」
＊(1)上「馬養」　布師千尋

『大日本古文書』は、＊（1）と＊（2）は朱の濃さが異なるとする。宝亀三年十月十四日条に(a)「六百文月借韓国形見等」とあるように、月借銭の下充が記載されている。さらに下銭幷納銭帳には銭納帳にみられなかった出雲《いずもの》小万呂《こまろ》・多治比真田作・大友路万呂など多くの官人の借銭とその返済についても記されている。このように下銭幷納銭帳は、宝亀三年九月十四日から十月二十一日（二十ノ三〇八～三一〇）と、同年十一月二十四日から三十日（二十ノ三一〇～三一二）までの記事しか存在しないものの、写経所内の財政の実態が記されているのである。

山下有美氏(37)が指摘するように、大伴路万呂月借銭解の〔史料13〕(a)「八百文」（54頁）の下充の財源が(b)「石」で、十月十九日の(c)「二百文」の財源が(e)「司出挙之内」とあるが、このうち十月十九日の二百

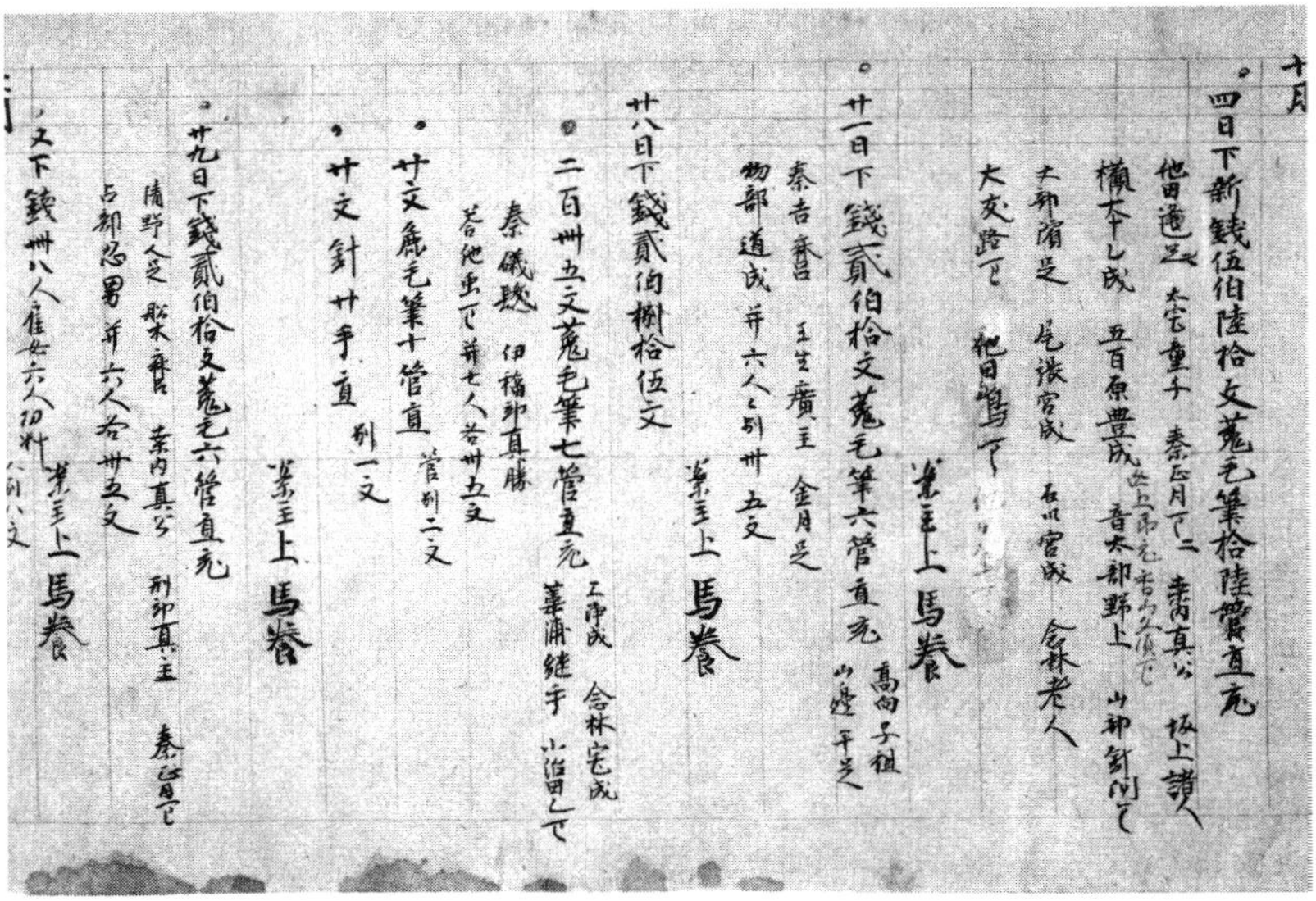

写真 34〔史料 14〕奉写一切経所銭用帳（宝亀 3 年 10 月　続修後集 7 第 11 紙）

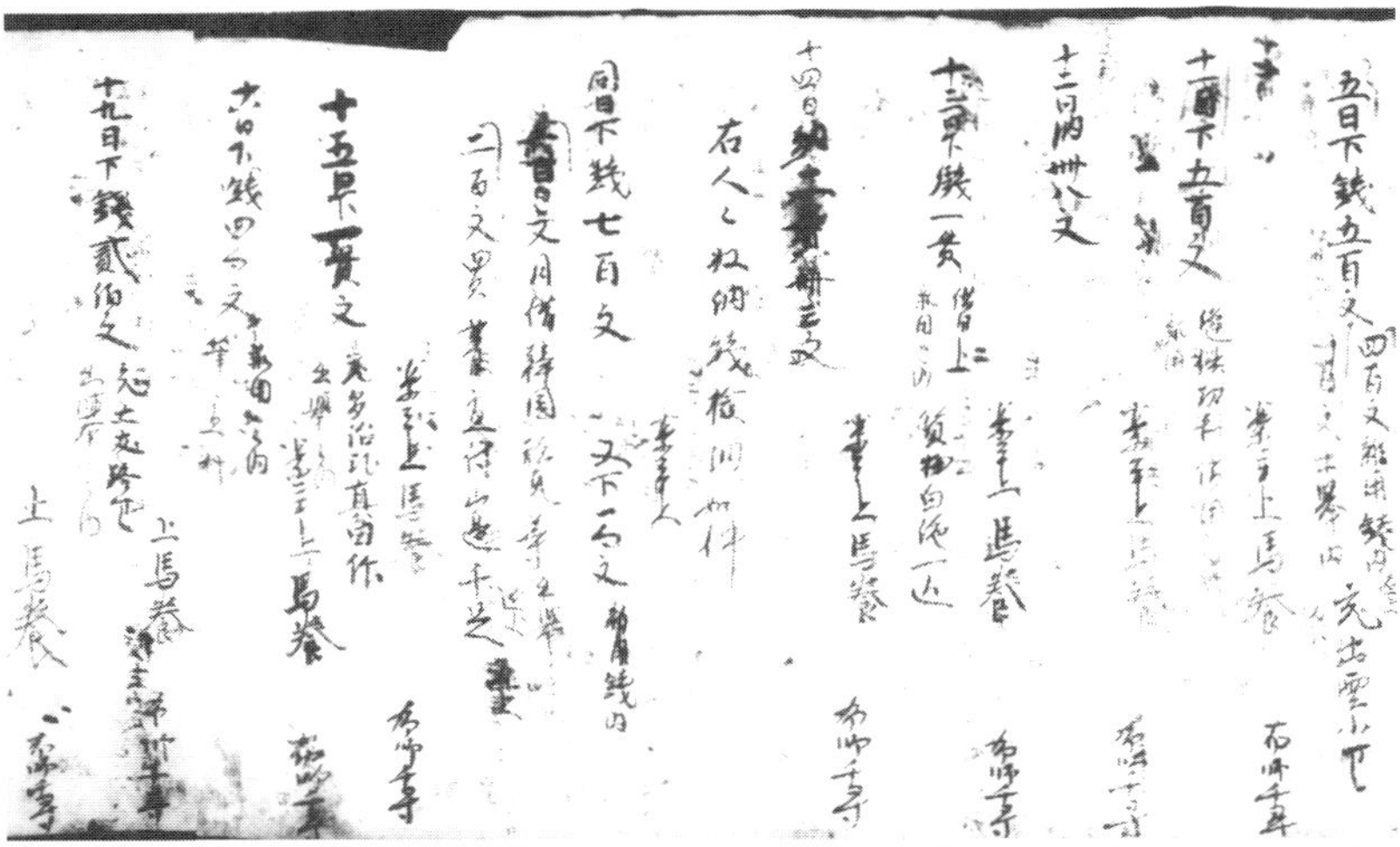

写真 35〔史料 15〕下銭并納銭帳（宝亀 3 年 10 月　続々修 40 ノ 2 裏第 25 ～ 26 紙）

文のみが〔史料15〕(b)で、(c)「出挙之内」として下銭幷納銭帳に記載される(二十ノ三二〇)。すなわち「石」の八百文は記載されていないのであり、下銭幷納銭帳も月借銭のすべてが記載されているわけではない。

この下銭幷納銭帳には、「司之」「雑用料、雑傜之内」「出挙料、出挙之内」「葛井典之」など財源の区分らしきものがみえる。これらは月借銭解に書き込まれた財源と同じ表現であることから、多くの研究者が注目している(38)。現状では「司」と「出挙」と「一切」が同じもので、一切経司(=西大寺写経所)からきた財源を指し、また「葛井典之」は葛井荒海の銭、「雑用」は、諸経費に充てられるために造東大寺司から来た銭と解釈されている。このように写経所内では財源を区分し、だいたいの傾向としては、月借銭は出挙料から、写経事業に直接関わる経費―たとえば縫帙功料や買菁直・筆直料など―は雑用料から支出されている。ただしこれらの財源の区分はそれほど厳密ではなかったと思われる(39)。

このように写経所では一応財源を区分していたが、必要に応じて臨機応変に支出されていたのである。

【四】充紙帳

解説

写経所に物資が下充されると、さっそく装潢作業がはじまり、続いて書写が行われる。次の史料は経師に経紙を充てた帳簿である。

《充紙帳の実例》

〔史料16〕一千二百巻金剛般若経紙充帳（天平宝字二年　十四ノ一三二）（写真36・37）

和雄弓　二十四日 二十八　二十七日 二十八　十月一日 二十八 九日二枚又二十八　十三日 二十八
十六日 二十八　二十日 十四

韓国毛人　二十一日 二十八　二十四日 二十八　三十日 二十八　十月二日 二十八　五日二十八

これは口座式の帳簿で、和《やまとの》雄《お》弓《ゆみ》や韓《から》国《くにの》毛《えみ》人《し》など経師の名前を書いた付箋のところに紙数を次々と書き込んでいる。和雄弓には九月二十四日に紙二十八枚、二十七日、十月一日にも二十八枚、九日は一枚と二十八枚で計二十九枚を充てたとする。このように充紙帳の他にも、本経（テキスト）の割り当てを記す「充本帳《じゅうほんちょう》」、筆・墨を充てる「充筆墨帳《じゅうひつぼくちょう》」などがある。そして経師の書き上げ状況を記した書上帳などが作られる。これらの帳簿からは、具体的に△月△日にどの経師に何を割り当てたのか、あるいはどの経師が何を写し終えたのか、正確な情報を入手することができる。写経事業における装潢・書写・校正の作業期間は、これらの帳簿で特定することが多い。

研究への展開

〔史料16〕では天平宝字二年の千二百巻経の書写において、和雄弓は十月十三・十六・二十日と紙を充てられているのに対し、韓国毛人は十月五日が抹消されているので、十月二日までしか紙が充てられていない。しかし次の史料がある。

《参考史料》

〔史料17〕天平宝字二年十月十日付造東大寺司移（四ノ三四三〜三四四）（写真38）

造東大寺司移義部省

中解部従六位上韓国毛人

史生大初位上韓国千村

右人等、預レ奉二写　勅旨経一、身在二寺家一、縁レ促二期限一、考唱之庭不レ得レ令レ向、今具二事状一、故移、

天平宝字二年十月十日主典正八位上安都宿祢

次官従五位下高麗

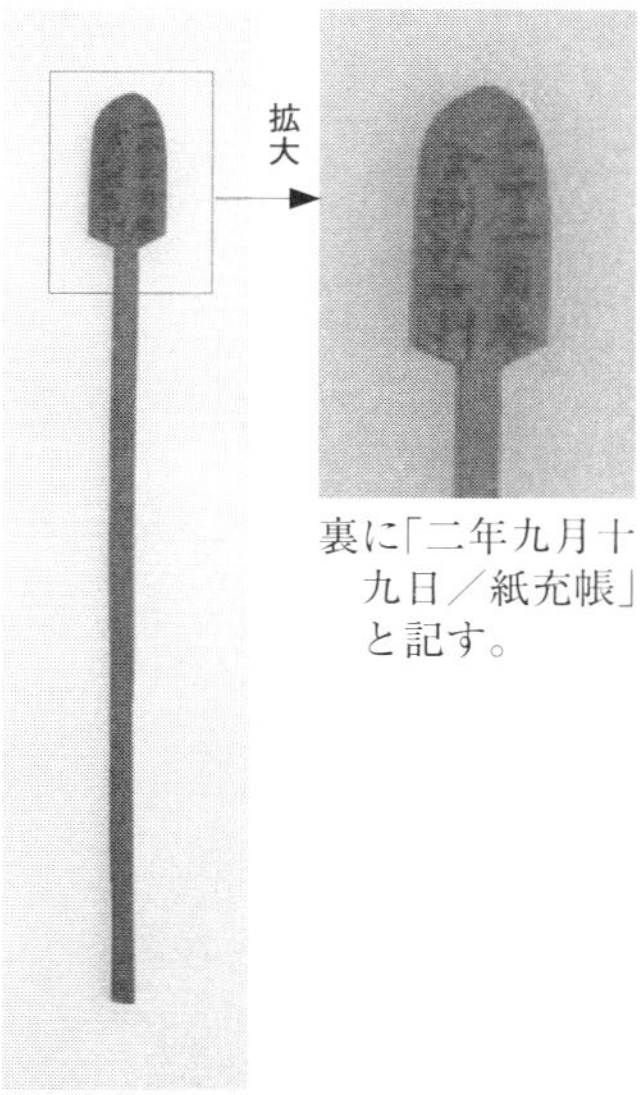

裏に「二年九月十九日／紙充帳」と記す。

写真 36　往来第 10 号

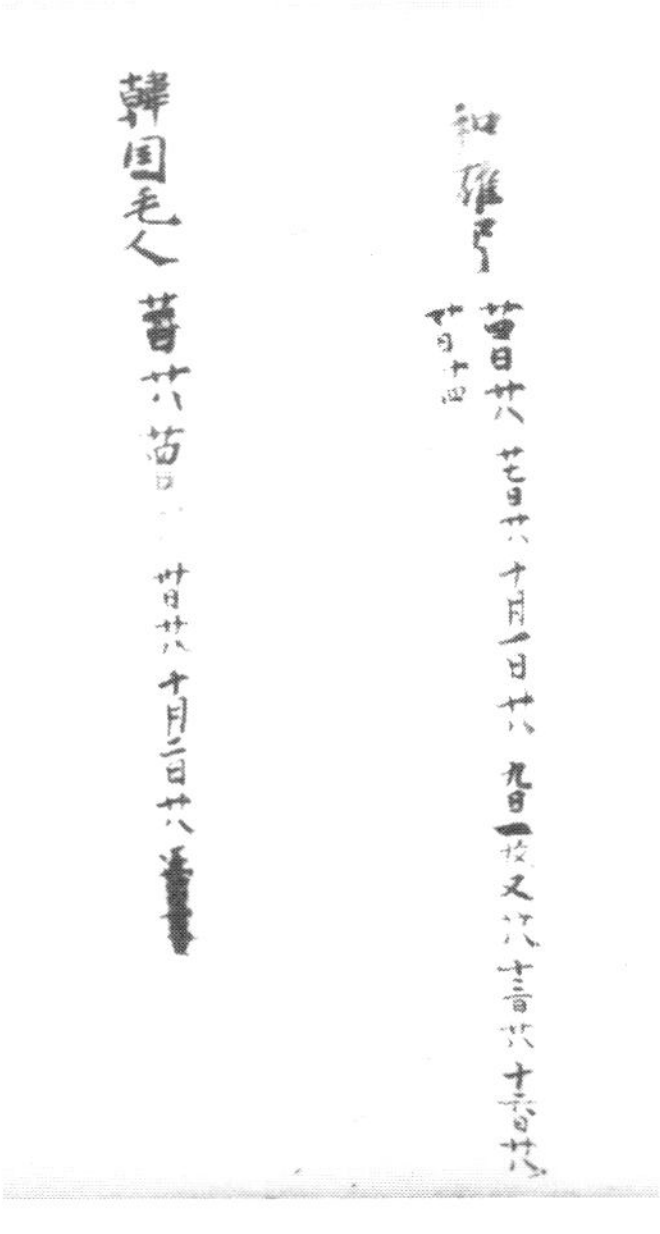

写真 37〔史料 16〕一千二百巻金剛般若経紙充帳（天平宝字 2 年　続々修 36 ノ 2 第 29 紙）

藤原仲麻呂政権による官名の唐風改称により、ここでは義部省となっているが、もとは刑部省である。職員令30刑部省条において「史生十人」「中解部二十人」が規定されており、中解部の職掌は、大解部と同じく「問二窮争訟一」、すなわち訴訟の事実審理であった。韓国毛人《からくにのえみし》と千村《ちむら》は、それぞれ刑部省の中解部、史生であるにもかかわらず、写経所に経師として出向していたのである。この史料では十月十日付で韓国毛人・千村が勅旨経を奉写するために、「寺家」におり、そのために「考唱の庭」、すなわち考課令1内外官条に定める年ごとの官人の考（勤務評価）を式部省の庭にて唱示する行事に参加できないことを伝えている[40]。韓国毛人が千二百巻経書写に戻るのは十月二十四日であり（十四ノ一五〇）、十月四日頃から二十四日頃まで空白期間が生じている。十月十日時点で他の勅旨経を書写していたとすると、考えられるのは並行して書写されていた知識《ちしき》大般若経である[41]。これは官人各自が自弁で書写するもので、大般若経六〇〇巻を一人一巻ずつ、計六〇〇人に割り当てられた。韓国毛人は九月四日から十八日まで写経所において義部省官人割り当て分の知識経書写に従事しており、この時に九月六日に米一斛、八日に銭一貫五〇〇文を写経所から借りている（十四ノ四七・四八）。十月六日に銭一貫五〇〇文を借りていることからも（十四ノ五〇）、十月四日頃から二十四日頃まで、義部省官人割り当て分の知識経書写が行われていたことがわかる。

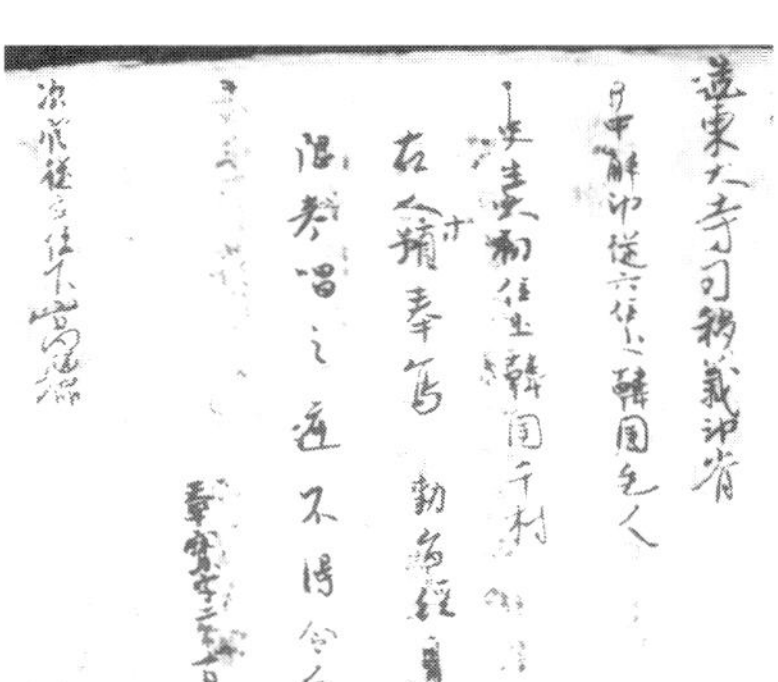

写真38〔史料17〕天平宝字2年10月10日付造東大寺司移（続々修18ノ6裏第45紙）

【五】食口案

解説

食口案とは、写経所が米を供給した人々を職種別に人数を記したものである。西洋子氏[42]によれば、天平勝宝二年（七五〇）から五年・八年・九年・天平宝字二年（七五八）は月ごと、天平宝字二年九月と同六年十二月、神護景雲（七七〇）四年〜宝亀六年（七七五）は日ごとの食口案になっている。月ごとの食口案は、次のようなものである。

《食口案の実例1》

〔史料18〕天平勝宝五年四月二十九日付写書所解（二十五ノ六二〜六四）（写真39）

写書所解　申四月食口事
合単六百六十一人
　書生三百六十人
　　三百三十五人写十六部法花経　　七人写花厳経
　　十二人写七部経　　四人写五部経
　　二人写[a]常疏
　装潢五十三人
　　四十六人造十六部法花経紙　　三人造花厳経紙

一人参内裏　　一人造五部経紙
一人(b)供奉礼仏　　一人造公文紙
校生六十九人
四十六人校十六部法花経　　三人校花厳経
二人校七部経　　二人校五部経
四人校(c)常疏　　四人参内裏
四人遣使　　四人(d)供奉礼仏
案主二十一人
舎人一百五十八人
九人遣使　　十四人参内裏
七十人(e)供奉礼仏　　四十四人雑使
十一人平雑経紙　　五人政所公文
五人検(f)宮一切経
以前、起二去三月二十一日一、尽二四月二十九日一、食口顕注如レ前、
天平勝宝五年四月二十九日　上馬養
呉原

天平勝宝五年三月二十一日から四月二十九日までの食口が、書生(経師)・装潢・校生・案主・舎人ごとにまとめられている。ここか

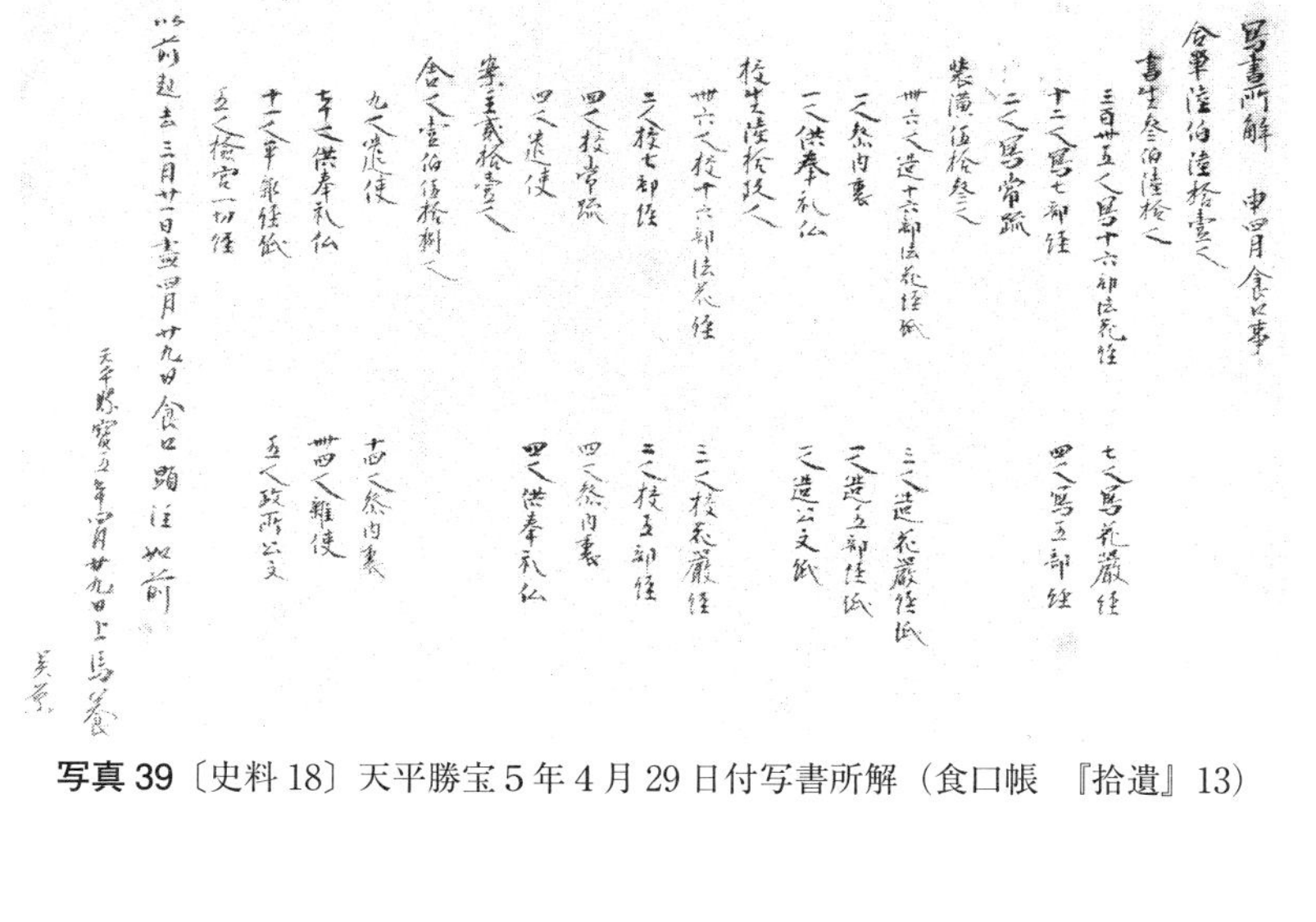

写真 39〔史料 18〕天平勝宝 5 年 4 月 29 日付写書所解（食口帳　『拾遺』13）

ら十六部法華経《ほけきょう》（法華経十六部一二八巻）・花厳経（六十華厳経九〇巻）・七部経（金光明経・法華経・最勝王経・十輪経《じゅうりんぎょう》・理趣経・弥勒経《みろくきょう》・薬師経）・五部経（？）の間写が行われ、(43)（a）（c）「常疏」（f）「宮一切経」、すなわち五月一日経の書写や校正、点検が行われていることがわかる。装潢や校生、舎人のところに（b）（d）（e）「供奉礼仏」がみえるが、これは国家主催の法会に参列・奉仕したことを示す。(44)注意しなければならないのは、三月初旬から四月半ばまで、仁王経三〇部が書写されていたにもかかわらず、ここに記載されていないことである。仁王経書写は、装束仁王会司に管理されており、財源が別であった可能性が高い。つまり食口案には、写経所の財源から支出された人々が記されているのである。

日ごとの食口案としては、次のようなものがある。

《食口案の実例2》

〔史料19〕天平宝字六年閏十二月付奉写灌頂経所食口案帳(45)（十六ノ三六～三七）（写真40）

（閏十二月）
十一日食口五十九人
（a）政所仕丁一人　一升二合干
（b）経所食五十八人之中　経師二十八人　◎六人灌頂　二十二人若　（c）書生四人　装潢三人　已上別二升若
案主二人　別一升二合若　雑使八人　六人別一升二合若　一人一升　若　（d）夷一人　一升二合若　雇女一人　一升二合若
雇夫十一人　別一升六合　（e）散　二人若薪採　（f）三人若干　三人若紙打　三人息所作
充米一石二斗八升四合　白一石　黒二斗八升四合　之中　六升四合先日残　一石二斗今日請之中白一石黒二斗　乗米六升一合二夕
用一石一升八合　白八斗三升　黒一斗八升八合　残二斗四升六合　白一斗七升　黒七升六合

下道主

十二日食口六十四[五]人

経三十四人 三十二人別二升／二人別一升二合　書師四人 別二升　装潢三人 別二升　校生一人 一升六合　案主二人　雑使五人

夷一人　仕丁一人　雇女一人 已上別一升二合　夷従一人 六合　雇夫十二人 別一升六合

間六升八合 自二石山一来雇夫等料／又舎人等

散六十五人 之中　経師三十四人 六人灌頂／二十八人般若　(g)書師四人 仁王　装潢三人 般若　案主二人

雑使五人　夷一人　雇女一人　(h)従一人 已上／若　雇夫十二人 並般経　(i)六人政所作[五]　四人干　三人紙打

仕丁一人 灌頂干　校生一人 灌頂

請米一石四斗七升六合 白一石二斗之中先日残一斗七升　今日請一石三升／黒二斗七升六合之中先日残七升六合　今日請二斗　加乗米即受成

用一石一斗七[九]升四合 白九斗三[四]升二[八]合／黒二斗四升二夕　残三[二]斗六[八升]合 白二斗五升八[二]合／黒三升四合

下道主

このように日ごとの食口案は、日々の写経所の食口を細かく記したもので、「△月△日　経師△人　人別△升△合、装潢△人　人別△升」とあり、その日の写経所の食口数と米の支出とが記されている。ここから写経事業の規模を細かくみることができる。天平宝字六年（七六二）の閏十二月十一日の食口は、合計五九人であり、(a)政所仕丁が一人、(b)経所食が五八人となる。経所食口の内訳は経師が二八人で、六人が灌頂（＝十二灌頂経）、二二人が若（＝二部大般若経）に従事している。(c)書生四人は、仁王経疏を書写する人々である。天平宝字六年の閏十二月には、十二灌頂経・二部大般若経・仁王経疏の書写が行われており、十二灌頂経は、十二月十一日に書写がはじめられ、閏十二月二十一日に終了、二部大般若経は十二月十六日に慈訓の宣により開始され、翌年四月に終了した。さらに十二月二十日と閏十二月七日の弓削《ゆげ》禅師（道鏡）の宣により仁王経疏の書写が行われ、それぞれ閏十二月十一日と七年正月十五日以前に終了している。食口案では十二月二十日宣の仁王経疏は(c)「書生」、閏十二月七日宣の仁王経疏は(g)「書師」と区別しているのである。

装潢は三人、続いて案主・雑使・夷・雇女・雇夫が記される。(d)「夷」とあるのは、優婆夷《うばい》（在家の女性信者）のことであり、彼女たちは出家人として推薦を得るために写経所で働いており、(h)「従」とあるのは、彼女た

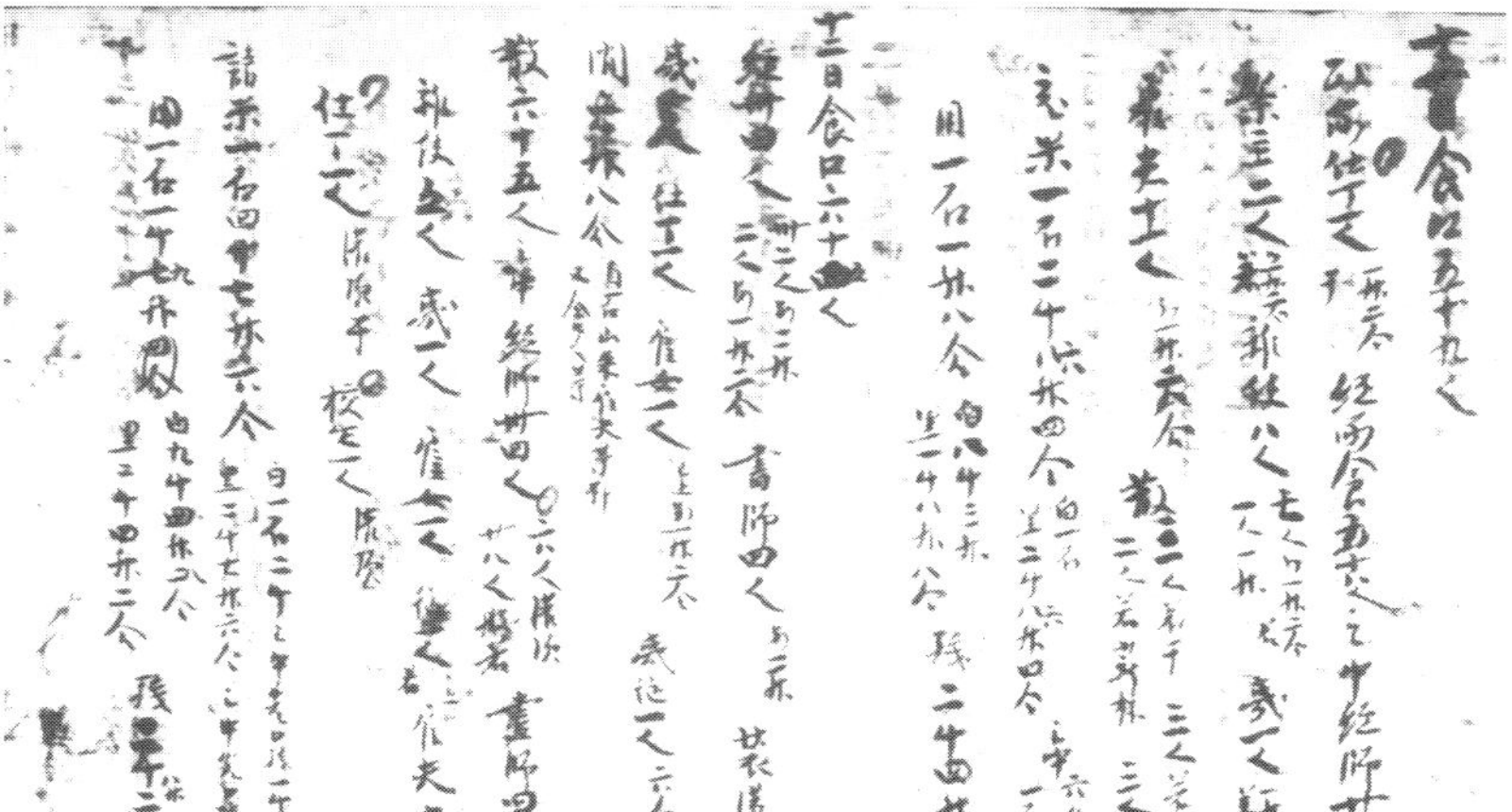

写真 40〔史料 19〕天平宝字 6 年閏 12 月付奉写灌頂経所食口案帳（続々修 40 ノ 5 第 1 紙）

ちの従者である。(e)「散」以下は、写経事業の別と具体的な仕事内容が記されている。(f)「三人若干」の「若」は二部大般若経のことで、「干」は厮である。他に二部大般若経において、三人が紙打の作業を、二人が薪を採りに行っていることが知られる。また三人が息所を作っており、写経所の施設が増築されている。

考　察

〔史料19〕の閏十二月十一日条（65頁）では(a)「政所《まんどころ》仕丁」と(b)「経所食」とに分けられていたが、この奉写灌頂経所食口案では、十二月八日から二十一日までは、「政所食口」と「借食口」、二十二日から閏十二月六日までは「政所食口」と「間食口」、同月七日から十一日までは「政所食口」と「経所食口」に分けている。(46) この借食口・間食口・経所食口は連続しており、同じ人々を指す。そして食口案の閏十二月七日条からは「充△△　用△△　残△△」のように（十六ノ三四）、充てられた米と用いた米とその残量を記載するようになる。その用米の量は、閏十二月七日から十一日までは、政所食口を除いた分と一致するので、政所食口は政所から、経所食口は写経所から食米を支給されていたと考えられる。〔史料19〕に(i)「五人政所作　（略）　並般経」とあるように、二部大般若経のための政所を作っている雇夫がいるので、それまでの案主の執務場所は造東大寺司政所であった。そして銭用帳閏十二月十一日条の一〇貫に「右雑用料、附二道主一、自二正倉一下二置政所一如レ件」とあり、さらに売料綿下帳閏十二月六日条に「九九四屯売料下二置政所一」（十六ノ七七）、同月十一日条に「租布十段／右、附二下道主一売料、下二置政所一如レ件」とあり（十六ノ七八）、「政所」には、少なくとも銭一〇貫、綿九九四屯、租布十段が置かれていたことがわかる。つまり政所食口とは、この造東大寺司政所に置かれた写経所料から食米を支給される人々の意であった。

また宝亀年間には「大炊食口」がみえる。「大炊食口」は、先一部がはじまって間もない神護景雲四年（七七〇）六月と七月にあらわれるが（六ノ一〇四）、これは東大寺写経所が長く活動を中断していたため、やむなく写経所の米を造東大寺司管下の大炊《おおい》厨所《くりやじょ》に充てて調理していたものと思われる。そしてその後、多くの調理用具や食器が充てられているように（六ノ一〇一～一〇三、一五四～一五六）、写経所の料《りょう》理《り》供養所《くようじょ》が徐々に整備され、神護景雲四年八月以降はここで調理していたのである（図2参照）。そして宝亀二年（七七一）十月十四日～十二月二十九日に再び「大炊食口」があらわれる（後述の〔史料23〕(9)(a)（97頁））。すなわち先一部の書写が終息した後、料理供養所が停廃され、再び大炊厨所で調理されるようになったのである。大炊厨所での調理は、その後、宝亀七年六月の今更一部写経事業終了まで続いたと考えられる。

さらに天平宝字二年（七五八）にも「大炊食口」がみえる。

《食口案の実例3》

〔史料20〕天平宝字二年九月付食口帳（十六ノ五～九）（写真41）

九月三日(a)下大炊食口下

合食口二十八人　装潢三人二升　校生四人一升六合　案主三人一升六合　舎人十八人一升二合　用米二斗九升二合

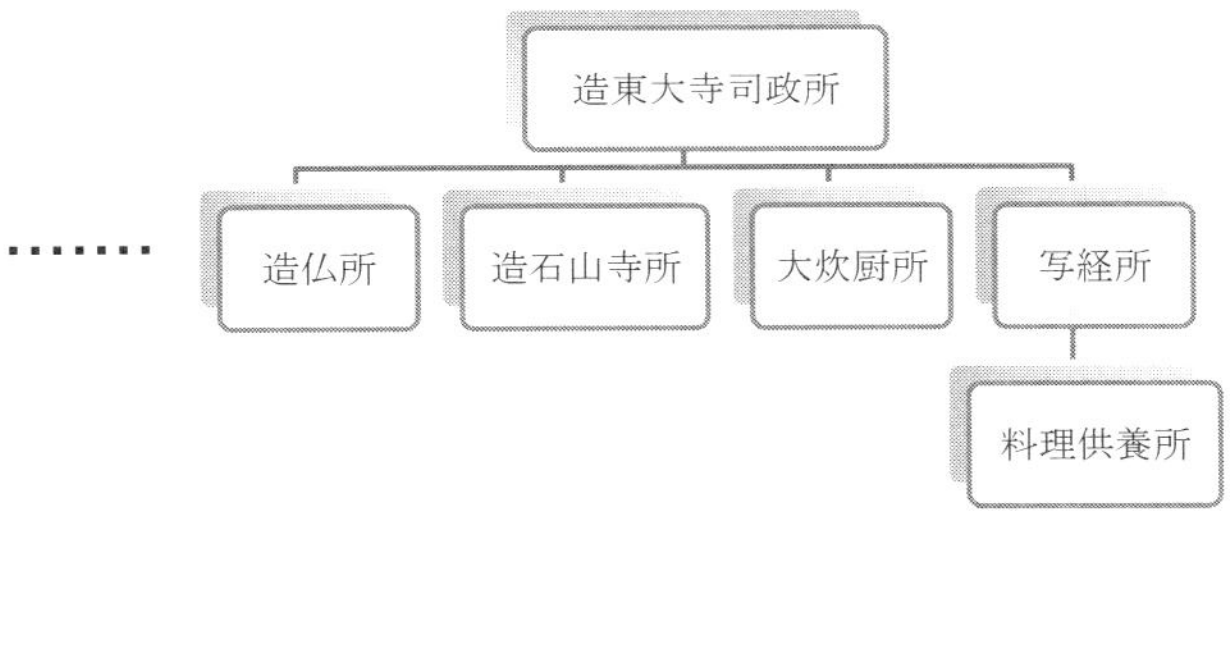

図2　造東大寺司の機構

四日食口合十五人　経師二人別二升　装潢四人別二升　案主三人（b）一人美乃命婦一人題師　別一升六合　舎人六人別一升二合　用米二斗四升

五日食口合十五人　経師一人二升　装潢四人別二升　美乃命　案主三人　舎人七人　別一升六合　四人別一升二合　三人別一升（c）義部省　用二斗二升六合

六日食口合十七人　経師一人別二升　装潢四人別二升　美乃命　案主四人　舎人八　別一升六合　五人別一升二合　三人別一升義部省人　用二斗五升四合

又経師五人　別一升六合義部省　用米八升　用米八升

（中略）

自月五日迄十日用米九斗二升六合見米一俵　于至十八日一石五斗一升四　一石報納了　十二日

十一日食口合二十八□（人）　案主二人　別一升六合　美乃命婦一斗四升（六）　報納一百文　報納百三文（二）　経師十四人　弁官二斗六升八合　二人別二升一人題師省　一人美乃命婦　十二人省人別一升六合　単十七人

装潢三人　別二升　舎人六人　別一升二合　仕丁三人　別一升　省

更請飯一石　用米八斗二升六合

（中略）

十八日食口合十五人　案主二人　別一升六合　経師四人別一升六合　三人義部省　一人（d）弁官

装潢二人　別二升　舎人五人　別一升二合　仕丁二人　別一升

用米二斗一升六合

惣用米五石一升六合見下米四石未下米一石一升六合　乗米二斗

四升　十月二日大炊下米一石　付広嶋

十月（e）三日 司食口二　別二升　並画師　大般若軸

（略）

これは九月三日から十八日までと十月二・三日の、日別の食口用米及びその内訳を主に経師・装潢・案主・舎人・仕丁ごとに記録した帳簿である。天平宝字二年には千巻経・千四百巻経・千二百巻経の御願経書写と知識大般若経書写が行われた。このうち御願経書写については、東大寺写経食口帳(47)（十三ノ三三七〜三五二）があり、六月・七月・八月における月ごとの経師・装潢などの人数、銭や米、副食物の用途や支出量を記している。さらに十月の食口についても月ごとの、天平宝字二年十月二十九日付食口案(48)（十三ノ三五二、十四ノ一四〜一八、二一七、二一六〜二一四〜二一五）がある。そして知識経においては、美乃命婦・義部（刑部）省・弁官官人の割り当て分に従事する経師などが、〔史料20〕(b)(c)(d)のように日ごとに記載されている。そしてこの知識経書写の食口は、(a)「大炊食口」となっている。写経所

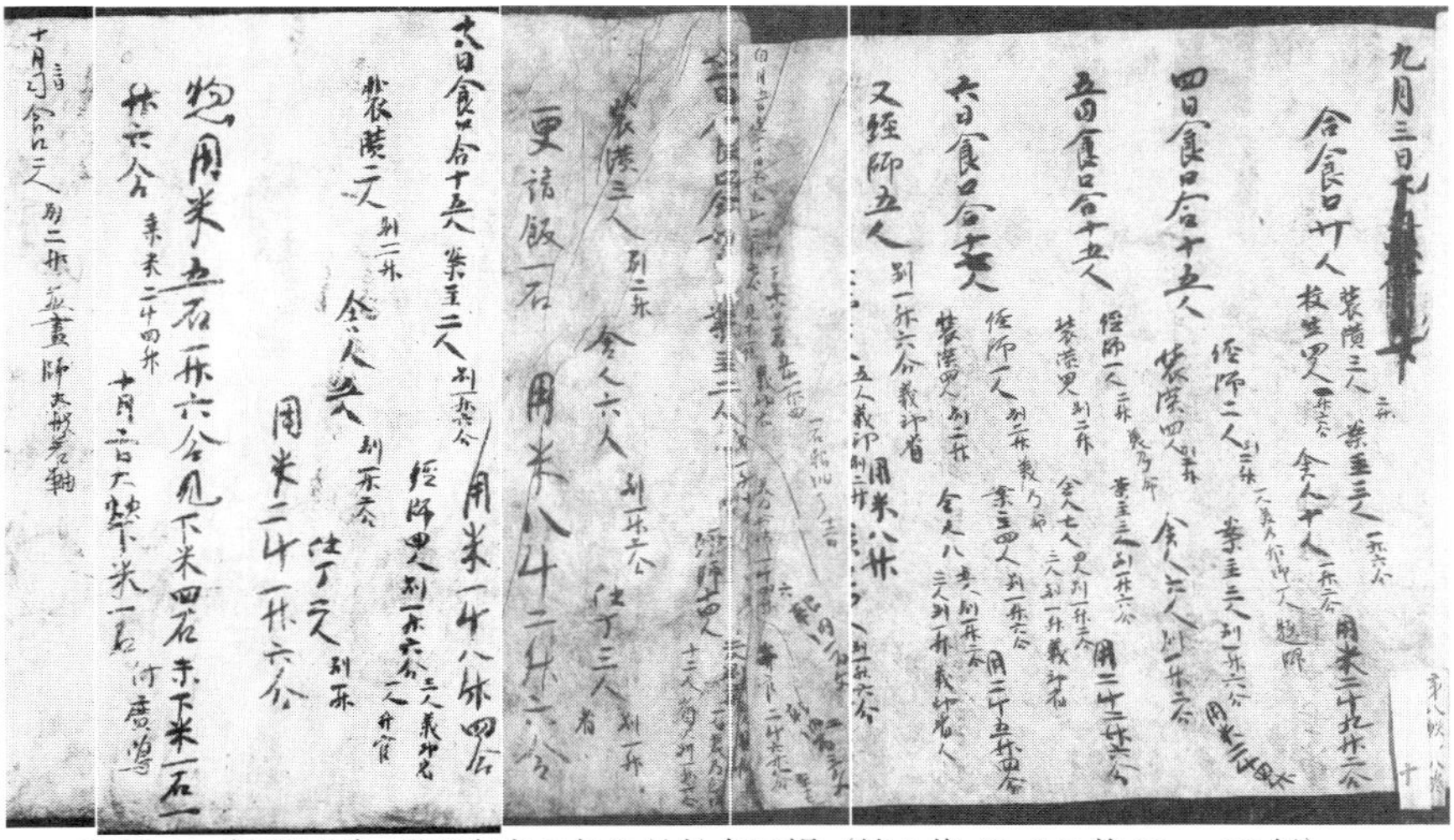

写真 41〔史料 20〕天平宝字２年９月付食口帳（続々修 40 ノ５第 10 〜 12 紙）

はこの大炊厨所に九月二日から米や副食物を下充しており（十四ノ二七）、また義部省に対し米を貸していたことが知られるので（十四ノ四七〜四八）、この「大炊食口」も大炊厨所に置かれた写経所の財源（食材）からの支出した食口を意味する。また十月三日には(e)「司食口」とある。彼らは大般若経の軸に絵を描く画師である。この場合も彼らの食米が、造東大寺司の写経所料から支出されたことを示す。このように写経所の食口案に出てくる「政所食口」や「大炊食口」は、それぞれ造東大寺司政所や大炊厨所に置かれた写経所の財源から支出したことを示したのである。

【六】布施申請解案

解説

布施《ふせ》申請《しんせい》解《げ》は、経師などの布施（＝給料）を申請する文書である。布施申請解は写経所で作成され、上級官司に提出されるので、写経所に残るのはその案文（＝下書き）である。これは支給簿として利用されることもあった。

《布施申請解案の実例》

〔史料21〕宝亀四年六月二十五日付奉写一切経所解（六ノ五二三〜五二五）

　奉写一切経所解　申請経師等布施物事　＊「六月」

合奉レ写経一千四百六十二巻

　　用紙二万六千七百六十二張

四百三十六張広注
五十三張麁注
二万六千二百七十三張麁
校紙一十一万七千六百張
装潢紙四万七千六百張
応㆑賜㆓布施調布四百七十端六尺㆒
三百三十七端六尺写紙二万六千七百六十二張料
七端三丈八尺二寸広注四百三十六張料 (a)以㆓一端㆒充㆓五十五張㆒
三丈四尺四寸麁注五十三張料
三百二十八端一丈七尺四寸麁二万六千二百七十三張料以㆓一端㆒充㆓八十張㆒
五十九端二丈一尺潢装（装潢カ）紙四万七千六百張料 (b)以㆓一端㆒充㆓作紙八百張㆒
七十三端二丈一尺校紙十一万七千六百張料 (c)以㆓一端㆒充㆓一千六百張㆒
経師五十一人
〇〇念林老人　三十八巻　用紙八百五十張 二百八十六広注 五百六十四麁
(d)布十二端一丈三寸
（略）
※(e)「問」〇〇山部針間麻呂六十巻　用紙八百七十二張
(f)布十端三丈八尺一寸

（略）

校生八人

上真継　校紙一万六千張

　布十端

下沙弥麻呂　校紙一万二千八百張

　布八端

（略）

装潢六人

八木宮主　作紙一万二千張

　布十五端

（略）

丈部広嶋　作紙七千二百張

　布九端

（略）

以前、自㆓去三月二十五日㆒、迄㆓今月二十日㆒、奉写一切経経師等布施、且所㆑請如㆑件、以解、

　　宝亀四年六月二十五日案主上馬養

　　　主典葛井連

これは宝亀四年（七七三）三月二十五日から六月二十日までの作業に対する布施を申請したものであ

る。布施申請解案は、事書きは「奉写一切経所解　申請経師等布施物事」からはじまる。内容は、「集計部と歴名部」からなるが、宝亀年間には歴名部がなく集計部だけのものもあり、これらは雑物請帳に貼り継がれている。「集計部＋歴名部」の布施申請解は、書写した経典の巻数と布施の支給対象となる用紙数、布施合計額とその内訳と続き、この後に経師の人数と個々の経師の書写巻数、用紙数、布施の額を記し、校生・装潢も同様に、作業量と布施の額を記す。そして最後に「自△月△日、迄△月△日」と作業期間を記し、「奉写経経師等布施物、且所レ請如レ件、以解」と結ぶ。

考察

宝亀年間は経師などから提出された手実をもとに、布施申請解案の用紙数が算出されている。この手実は貼り継がれており、『大日本古文書』では「奉写一切経経師帙上手実帳」（十八ノ三三～一〇二）とある。本章では「上帙帳」と呼びたい。

《参考史料》

〔史料22〕宝亀二年三月十七日付若倭部益国手実（十八ノ四〇～四一）（写真42）

若倭部益国畢帙進上事

〔合受紙百八十七〔八〕枚　返上五枚　破八枚

七巻法花経七巻　(a)正用一百七十五枚　之中(b)百二十八枚安子石勝写　(c)四十七枚若倭部益国写

第一巻二十二　二二十六〔七〕　三二十五　四二十七〔八〕　五二十七　六二十七〔五〕　七二十二

宝亀二年三月十七日

「勘長谷部寛麻呂」

(d)「以㆓正月二十一日㆒充」

追筆は長谷部寛麻呂《はせべのひろまろ》の筆であり、(d)「以正月二十一日充」とは、本経（テキスト）である法花経を割り充てた日付である。若倭部益国は一八八枚を充てられたが、書き損じたか、あるいは漉きが悪くて書けなかったのか、または破れてしまったのか、このうち八枚が破棄され、余った五枚が返上されている。したがってこの一三枚を引いた(a)正用一七五枚が布施支給の対象となるが、この場合はこのうち(b)一二八枚が安子石勝《あんしのいわかつ》、(c)四七枚が若倭部益国《わかやまとべのますくに》の書写分であり、これらを彼らの他の手実の正用紙数と合計すると、それぞれ宝亀二年三月二十九日付の布施申請解案（十八ノ二五七～二五八）の用紙数に一致する。[49]

宝亀年間の上帙帳は、その名のとおり、帙の書写が終わってから提出されるものなので、未写巻数のあるものが少なく、[50] 基本的には受紙数総数と破紙・空紙・返上紙などの内訳・正用紙数・写了経典と各巻の用紙数明細から成る。追記についていえば、〔史料22〕のように経典を充てた日付や「検上正用△張」のように用紙数を勘査したものがある。布施額を直接記したものはほとんどなく、かわりに「未料△張」や「△張布施給了」というように布施支給の対象となる用紙数を記していたりする。また「未布施／自㆑此左方已布施了」（十

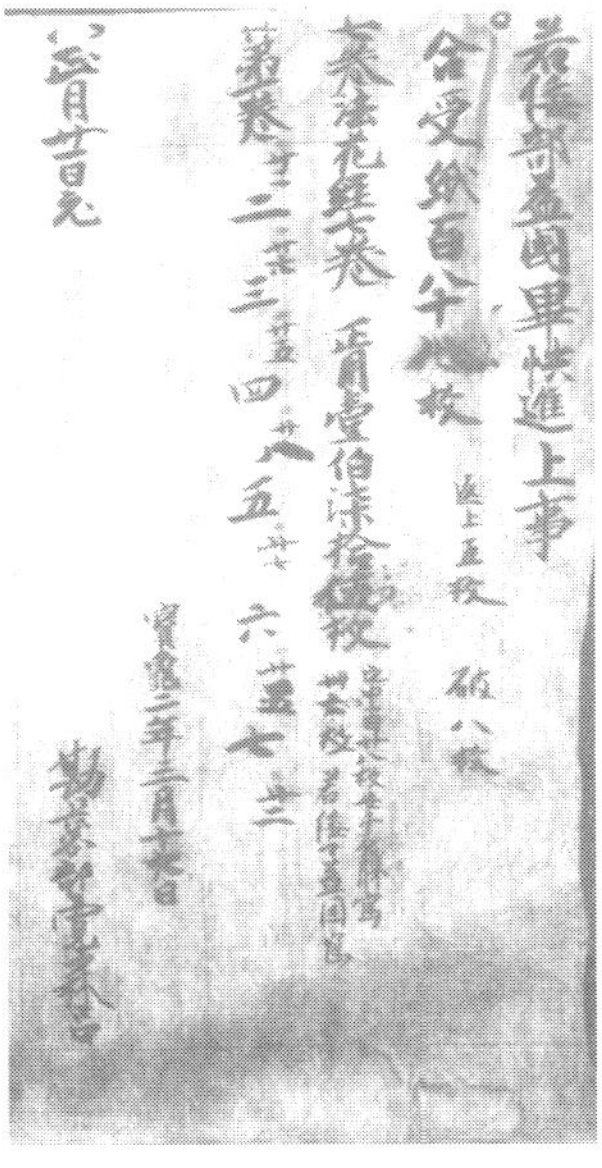

写真42〔史料22〕宝亀2年3月17日付若倭部国益手実（続々修20ノ2第22紙）

八ノ六六）とあるように、「これより左方の手実は布施が支払われているものもある。しかし具体的に調べると、手実があるのに布施申請解案に名前がないものや、手実よりも布施申請解案の用紙数の方が少ないものも存在する。

〔史料21〕の布施申請解案は、そのまま支給簿としても使われた。ここでは二種類の合点があり、布施支給の確認を行っていることがうかがえる。また疑問がある場合は、山部針間麻呂のように〔史料21〕(e)「問」（73頁）と書き込まれている。一般的に布施は調布で支給される場合が多いが、宝亀年間の先一部写経事業では銭で支払われている。すなわち神護景雲四年九月二十九日付告朔解案（六ノ八六～一〇七）では、「写紙一張＝二〇文」「作紙二張＝一文」として、「経師幷装潢等布施料」として一五四貫二〇文が計上されている。

また天平宝字六年（七六二）の二部大般若経写経事業は、財源のすべてが節部（大蔵）省から下充された調綿であったが（〔史料2〕（29頁）参照）、布施も調綿で支給されている。すなわち二部大般若経と閏十二月七日宣仁王経疏の布施支給に関する奉写仁王経疏経師等解文（十六ノ四二九～四三一）では、経師の名前と用紙のほか、「二十屯」や「三十屯」など「屯」という追筆がみられるので、調綿を支給されたことがわかる。

天平宝字二年（七五八）の千巻経・千四百巻経では、坤宮官《こんぐうかん》布施充当文（十四ノ五三～五四）にあるように、布施料を請求された坤宮官（＝紫微中台から改称）は調布を銭に換算し、それにみあう橡絁《つるばみのあしぎぬ》・羅《ら》・白絁《しろあしぎぬ》・調綿《ちょうめん》・庸綿《ようめん》などを送っている。[51] そして写経所では、これらで布施を支給するとともに一部を銭に換え（十四ノ六二～六三）、布施の端数を支払った。たとえば四四〇張書写した田部虫万呂《たべのむしまろ》の調布は一一端である。これを銭に換算すると二貫八六〇文であり、まず匹別七五〇文の白絁二匹、屯別七〇文と六五文の調綿をそれぞれ一五屯、四屯支給することで、二貫八一〇文分を賄い、端数の五〇文は銭で支給した（十四ノ二九）。

〔史料21〕(d)・(f)（73頁）は経師の布施が丈尺寸まで正確に計算されているが、調布をこのように細かく裁断したとは考えにくい。一方、「宝亀四年十二月二十五日付奉写一切経所解」の布施申請解案（六ノ五五七〜五六六）は、調布を端単位か、もしくはその半分の二丈一尺を単位として作成されている。しかしその支給方法は不明である。また宝亀年間では、布施申請解案が何度も作り直されており、なかには布施支給基準を変更しているものもある。こういう場合は、布施申請解案の日付から十日後、十六日後に造東大寺司から調布が支給されているが、通常は当日から四日以内に支給されている。[52]

ここでは〔史料21〕(a)広注五五張（73頁）、(b)装潢紙八〇〇張、(c)校紙一六〇〇張で調布一端となっているが、宝亀年間当初は広注六五張、装潢一〇〇〇張、校紙二六〇〇張で調布一端であった。[53]このように徐々に支給額が増えているが、山田英雄氏[54]が指摘するように天平二十年（七四八）六月十三日付写後経所解（三ノ九二）では、麁四〇張、注三〇張、装潢紙四〇〇張、校紙一〇〇〇張で調布一端を支給されていたのであり、宝亀年間は支給額が少ない。ここからも写経は仏教行事であり、自発的な奉仕活動として位置づけられていたようである。本章では便宜上、布施を「＝給料」としてきたが、厳密には「労働に対する対価」ではないのである。

【七】告朔解案

解　説

告朔《こうさく》解《げ》案《あん》は決算報告書である。告朔解案のなかで、最も有名なものは造石山寺所の秋季告朔(55)であり、石山寺造営事業の全工程の収入・支出を釘一本にいたるまで、詳細に報告している。また石山寺造営事業においては、出先機関である田上《たなかみ》山作所や甲賀山作所が造石山寺所に提出した告朔解がそのまま残っている(56)。これまで告朔解は、儀制令5文武官条にみられる告朔儀《こうさくぎ》、すなわち毎月告朔に全官人が朝堂院に参集し、各官司を代表して五位以上の官人が「前月公文」を朝廷の机の上に置き、それを大納言が天皇に進奏する儀式との関係が注目された。古瀬奈津子氏(57)は、造東大寺司の月別の「告朔解(58)」が実際の儀式の際に提出されていたとし、風間（徳竹）亜紀子氏(59)は、儀式で作成されたのは目録様文書であり、正倉院文書中の告朔解は使用されていないとする。一方、矢越葉子氏(60)は、比較的内容が詳しい田上・甲賀山作所の告朔解や季別の造石山寺所の告朔解(61)は、上級官司である造石山寺所や造東大寺司に提出されたもので、内容が簡略である月別の造石山寺所の告朔解(62)は造東大寺司に提出され、その後造東大寺司では造石山寺所以外の所の内容を含んだ告朔解が改めて作成され、太政官に提出されたとする。

　写経事業の告朔解案としては、宝亀年間の一切経写経事業のものがよく残っている(63)。これらの正文は造東大寺司に提出されたので、残っているのはその案文である。左記の史料は先一部《せんいちぶ》写経事業期間中の宝亀二年の六月一日から十二月二十九日の間のもので、内容は詳細に記されている。長文なので表2を参照さ

表2　告朔解案〔史料 23〕の構成

	項　目	数　量
(1)	銭	29 貫 433 文
	用	24 貫 691 文
	兎毛筆 94 管	3 貫 290 文
	鹿毛筆 2 管	4 文
	墨 38 挺	950 文
	(略)	
	残	4 貫 742 文
(2)	絁	13 匹 5 丈
	用尽	
(3)	調布	588 端 3 丈 5 尺 3 寸
	用尽	
(4)	米	174 石 4 斗 1 升 8 合
	用	167 石 2 斗 2 升 4 合
	残	7 石 1 斗 9 升 4 合
	糯米	5 斗
	用尽	
(5)	塩	3 石 6 斗 3 升
	用	4 石 8 斗 3 升 8 合 4 夕
	(略)	
(6)	胡麻油	1 斗 5 升
	用尽	
	荒醤	2 斗
	用尽	
	醤	1 斗 8 升
	用尽	
	末醤	4 石 8 斗 2 升
	酢	9 斗 2 升
	酢糟	6 斗
	芥子	8 升
(7)	小麦	3 斗
	用尽	
	醤大豆	1 石 5 斗
	小豆	4 斗 5 升
	大豆	2 石 5 斗 3 升 5 合 5 夕
	海藻	225 斤
	用尽	
	滑海藻	240 斤 10 両
	用尽	
	未滑海藻	7 斗
	(略)	
	干芋茎	110 編
	用	4 編
	残	106 編
(8)	買物	
	兎毛筆	94 管
	鹿毛筆	2 管
	墨	28 挺
	(略)	
	荒炭	5 斗
	用尽	
(9)	惣単口	9130 人
	校経僧	1033 人
	大判官	55 人
	案主	211 人
	経師	3706 人
	題師	113 人
	装潢	523 人
	舎人	795 人
	仕丁	1119 人
	(略)	
	散	
	校経僧	1033 人
	大判官	55 人
	案主	111 人
	経師	3706 人
	題師	113 人
	装潢	522 人
	舎人	795 人
	仕丁	1119 人
	(略)	

れたい。この写経事業は同年九月中頃に終了し、十一月中頃に題経の執筆が行われ、十二月中に全工程が完了している。(64)

〔史料23〕宝亀二年十二月二十九日付奉写一切経所解案（六ノ二二三〜二四七）

(1)奉写一切経所解　申請雑物等事

合新銭二十九貫四百三十三文

(a)六貫四百三十三文去季残

二十三貫當季請

五貫六月二十二日

五貫七月十八日

三貫八月中（一貫二十一日／二貫二十八日）

十貫十月中（五貫九日／五貫二十日）

用二十四貫六百九十一文

三貫二百九十文兎毛筆九十四管直（管別三十五文）

四文鹿毛筆二管直（管別二文）

九百五十文墨三十八挺直（挺別二十五文）

六十文菲四両直（両別十五文）

五十文箕一舌直　七十八文(b)水麻笥五口（三口別十六文／二口別十五文）

四十文杪十柄直（別四文）　十六文食薦二枚直（別八文）

八十四文瓫七口直 別十二文
二十六文堝(c)七口直 五口別四文 二口別三文
四貫九百四十二文索餅二千四百七十一藁直 藁別二文
二百文荒醤二斗直 升別十文
三百二文末醤三斗二升直 一斗四升〻十文 一斗八升〻九文
二十八文豉二升直 升別十四文
四百三十五文布乃利一石五升直 一斗五升〻五文 九斗升別四文
三十文糖一升直　三十五文李子七升直 升別五文
一百文椒欓二斗直 斗別五十文
一十六文小豆二升直 升別八文
六十二文生大豆八束直 六束別八文 二束別七文
一百二十文生大角豆六十把直 別二文
二百文黄瓜四十顆直 顆別五文
二貫一百五十文生瓜二千二百二十顆直 二千八十顆別一文 七十文別二顆
四貫二十五文茄子二十二石八斗直 六石三斗別二十文 二石斗別十五文 十四石五斗別十七文
二百五十一文生薑四十一把直 十一把〻別七文 二十四把〻別六文 六把〻別五文
五貫六百四十七文菁二百二十五圍直 六十七圍〻別二十六文 一百四十九圍二十五文 九圍〻別二十文
八十文茶二石直 斗別四文

三百七十一文楡皮一百三十八圍 把 九十五把〻別三文 四十三把〻別二文

一百二十文雇工六人功 人別二十文

一百九十四文雇夫并女単二十五人傭 夫四人〻別十五文 女八人〻別七文　十三人〻別六文

六百六十文芋莖百十編直 編別六文

三十九文(d)芋莖買求舎人一人自進二人并三人二箇日食米六升直 三升〻別七文　三升〻別六文

(e)六十文自二山背国綴喜郡一運同莖*「芋」一百十編雇馬一匹傭(65)

二十六文薪二荷直

残四貫七百四十二文

まずは銭の収入と支出が記されている。銭は去季の残りが(a)六貫四三三文あり、そこに六月二十二日に五貫、七月十八日に五貫、八月二十一日に一貫、八月二十八日に二貫、十月九日に五貫、十月二十日に五貫の合計二三貫が造東大寺司から下充されている。支出の合計は二四貫六九一文で、その内訳は兎毛筆《うげひつ》九四管（管別三五文）で三貫二九〇文、鹿毛筆《かげひつ》二管（管別二文）で四文、墨三八挺（挺別二五文）で九五〇文と続く。菲《わらぐつ》・箕《み》の後に(b)水麻笥《みずおけ》五口を購入しているが、三口が口別一六文、二口が一五文と価格が異なる。(c)堝《なべ》（土器製のなべ）七口も、五口は口別四文　二口は三文で二六文となっており、品質や大きさで値段が異なっていると思われる。杓《ひさご》・食薦《すこも》・瓫《ほとぎ》・索餅《むぎなわ》・荒醬《あらひしお》（中醬よりも下等の醬、今日の素引タマリ）・末醬（みしお・みそ）・豉《くき》（醬、末醬に類する調味料）・糖《あめ》・李子《すもも》・欘椒（ナルハジカミ、フサハジカミ、今日の山椒）・小豆・生大豆（枝豆）・生大角豆《ささげ》・黄瓜（マクワウリ）・生瓜《きうり》（キュウリ）・茄子《なす》・生薑《しょうが》を購入していた。菁《かぶ》は二二五圍とあるが、一圍《い》は一斗である。茶・楡皮《にれ》（今日の味の素のようなもの）も購入している。雇工六人（人別二〇文）で一二〇文、雇夫四人は人別一五文、雇女八人は人別七文、一三人は人別六文で一九四文、(d)芋茎買求舎人一人自進二人并三人二箇日食米六升直は、芋茎（イモガラ、イモシ、里芋）を舎人一人、自進二人の計三人が二日かけて買い求めた時の食米六升（升別七文とは升別六文を三升ずつ）の代金を意味する。この里芋は、(e)「六十文自㆓山背国綴喜郡㆒運同茎一百十編雇馬一匹傭」とあるように、山背国綴喜《つづき》郡で一一〇編が購入され、馬一匹で運搬している。また薪を二荷、二六文を支出している。以上が内訳で、二九貫四三三文のうち二四貫六九一貫が支出されたので、残金は四貫七四二文である。

(2) 絁一十三匹五丈 (a)以㆓二十六日㆒返上三丈二尺依㆑誤余返上如㆑件
定十三匹一丈八尺　六月二十二日請

用尽

一十二匹四丈三尺別当僧一人校生僧十三人并十四人袍袴褌等料

七匹単袍十四領料　領別三丈

二匹五丈五尺単袴十四腰料　腰別一丈二尺五寸

二匹四丈八尺褌十四腰料　腰別一丈二尺

三丈四尺案主一人汗衫褌等料

二丈二尺汗衫一領料

一丈二尺褌一腰料

称徳天皇・道鏡政権下ではじまった先一部写経事業は、東大寺僧が主体となっていたため、ここに別当僧・校経僧（校生僧）がみえる。彼らの袍・袴・褌は絁で、温帳《おんちょう》（＝湯帳、ゆばり）と袜（＝襪、まつ・

くつした）は(3)(i)にあるように調布で作られている。絁は浄衣に使用され、「用尽」とあるように使い尽くされているが、(a)「以二二十六日一返上三丈二尺依レ誤余返上如レ件」とあるように、三丈二尺が二十六日に返上され、誤りにより余りも返上されている。

(3)　調布五百八十八端三丈五尺三寸

一百七十二端三丈三尺　六月二十二日請

三百六端三丈四尺二寸　九月二十六日請

一百九端一丈一尺　十一月十九日請

用盡

四百二十四端三丈四尺二寸写紙三万四千三十三張料

(a)三十九端二丈三尺一寸広注二千一百七十五張料　以二一端一充二五十五張一

(b)四端二丈九尺八寸麁注三百四張料　以二一端一充二六十五張一

(c)三百八十端二丈三尺三寸麁紙三万一千五百五十四張料

(d)九千九百九十張　以二一端一充二写紙九十張一

(e)二万一千五百六十四張　以二一端一充二写紙八十張一

(f)二十四端装潢紙二万四千張料　以二一端一充二作紙一千張一

(g)一百十三端一丈六尺一寸校紙二十五万二百八張料

一十万一千四百張　以二一端一充二校紙二千六百張一

一十四万八千八百八張　以二一端一充二校紙二千張一

(h)二十二端三丈七尺題経四千五百八十五巻料 以二一端一充二題経二百巻一
(i)二端三丈五尺更加校経僧七人温帳袜等料
二端一丈四尺温帳七条料 条別一丈四尺
二丈一尺袜七両料 両別三尺
(j)四丈経堂幷曹司手巾四條料 條別五尺

調布は浄衣の材料となるが、布施にも使われる。六月二十二日に一七二端三丈三尺、九月二十六日に三〇六端三丈四尺二寸、十一月十九日に一〇九端一丈一尺が下充されている。

広注五五張＝調布一端で、二一七五張分の(a)三九端二丈三尺一寸、麁注六五張＝調布一端で、三百四張分の(b)四端二丈九尺八寸とある。(c)三百八十端二丈三尺三寸麁紙三万一千五百五十四張料のうち(d)九九九〇張が九〇張＝調布一端、(e)二万一五六四張が八〇張＝調布一端とあるが、麁紙は宝亀二年六月十二日から布施の支給基準が変わっている[66]。ここから麁の一張あたりの文字数が一番少なく、続いて麁注、広注の順となっていることがわかる。装潢紙は一〇〇〇張＝調布一端で二万四〇〇〇張分の(f)二四端、校紙は(g)一一三端一丈六尺一寸校紙二十五万二〇八張料とあり、校紙二六〇〇張＝調布一端が一〇万一四〇〇張、校紙二〇〇〇張＝調布一端が一四万八八〇八張となっている。題経は二〇〇巻＝調布一端で、四五八五巻料の(h)二二端三丈七尺が支出される。(i)二端三丈五尺が校経僧七人の温帳袜等料として、(j)四丈が経堂幷曹司手巾《たのこい》四條料として支出される。経堂（写経堂）は、作業場であり、曹司は事務局にあたる[67]。そこに手ぬぐいが備えつけられていたのであろう。

(4) 米一百七十四石四斗一升八合

(a)二十三石二斗一升八合去季残
(b)一百四十石当季請
　二十三石六月十一日
　六十三石七月中　三十三石三日　三十石十九日
　二十石八月十二日　十六石九月八日
　三石十月十八日　五石同月二十九日
　一十石十一月十八日
　一十一石二斗一百四十石之(c)乗米　石別八升
(d)用一百六十七石二斗二升四合
二十四石七斗九升二合校経僧一千三十三人料　(e)人別二升四合
五斗五升別当大判官五十五人料　人別一升
二石二斗三升二合案主一百八十六人料　人別一升二合
七十二石八斗七升二合経師三千七百六人料
　三千五百四十人別二升　二十人別一升六合
　一百四十六人別一升二合
二石二斗六升題師一百十三人料　人別二升
一十石一斗二升八合装潢五百十六人料

（略）

八石七斗六升舎人七百三十人料　人別一升二合
一十二石一斗二升八合仕丁一千二十七人料
（略）
一十五石六斗五升六合(f)自進一千一百三十四人料
五百十二人別一升六合
六百二十二人別一升二合
二石七升六合優婆夷一百七十三人料　人別一升二合
一石七斗一升八合廝女一百四十五人料
（略）
一斗二升雇工六人料　人別二升
三斗一升六合雇人二十五人料　夫四人別一升六合　女二十一人別一升二合
(g)一十二石校経僧四百五十九人供養料報上於三綱所
四百五十八人別二升四合　一人八合
九斗人々(h)頓給料
五斗案主　三斗優婆夷
一斗廝女
一石七斗一升六合客人并打紙自進仕丁四百二十九人(i)間食料　人別四合
残七石一斗九升四合「宝亀三年三月十七日大炊充白米三石二斗八升二合之中一石黒」

(j)糯米五斗　去季残
　　用尽時〻作餅料

米は去季の残りが(a)二三石（＝斛）二斗一升八合あり、当期に下充されたのは(b)一四〇石である。正確には六月十一日に二三石、七月三日に三三石、七月十九日に三〇石、八月十二日に二〇石、九月八日に一六石、十月十八日に三石、十月二十九日に五石、十一月十八日に一〇石である。(c)乗米とは共同炊事の際、支給される米の六％を折留したものであるが、この場合は石別八升で計上され、一一石二斗一四〇石となっている。支出は(d)一六七石二斗二升四合である。食米としてもっとも多く支給されているのは校経僧である。彼らは(e)人別二升四合と経師たちよりも支給量が多く、優遇されていたことがうかがわれる。校経僧の単功《たんこう》は一〇三三人であり、二四石七斗九升二合である。これに対し別当・大判官は人別一升、五五人、案主は人別一升二合で一八六人である。経師は人別二升が三五四〇人、人別一升六合が二〇人、人別一升二合が一四六人の合計三七〇六人で、題師は人別二升で一一三人である。装潢は五一六人、舎人は七三〇人、仕丁は一〇二七人である。

(f)の自進は人別一升六合が五一二人、人別一升二合は六二二人、合計一一三四人である。自進は浄衣用帳（六ノ七）などで、具体的な名前を知ることができる。字の如く、自ら進んで写経事業に奉仕する人々であろう。優婆夷は人別一升二合で一七三人、厮女《しじょ》は一四五人である。雇工は人別二升で六人、雇夫は人別一升六合で四人、雇女は人別一升二合で二十一人である。(g)一一石は三綱所での供養料として校経僧人別二升四合が四五八人、八合が一人で合計四五九人の分である。(h)の頓給料（臨時の支出を示すカ）が案主五斗、優婆夷三斗、厮女一斗で合計九斗となる。(i)の間食料は、客人・自進・仕丁が人別四合で四二九人、合計一石七斗一升六合となっている。この間食料は臨時の食米支給を示している。(68) 米一七四石四斗一升八合のうち、一六七石二斗二升四合を支出し、残りは七石一斗九升四合となる。(j)糯米《もちよね》は去季の残りが五斗で、すべて餅作りに使われている。

(5)
塩二石四斗三升 〔(a) *「三　六」〕
　一石五斗七月三日請　　六斗九月八日請
　三斗三升十一月十七日請 〔(b) *「一石二斗十月九日請」〕
用四石八斗三升八合四夕　　〃二石四斗八合二夕乗用 〔*「一　二　四」〕
三石一斗一升八合四夕常食料
三斗九合九夕校経僧一千三十三人料 (c)人別三夕
二石七升五合五夕経師三千五百四十人題師一百十三人装潢四百九十八人并四千一百五十一
人料 (d)人別五夕

（略）

一石三斗一升漬雑生菜料
四斗四升(e)茄子十一石漬料　斗別四合
八斗五升(f)菁十七石葅料　斗別五合
二升(g)生薑四十一把漬料
一斗七升供時〻校経僧并経師装潢等(h)索餅二千四百七十一藁韲料
一斗(i)垂荒醤二斗料

一斗四升　(j)腊大豆一石四斗料　升別一合

塩は食用に支給されるほか、漬け物用や垂荒醤、韲《あえもの》の材料として使われる。まず七月三日に一石五斗、九月八日に六斗、十一月十七日に三斗三升、そして朱筆で(b)一石二斗十月九日請と書き込まれており、合計も二石四斗三升から朱筆で(a)三石六斗三升に訂正されている。塩は校経僧が(c)人別三夕で一〇三三人分、三斗九合九夕であり、経師三五四〇人、題師一一三人、装潢四九八人の合計四一五一人が(d)人別五夕である。(e)茄子一一石を漬ける塩が斗別四合で四斗四升、(f)菁《かぶ》十七石を漬ける料（葅〈にらき〉は漬け物を意味する）は斗別五合で八斗五升、(g)生薑四一把は二升の塩を使っている。そして校経僧と経師・装潢などの(h)索餅二四七一藁の韲を作る塩として、一斗七升、(i)垂荒醤に一斗、(j)腊大豆（大豆を干したものカ）一石四斗に升別一合、合計一斗四升を使っている。

(6)　胡麻油一斗五升　当季請　五升六月二十三日　五升七月十二日　三升八月十日　二升十一月二日

用尽

校経僧幷経師装潢一千五百人料　人別一夕

荒醤二斗　買

(a)得垂汁六斗　升別三升

用尽

校経僧已下装潢已上一千二百人料　人別五夕

醤一斗八升　当季請

（略）

用尽

校経僧已下装潢已上時〻供索餅韲料

末醤四石八斗二升

（略）

酢九斗二升 当季請

（略）

用尽

八斗四升僧已下装潢已上二千八百人料 人別三夕

八升時〻供(b)索餅韲料

酢糟六斗

（略）

芥子八升

（略）

胡麻油と荒醤・醤・未醤・酢・酢糟・芥子など調味料の記載が続く。(a)の得垂汁、すなわち荒醤から得る汁とは、荒醤一升につき塩五合を配し、三升の水を注いで滴下したものである。(b)索餅韲料とは索餅を茹でてあえたもので、味付けに酢が使われていることがわかる。

(7) 小麦三斗 去季残

用尽
　索餅作料
小豆四斗五升
(略)
醤大豆一石五斗 不動 去季残 (a)
大豆二石五斗三升五合五夕
(略)
海藻二百二十五斤 当季請 二百四十編重 (b)
(略)
用尽
　校経僧已下舎人已上三千六百人料 人別一両
滑海藻二百四十斤十両 当季請 三百五十嶋重 (c)
(略)
用尽
　僧已下舎人已上三千八百五十人料 人別一両
末滑海藻七斗 当季請
(略)
酒二斗一升 七月六日請

（略）

糟二斗三升

（略）

布乃利一石五升　買

（略）

豉二升　糖一升　李子七升　小豆二升　生大角豆六十把　生大豆八束

黄瓜四十顆　[d]已上七種用尽七月七日僧已下装潢已上料

索餅二千五百七十六藁

（略）

[e]末楡七斗九升

　一斗去季残

　六斗九升買当季　一百三十八把得春

用尽　羹并葅料

椒榍二斗　買

用尽

　雑茹韲料

菁二十三石七斗

（略）

(f)薊羽十三石六斗 (g)請レ自二西薗一

二石六月中　　四石四斗八月中

三石四斗十月中　　三石八斗十一月中

用尽

経師已下雇夫已上四千五百三十三茹料 人別三合

(h)水葱五石四斗 (i)請レ自二西薗一

（略）

用尽

僧已下経師已上一千八百人茹料 人別三合

生瓜二千二百二十顆 准二十一石二斗以二二十顆一為二一斗一 買

（略）

茄子二十二石八斗 買

（略）

生薑四十一把 買

用尽 ＊「漬料」

時々索餅幷雑生菜等虀料

葅十七石

用五石八斗

残十一石二斗

干芋茎一百十編

用四編常食料

残一百六編「以二三年二月十一日一充レ厨」

(a)醤大豆は、一種の加工品と考えられる。海藻は(b)二百四十編とあるが、一編はほぼ一斤にあたる。滑海藻も(c)三百五十嶋とあるが、嶋は「一山」の意味であり、一〇両前後から一斤にあたる。豉（くき）・糖《あめ》・李子《すもも》・小豆・生大角豆《ささげ》・生大豆・黄瓜（マクワウリ）の七つは(d)七月七日に使い切ってしまったとある。(e)末楡は楡《にれ》の木の皮を粉末にしたものであり、これらはあえものや菹（にらき）に使われた。他に椒欘（ナルハジカミ、フサハジカミ、今日の山椒）や生薑もあえものに使われている。(f)薊羽はあざみであり、(h)水葱《なぎ》はミヅアオイである。ともに(g)(i)「請レ自二西薗一」とあるように、西薗という東大寺の園地で栽培されたものである。

(8)買物

兎毛筆九十四管 充経師等

鹿毛筆二管 堺料

墨二十八挺

用十八挺

残十挺

菲四両 充経師等　　箕一舌

水麻笥五口　杓十柄
食薦二枚　瓫七口
堝七口　已上充(a)料理供養所　＊「六種」
薪七百十荷　七百八荷採仕丁等　二荷買
用尽
(b)五百六十八荷料理供養料　一百七日ミ別四荷　七十日別二荷
二十四荷時ミ索餅茹料
一百十八荷温沸料　日別二荷
荒炭五斗　十一月六日請
用尽
題師装潢所

ここでは写経所が購入したものが列挙されている。特に箕・水麻笥《みずおけ》・杓《ひさご》・食薦《すこも》・瓫《ほとぎ》・堝《なべ》の六種は写経所の(a)料理供養所に充てられており、調理のための調理用具・食器類であったことがわかる。薪も大部分の(b)五六八荷が料理供養料に充てられ、調理用に使われていることがわかる。

(9)
惣単口九千一百三十人　二百八十一人(a)大炊食口　八千八百四十九人所
一千三十三人校経僧　五十五人大判官

二百十一人案主　二十五人大炊(b)　一百八十六人所　　三千七百六人(c)経師

一百十三人題師　　五百二十三人装潢　七人大炊　五百十六人所

七百九十五人舎人　六十五人大炊　七百三十人所

一千一百十九人仕丁　九十二人大炊　一千二十七人所

一千二百二人自進　六十八人大炊　一千一百三十四人所

一百八十五人優婆夷　十二人大炊　一百七十三人所

一百五十七人廝女　十二人大炊　一百四十五人所

六人雇工

二十五人雇人

散

一千三十三人校経僧　五十五人大判官

一百十一人案主　三千七百六人経師

一百十三人題師　五百二十二人装潢

七百九十五人舎人

一千一百十九人仕丁

四百八人採薪

三百人別二荷　一百八人別一荷

四百三十一人干

九十七日別三人
七十日別二人
八十一人温沸
三十人(d)自㆓西大寺㆒奉請一切経
一百二十人打紙
四十九人不役　六人不仕　四十三人病
一千二百二人自進
五百十二人打紙
二百一十人校経所雑使
二百七十人(e)自㆓西大寺㆒奉請一切経
一百五十人経堂雑使
六十人雑使
二百八十五人優婆夷　料理供養
一百五十七人廝女　料理供養
六人雇工　作㆓温屋片庇㆒幷修㆓理院中㆒
二十五人雇人
夫四人(f)自㆓西大寺㆒奉請一切経
女二十一人莔幷洗漬雑生菜等
以前、起㆓去年六月一日㆒、尽㆓今月二十九日㆒、請用雑物幷残等及食口、顕注如㆑件、以解、
宝亀二年十二月二十九日散位正六位上上村主馬養
別当大判官外従五位下美努連
法師

くり返しになるが、この告朔解案は宝亀二年六月一日から十二月二十九日までの内容で、先一部写経事

業が同二年九月中頃まで行われている。(a)「大炊食口」(b)「大炊」がみえるが、ここには(c)経師には「大炊」がみえないので、これは先一部の書写が終わった十月十四日以降の食口である。すなわち大規模な先一部書写がほぼ終了し、写経所の食口は大幅に減ったのであり、この時に写経所管下の料理供養所が廃止され、造東大寺司管下の大炊厨所に写経所の米を充てて食事を供給したことを示す（図2（69頁）参照）。また(d)(e)(f)「自二西大寺一奉請一切経」と何度も出てくるように、西大寺写経所（＝一切経司）の廃止により、ここから大量の経典が十月に東大寺写経所に運ばれていることがわかる。この告朔解案はこの六ヶ月間の決算報告にあたり、銭で筆・墨をはじめ食器類や副食物・調味料など多くのものを購入していることが特徴である。

考察

二四通に及ぶ宝亀年間の告朔解案は、当初は三～七ヶ月分をまとめて作成していたが、宝亀三年（七七二）五月十五日付告朔解案（六ノ三一七～三二三）の同三年四月分からは、一ヶ月分ずつ作成されるようになる。そして同三年七月二十九日付告朔解案（六ノ三七四～三七八）の七月分からは告朔解案の調布支出に布施が記載されなくなり、同三年八月三十日付告朔解案（六ノ三九一～三九五）の八月分では宝亀三年二月一日から八月三十日までの総書写巻数が記載され、同三年九月二十九日付告朔解案（六ノ三九八～四〇三）の九月分からは月ごとに総書写巻数を記すので、一ヶ月ごとの書写巻数がわかるようになる。このように告朔解案も次第にその記載が簡略化する。

そして栄原永遠男氏(69)は宝亀年間の一切経写経事業において、先一部では写経所は蔬菜などを購入していたが、始二部《しにぶ》以降は購入物が極度に減っているため、これは上級官司である造東大寺司が購入していたと考えた。一切経写経事業の財政に関する帳簿としては、銭用帳・銭納帳・雑物請帳・雑物納帳などがある。これらの帳簿は、先一部・始二部までは記載が多いが、更二部以降はほとんど記載されなくなる。したがって日付が連続する告朔解案においても始二部以降、突然購入物が激減する。宝亀二年六月一日～十二月二十九日の内容を記す同二年十二月二十九日付告朔解案〔史料23〕までは、銭で多種多様な物資を購入しているが、同三年一月一日～三月三十日までの内容を記す同三年三月三十日付告朔解案（六ノ二九一～三〇七）では、兎毛筆・綺《かんはた》・菲《わらぐつ》・鹿毛筆しか購入していない。たとえば次の史料がある。

《告朔解案の実例２》

〔史料24〕宝亀四年五月三十日付奉写一切経所解案（二十一ノ四九一～四九七）

奉写一切経所解　申五月告朔事

合奉写一切経八千六百七十五巻

　三千七百二十三巻先奉写一切経司

　四千九百五十二巻奉写寺家　(a)四千三百六十五巻去月所定　五百八十七巻奉写月中

銭一百七十七文

　(b)用二十文　堺料鹿毛筆十管直

　残一百五十七文

錦二丈八尺　　縁料錦二条　長各五尺九寸　広各一寸五分

頭料錦三十二条（注略）

頭褁料緋絁一百八十条　（注略）
褁料纈絁四条　（注略）
生糸三両　已上六種縫帙料去月残
絁端二十七条　（注略）
庸幷黒綿一百九十七屯　残
紺布端一条長二丈五尺　代在調布
庸布十段一丈二尺　残　　同布端二十八条　残
商布十段一丈八尺
　用一丈八尺　打紙石拭料
　残十段
浄衣六十六具(c)　月中請(d)
　用五十九具　領一人経師四十八人校生六人装潢四人幷五十九人料
　残七具
綺五百八十五丈五尺(e)　三百四十五丈五尺去月残　二百四十丈月中請
　用二百五丈五尺　　残三百八十丈
綵丸組四十六丈　去月残
又帙一千四百九十三枚　去月残
　一千一百六十枚縫畢

二十七枚未着表帯

三百三枚未縫

白木籤二千六百九十二枚 去月残

墨三百三十四廷 去月残

用四十四廷 残二百九十廷

（f）兎毛筆六十一管 請月中

用尽 奉写二部一切経料

膠二斤三両一分

布綱四十四条　　鍬十四口

米五斗　　陶枚八十二口

陶盤二百八口

用十四口　　残一百九十四口

土椀十二合

土壺五口　　土手洗五口

土枚坏六百五口

用十口　　残六百四十口

土窪坏一百五十口

土鋺形一百六十口

小豆二斗七升 已上十三種去月残
用五升　　残二斗二升 已上十三種去月残
(g)大豆八升 月中請
用尽 経紙継幷文作料
(h)胡麻油二升 月中請
用尽 経師等曹司炬料
(i)竹五十七株 月中請
用三株　残五十四枚
薪十五荷 採仕丁等
用尽 沸温料

（略）

惣単口二千五十三人
以前、起㆓今月一日㆒、尽㆓三十日㆒、請用雑物幷残等及食口、顕注如㆑件、以解、
宝亀四年五月三十日案主上
主典葛井連

ここでは(b)鹿毛筆十管しか購入していない。そして五月に写経所は、(d)「月中請」とあるように(c)浄衣・(e)綺・(f)兎毛筆・(g)大豆・(h)胡麻油・(i)竹を請けていることがわかる。(h)胡麻油は経師たちの曹司の炬（たいまつ、かがり火）として使われている。

この頃は始二部の書写が行われている最中であり、経師などへ食事が供給されていたはずである。したがって栄原氏の述べるように、物資は造東大寺司において購入され、食事は大炊厨所で調理されていたと考えられる。このうち錦・縁料錦《ふちりょうにしき》・頭料錦《ずりょうにしき》・頭裹料緋絁《ひのあしぎぬ》・裹料纈絁《つつみりょうけちあしぎぬ》・生糸・絁端・庸幷黒綿・紺布《こんふの》端《はし》・庸布・庸布端・商布・綵丸組《あやのまるくみ》（緋丸組）・帙・白木籤《しらきのせん》・膠《にかわ》・布綱・米・陶枚（＝陶枚杯、平たい浅底の杯）・土陁（土器の埦）・土手洗《つちのてあらい》（手を洗う大型の盤）・土窪坏《つちくぼのさかずき》（土器の深底の杯）・土鋺形（低い糸底のついた土器）は、前月の宝亀四年四月二十九日付告朔解案（二十一ノ四八四～四九一）と数量まで同じである。そして全体的にみると同三年十二月三十日付告朔解案（六ノ四四六～四六三）から、内容にそれほど大きな変化はない。これらの写経所の所有物は、同三年二月八月十一日に報告された西大寺写経所（＝一切経司）からの将来品がもととなっている。

〔史料25〕宝亀三年八月十一日付奉写一切経所解（六ノ三七九～三八九）

※「自二本司一元来銭十四貫二百十六文」

奉写一切経所解　申請用雑物等事

合新銭二十一貫七百十五文　雑物売直

　一十三貫絁十五匹直　十匹別九百文　五匹別八百文

　五貫八百文庸幷黒綿一百屯直　屯別五十八文

　一貫九百十五文庸布十段直　七段別二百文　一段百七十五文　二段別一百七十文

　一貫文商布八段直　段別一百二十五文

用尽　人〻月借料

（略）

「合」※絁六匹端二十四条　長四丈已下　三尺已上

（略）

「合」※東絁九匹端十六条　長四丈已下　三尺已上

用九匹三丈四尺

九匹売料

三丈四尺校生一人浄衣料

二丈二尺汗衫領料　一丈二尺褌一腰料

残端十四条

「合」※(a)庸幷黒綿二百五十八屯　欠一屯〃〃

用一百屯　売料

残一百五十八屯

「合」※(b)紺布端一丈　長二丈五尺代有調二丈五尺

「合」※調布三端　残

「合」※又同布端四条　別長二丈残

「合」※(c)庸布十五段　十四段見布　一段調布之中

用十二段一丈四尺

（略）

残二段一丈四尺　一段一丈四尺見残　一段有調布之中

「合」※　(d)又同布端六十二条　長一丈七尺己下　一尺己上

用三十三条　長三尺己下　一尺己上

三十二条経師四十人校生六人装潢五人幷五十一人(e)咽巾料　人別一尺

一条(f)温篩料　長三尺

残二十九条

「合」※　(g)商布二十段

用十段　売料

残十段

「合」※　又同布端一条　残　長一丈

（略）

「合」※　(h)陶枚坏九百五十四口　（略）

「問」※　陶盤四百十八口（略）

「合」※　(i)土垸二十二合　残　(j)土壺七合　残

(k)土手洗八口　残　堝四口　用尽

瓫四口

用尽

土片坏九百六十口　（略）

（l）土窪坏三百四十口 用四十口 残三百十口　土盤一百八十九口 用五十口 残一百三十口
（m）土鋺形三百六十八口 用四十八口 残三百二十口
（略）
右、従二奉写先一切経司一、請来雑物之用残等如レ件、以解、
宝亀三年八月十一日案主上馬養
主典葛井連

（d）「又同布端」とは、庸布端のことであり、これらは（e）咽巾《いんきん》料（今日のマスクのようなもの）と（f）温篩《おんし》料（湯水を濾過するための篩《ふるい》カ）に使われている。この史料により光仁天皇の一切経司（＝西大寺写経所）停廃の決断を受けて、その財政がまるごと写経所へ吸収されたことがわかる。そしてここにある（a）庸并黒綿・（b）紺布端・（c）庸布・（d）庸布端・（g）商布・（h）陶枚坏・（i）土垸（＝土埦）・（j）土壺・（k）土手洗・（l）土窪坏・（m）土鋺形などは、この時もたらされたものが、写経所にずっと残り続けるのである。このように宝亀年間の告朔解案は後半になると、写経所の所有物を記すようになり、記載内容に変化がみられなくなるのである。

さて、さきに経師などの手実を貼り継いだ上帙帳をもとに布施申請解案が作成されていたことを指摘したが、告朔解案にもそのもととなった手実がある。すなわち宝亀三年八月以降の告朔解案は、その月に書写した巻数を記す。〔史料24〕にも（a）「五八七巻奉写月中」（101頁）とあるように、同四年五月中に五八七巻を書写したことを示す。この根拠となったのが次の史料である。

〔史料26〕宝亀四年五月付念林老人手実（二十一ノ三四四）（写真43）

念林老人　五月行事
合十巻　仏本行集経四巻 第四帙 第三　七　八　十　注十地論六巻 第四五六七 九十

念林老人《ねんりんおゆと》が「仏本行集経《ふつほんぎょうじゅっきょう》」第四帙の三・七・八・十の四巻と、「注十地論《ちゅうじゅうじろん》」の四・五・六・七・九・一〇の六巻を書写したことを記す。冒頭に経師名と「△月行事」と記されているが『大日本古文書』では「奉写一切経経師等写経手実帳」とする。題籤も「経師等行事」とあるので「行事帳」と呼びたい。その月に書写した分が申告されるので、上帙帳の手実とは異なり、書写巻数は中途半端である。写経所では各経師から提出された手実を合計して、その月の書写巻数を算出していたのである。

おわりに

ここまで帳簿を解説してきたが、その記載内容は不明なものも多く、独断で記述した部分も多い。帳簿の記載内容はむしろ、これから検討されるべきものであり、本章が叩き台となれば幸いである。

しかしここに紹介したものは、財政関係のごく一部の帳簿である。写経事業の帳簿のなかでも、経典の奉請に関わる帳簿には触れることができなかった。また造石山寺所関係文書をはじめとする造営事業に関する帳簿も多く残っている。現在の正倉院文書研究では、これらの帳簿においてもその記載内容があきらかになっている。詳細は個別の研究論文を参照していただければと思う。

写真43〔史料26〕宝亀4年5月付念林老人手実（続々修23ノ1第60紙）

注

(1) 栄原永遠男「正倉院文書の世界」(『古代日本　文字のある風景―金印から正倉院文書まで―』国立歴史民俗博物館、二〇〇二年)では、天平勝宝六年(七五四)の百部梵網経の帳簿について詳しく解説している。また山口英男「正倉院文書と古代史料学」(『岩波講座　日本歴史』第二二巻、二〇一六年)では、写経事業ごとに作成された帳簿を整理しているので、参照されたい。

(2) 栄原永遠男『正倉院文書入門』(角川叢書、二〇一一年)。

(3) 『大日本古文書』の文書名は間違いも多く、研究者が独自に命名している場合が多いが、本書では混乱を避けるため、原則として『大日本古文書』にしたがう。

(4) 端継については、佐々田悠「手実と端継―正倉院文書の成り立ち―」(『正倉院紀要』三九、二〇一七年)。

(5) 渡部陽子「『下纏』と『式』『敷』」(『正倉院文書研究』一二、二〇一一年)。

(6) 渡部陽子「正倉院文書にみえる帙」(『正倉院文書研究』一三、二〇一三年)。

(7) 栗原治夫「奈良朝写経の製作手順」(『続日本古代史論集』中、吉川弘文館、一九七二年)、山下有美「校経における勘出・正書の実態と布施法」(『正倉院文書研究』一三、二〇一三年)。

(8) 大隅亜希子「装潢組織の展開と布施支給の変遷」(『正倉院文書研究』六、一九九九年)。

(9) 以下、浄衣については、関根真隆『奈良朝服飾の研究』(吉川弘文館、一九七四年)を参照されたい。

(10) 栄原永遠男「平城京住民の生活誌」(岸俊男編『日本の古代9　都城の生態』中央公論社、一九八七年)。

(11) 小川靖彦「天平初期における呉桃紙を用いた体系的経典書写―山階寺西堂経の意義―」(『正倉院文書研究』一三、二〇一三年)。

(12) 渡部氏前掲注(6)論文。

(13) 以下、食料や調理器具・食器類については、関根真隆『奈良朝食生活の研究』(吉川弘文館、一九六九年)を参照されたい。

(14) 吉田孝「律令時代の交易」(『律令国家と古代の社会』岩波書店、一九八三年、初出一九六五年)、栄原永遠男「奉写大般若経所の写経事業と財政」(『奈良時代写経史研究』塙書房、二〇〇三年、初出一九八〇年)など。

(15) 二部大般若経写経事業の財政については、拙稿「二部大般若経写経事業の財政とその運用」(『正倉院文書と下級官人の実像』同成社、二〇一五年、初出二〇一一年)。

(16) 渡部氏前掲注(6)論文。『大日本古文書』は「浅緑綾絶」「紫緑糸」とするが、氏にしたがって「浅緑綾絁」「紫縁糸」とする。

(17) 拙稿「称徳・道鏡政権の経済政策―神功開宝の発行を中心に―」(『正倉院文書と下級官人の実像』同成社、二〇一五年)。

(18) 拙稿前掲注(15)論文。

(19) 本章では基本的に『大日本古文書』の文書名をそのまま使っているが、この帳簿はバラバラに収録されているので、山本幸男氏の文書名を用いた(後掲注(20)論文)。

(20) 山本幸男「天平宝字六年～八年の御願経書写」(『写経所文書の基礎的研究』吉川弘文館、二〇〇二年)。

(21) 山本幸男氏は、「大炊」は宮内省被管の大炊寮、「主湯」は造酒司の一部局であるとする(前掲注(20)論文)。

(22) 吉田氏前掲注(14)論文。

(23) 栄原氏前掲注(10)論文。

(24) 栄原永遠男「奉写一切経所の写経事業」(『奈良時代写経史研究』塙書房、二〇〇三年、初出一九七七年)。

(25) 山本幸男「天平宝字二年の御願経書写」(『写経所文書の基礎的研究』吉川弘文館、二〇〇二年、初出一九九三～一九九六年)。

(26) 浄衣については、渡部陽子「正倉院文書にみえる浄衣」(栄原永遠男編『正倉院文書の歴史学・国語学的研究―解移牒案を読み解く―』和泉書院、二〇一六年)がある。

(27) □は判読不能な文字を示す。

(28) 仏教経典については、木本好信編『奈良朝典籍所載仏書解説索引』(国書刊行会、一九八九年)を参照されたい。

(29) 山下有美「勅旨写一切経所について―皇后宮職系統写経機構の性格―」(『正倉院文書と写経所の研究』吉川弘文館、一九九九年、初出一九九六年)。

(30) 森明彦「奈良朝末期の銭貨をめぐる矛盾と対策」(『日本古代貨幣制度史の研究』塙書房、二〇一六年、初出一九八二年)。拙稿前掲注(17)論文。

(31) 山本幸男氏は「奉写二部大般若経雑物納帳」とする(前掲注(20)論文)。

(32) 栄原永遠男「奈良時代の流通経済」(『奈良時代流通経済史の研究』塙書房、一九九二年、初出一九七二年)。

(33) 吉田氏前掲注(14)論文。以下、吉田氏の見解は当論文による。

(34) 山本幸男氏は「奉写二部大般若経雑物納帳案」とする(前掲注(20)論文)。

(35) すでに栄原永遠男氏は、売料綿下帳(十六ノ七四〜七八、十五ノ二九二)・売料綿幷用度銭下帳(十六ノ七八〜八七)の調綿直が、七二文から六〇文までの九ランクであるのに対し、最終決算報告である東大寺奉写大般若経所解案(十六ノ三七六〜三八二)では七〇〜六〇文の四ランクとされており、帳簿で操作が行われたことを指摘している(前掲注(14)論文)。

(36) 『大日本古文書』は「一百十文」とするが、写真帳により「四百十文」に改めた。

(37) 山下有美「月借銭再考」(栄原永遠男編『日本古代の王権と社会』塙書房、二〇一〇年)。

(38) 鬼頭清明「八、九世紀における出挙銭の存在形態」(『日本古代都市論序説』法政大学出版会、一九七七年、初出一九六八年)、中村順昭「奉写一切経所の月借銭について」(『律令官人制と地域社会』吉川弘文館、二〇〇八年、初出一九九二年)、山下氏前掲注(37)論文など。

(39) 拙稿「下級官人と月借銭―宝亀年間の一切経写経事業を中心に―」(『正倉院文書と下級官人の実像』同成社、

二〇一五年、初出二〇一三年）。

(40) 野村忠夫「律令位階体系をめぐる断章三題—上正六位上、引唱・考唱不参、浄御原令の官位相当制—」（『律令政治と官人制』吉川弘文館、一九九三年、初出一九七八年）。

(41) 拙稿「橘奈良麻呂の変と知識経書写」（『正倉院文書と下級官人の実像』同成社、二〇一五年）。

(42) 西洋子「食口案の復原（1）（2）—正倉院文書断簡配列復原研究資料Ⅰ—」（『正倉院文書研究』四・五、一九九六・一九九七年）。

(43) 有富純也「正倉院文書写経関係文書編年目録—天平勝宝五年—」（『東京大学日本史研究室紀要』一一、二〇〇七年）。

(44) 大艸啓「正倉院文書に見える『供奉礼仏』」（『奈良時代の官人社会と仏教』法蔵館、二〇一四年）。

(45) 山本幸男氏は「奉写灌頂経所食口案」とする（前掲注（20）論文）。

(46) 山本氏前掲注（20）論文。

(47) 山本幸男氏は「東大寺写経所食口帳」とする（前掲注（20）論文）。

(48) 山本幸男氏は「写経所食口案」とする（前掲注（20）論文）。

(49) 拙稿「宝亀年間の布施申請解案の考察」（『正倉院文書と下級官人の実像』同成社、二〇一五年、初出二〇一一年）。

(50) ただし宝亀四年三月二十二〜二十四日に一度、手実を提出させたようであり、これらの手実には端数がみられる（二十一ノ三九八〜四〇三）。

(51) その受取状が奉写経所布施奉請文（十四ノ六〇）である。

(52) 拙稿前掲注（49）論文。

(53) 拙稿前掲注（49）論文。

(54) 山田英雄「写経所の布施について」（『日本古代史攷』岩波書店、一九八七年、初出一九六五年）。

(55) 天平宝字六年閏十二月二十九日造石山寺所解案（『大日本古文書』十六ノ二一九～二二二、二二二～二二五、十五ノ一二七、十六ノ二三九～二五二、一九一～一九五、一九九～二〇一、一九五～一九七、一八六～一八八、一八五～一九一、二〇一～二〇八、一九七～一九九、二二七～二二九、二〇八～二一一、五ノ三三五～三五四）。
(56) 田上山作所正月告朔解（十五ノ三四四～三四八、五ノ七七～八三）、田上山作所二月告朔解（五ノ一一四～一二四）、田上山作所三月告朔解（五ノ一四八～一六〇）、田上山作所四月告朔解（五ノ二二一～二二九、十五ノ四六三～四六五）、甲賀山作所十二月・正月告朔解（五ノ八六～九四）、甲賀山作所三月・四月告朔解（五ノ九五～一〇二、十五ノ四六二）。
(57) 古瀬奈津子「告朔についての一試論」（『日本古代王権と儀式』吉川弘文館、一九九八年、初出一九八〇年）。
(58) 天平宝字六年二月告朔（五ノ一二五～一三一）、同年三月告朔（五ノ一八八～一九五）、同年四月告朔（五ノ一九五～二〇一）、同年閏十二月告朔（五ノ三七五～三八三）。
(59) 風間（徳竹）亜紀子「文書行政における告朔解の意義」（『正倉院文書研究』一〇、二〇〇五年）。
(60) 矢越葉子「造石山寺所の文書行政―文書の署名と宛先―」（『正倉院文書研究』一一、二〇〇九年）。
(61) 秋季告朔、前掲注（55）参照。春季告朔（五ノ一六三～一八七）。
(62) 天平宝字六年二月告朔（五ノ一三七～一三九）。
(63) 風間氏前掲注（59）論文、矢越葉子「写経所の『告朔解』について」（『お茶の水史学』五三、二〇一〇年）。
(64) 栄原永遠男「奉写一切経所の写経事業」（『奈良時代写経史研究』塙書房、二〇〇三年、初出一九七七年）。拙稿前掲注（49）論文。
(65) 『大日本古文書』では「二百十編」とするが、『正倉院古文書影印集成　十四』（八木書店、二〇〇一年）続修別集十二裏、第十一紙には「一百十編」とある。
(66) 拙稿前掲注（49）論文。
(67) 山下有美「写経機構の内部構造と運営」（『正倉院文書と写経所の研究』吉川弘文館、一九九九年）。

（68）山口英男「正倉院文書から見た『間食』の意味について」（『正倉院文書研究』一三、二〇一三年）。

（69）栄原永遠男「奉写一切経所の財政」（『奈良時代写経史研究』塙書房、二〇〇三年、初出一九七九年）。

第二章　写経事業の紹介

帳簿を分析すれば、写経事業の時期や規模、さらにはその内容や目的をもあきらかにすることができる。本章ではこれまであきらかになった写経事業を紹介する。まず正倉院文書にあらわれる主な写経事業（造営事業）を解説し、続いて史料と研究論文とを紹介し、最後に研究動向を記す。[1]論文は、基本的・基礎的なものを中心に選んでおり、玄人向きと思われるものや専門性の高いものは除外している。

正倉院文書は、古代国家の支配の実態を示すものとして、最初に戸籍・計帳、正税帳《しょうぜいちょう》、計会《けいかい》帳《ちょう》などが注目され、江戸時代末からの整理作業においても、これらを中心に切り貼りして、正集や続修などが成巻された。この整理作業によって、裏面の写経所の帳簿は裁断されてしまい、その復原に膨大な時間が費やされることになった。

このような状況に対し、『正倉院文書目録』（東京大学出版会、一九八七年〜）や『正倉院古文書影印《えいいん》集成《しゅうせい》』（八木書店、一九八八年〜）が刊行され、断簡の接続が明らかにされ、鮮明な写真をみることができるようになった。さらに写経機構の変遷もあきらかになり、[2]帳簿の復原も進んだことで、[3]近年、写経事業の研究は飛躍的に進んだ。これらの研究成果は、正倉院文書研究者の

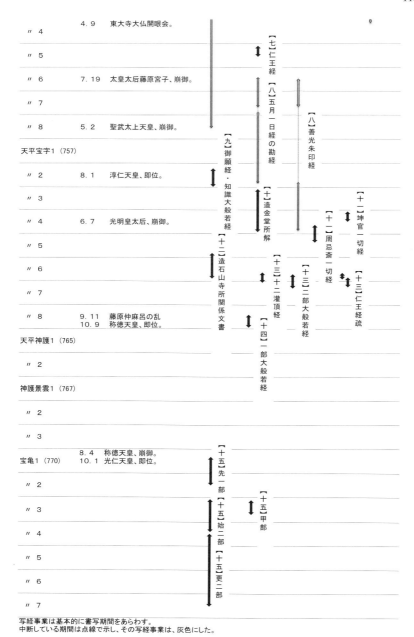

〃 4	4．9	東大寺大仏開眼会。
〃 5		
〃 6	7．19	太皇太后藤原宮子、崩御。
〃 7		
〃 8	5．2	聖武太上天皇、崩御。
天平宝字1（757）		
〃 2	8．1	淳仁天皇、即位。
〃 3		
〃 4	6．7	光明皇太后、崩御。
〃 5		
〃 6		
〃 7		
〃 8	9．11 10．9	藤原仲麻呂の乱 称徳天皇、即位。
天平神護1（765）		
〃 2		
神護景雲1（767）		
〃 2		
〃 3		
宝亀1（770）	8．4 10．1	称徳天皇、崩御。 光仁天皇、即位。
〃 2		
〃 3		
〃 4		
〃 5		
〃 6		
〃 7		

【七】仁王経

【八】五月一日経の勘経

【八】善光朱印経

【九】御願経・知識大般若経

【十】造金堂所解

【十一】周忌斎一切経

【十一】坤官一切経

【十二】造石山寺所関係文書

【十三】十二灌頂経

【十三】二部大般若経

【十三】仁王経疏

【十四】一部大般若経

【十五】先一部

【十五】始二部

【十五】更二部

【十五】甲部

写経事業は基本的に書写期間をあらわす。
中断している期間は点線で示し、その写経事業は、灰色にした。

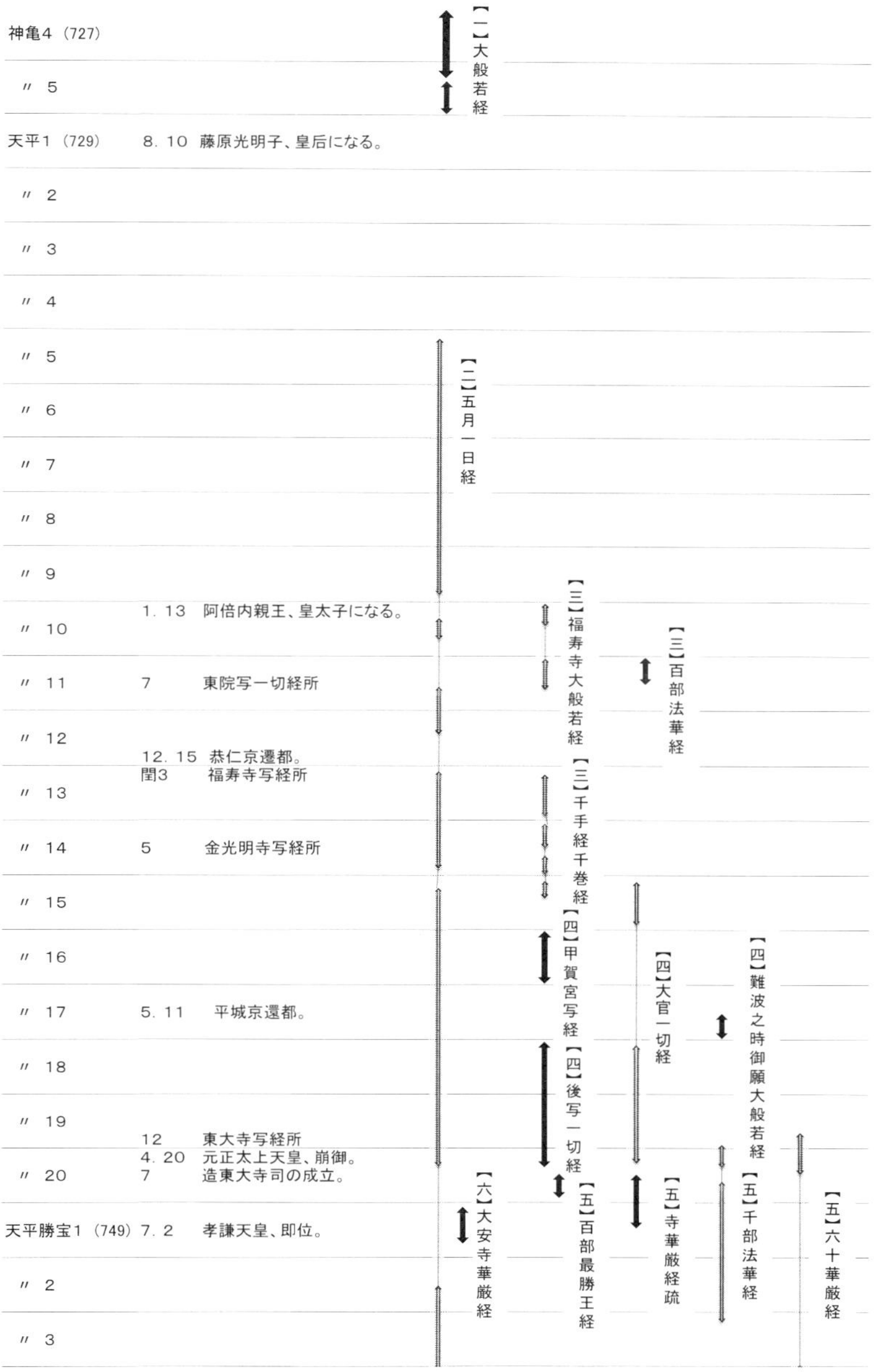
神亀4（727）
〃 5
天平1（729）　8. 10　藤原光明子、皇后になる。
〃 2
〃 3
〃 4
〃 5
〃 6
〃 7
〃 8
〃 9
〃 10　1. 13　阿倍内親王、皇太子になる。
〃 11　7　東院写一切経所
〃 12　12. 15　恭仁京遷都。
〃 13　閏3　福寿寺写経所
〃 14　5　金光明寺写経所
〃 15
〃 16
〃 17　5. 11　平城京還都。
〃 18
〃 19　12　東大寺写経所
〃 20　4. 20　元正太上天皇、崩御。
7　造東大寺司の成立。
天平勝宝1（749）　7. 2　孝謙天皇、即位。
〃 2
〃 3
【一】大般若経
【二】五月一日経
【三】福寿寺大般若経
【三】百部法華経
【三】千手経千巻経
【四】甲賀宮写経
【四】大官一切経
【四】難波之時御願大般若経
【四】後写一切経
【六】大安寺華厳経
【五】百部最勝王経
【五】寺華厳経疏
【五】千部法華経
【五】六十華厳経

図３　写経事業の書写期間

間では常識となっているものの、古代史研究者に広く知られているとはいいがたい。また写経事業研究は、それぞれ個別に研究されることが多く、奈良時代の写経事業全体を見渡したものは少ない。本章が写経事業研究の成果を広め、また写経事業の全体像を捉える一助となれば幸いである。

さて本章の構成は、左記のとおりである。写経事業の書写期間については図3を参照されたい。

一　神亀四年・五年　大般若経

二　天平五年〜天平勝宝八歳　五月一日経《ごがつついたちきょう》
福寿寺《ふくじゅじ》大般若経・百部法華経・千手経千巻

三　天平十年〜十五年　大官《だいかん》一切経・甲賀宮《こうがのみや》写経・難波之時御願大般若経《なにわのときぎょがんだいはんにゃきょう》

四　天平十五年〜二十年　・後写《こうしゃ》一切経

五　天平十九年〜天平勝宝三年　六十華厳経・千部法華経・百部最勝王経《さいしょうおうきょう》・寺華厳経疏

六　天平感宝元年　大安寺華厳経

七　平勝宝五年　仁王経《にんのうきょう》

八　天平勝宝六年〜天平宝字四年　五月一日経の勘経《かんぎょう》・善光朱印経《ぜんこうしゅいんきょう》

九　天平宝字二年　御願経《ぎょがんきょう》三千六百巻・知識《ちしき》大般若経

十　天平宝字三年〜四年　造金堂所解《ぞうこんどうじょげ》

十一　天平宝字四年〜五年　坤官《こんかん》一切経・周忌斎《しゅうきさい》一切経

十二　天平宝字五年～六年　造石山寺所《ぞういしやまじしょ》関係文書
十三　天平宝字六年～七年　十二灌頂経《かんじょうきょう》・二部大般若経・仁王経疏《そ》
十四　天平宝字八年　一部大般若経
十五　神護景雲四年～宝亀七年　先一部《せんいちぶ》・始二部《しにぶ》・甲部《こうぶ》・更二部《こうにぶ》一切経

これらは正倉院文書にあらわれる写経事業のすべてを網羅したものではない。写経事業の目録は、薗田香融「間写経《かんしゃきょう》研究序説」（『日本古代仏教の伝来と受容』塙書房、二〇一六年、初出一九七四年）を参照されたい。本書はこのなかでも大規模なもの、重要な意義があったと思われるもの、研究が進んでいるものを抽出した。(4)

一　神亀四年（七二七）・五年　大般若経

解　説

写経所は長屋王家にも置かれていたように(5)、貴族がその邸宅に臨時に設置するものであったらしく、光明子家の写経所も、当初はそのような写経所の一つであった。夫人時代の写経所において、神亀四・五年に大般若経を二度書写していることが、栄原永遠男「藤原光明子と大般若経書写──「写経料紙帳」について──」（『奈良時代の写経と内裏』塙書房、二〇〇〇年、初出一九九一年）で指摘されている。栄原氏は、一回目は神亀四年三月からはじめられ、翌五年三月に終了、二回目は五年九月末にはじめられたとする。『続紀』によれば、同四年閏九月丁卯（二十九）条で藤原光明子〈コラム①参照〉に皇子が誕生し、翌五年九月丙午（十三）条で薨去しているが、一回目は光明子が男子を無事出産することを祈願したもので、二回目は亡き某王（基王《もといおう》）の菩提を弔うためであったとする。

そして天平元年（七二八）八月戊戌（十）条で光明子は皇后となり、皇后宮職が設置されるが、同時に写経組織も設置されたと思われ、その翌年の同二年からは継続的に写経事業が行われる。さらに『続紀』同五年正月庚戌（十一）条で薨じた母県犬養橘三千代《あがたいぬかいたちばなのみちよ》の、一周忌の供養として行われた興福寺西金堂《さいこんどう》の

コラム① 聖武天皇と光明皇后

正倉院文書は光明皇后をはじめ、聖武天皇・孝謙《こうけん》（称徳《しょうとく》）天皇・藤原仲麻呂・道鏡などの権力者の自筆をみることができる。聖武天皇と光明皇后は奈良時代を代表する天皇・皇后である。『杜家立成《とかりっせい》』（写真44）にみえる光明皇后の筆跡はのびのびとして豪放の気風をもっているのに対し、『雑集《ざっしゅう》』（写真45）の聖武天皇の筆跡は繊細で細かく乱れをみせない丹念な書きぶりである。対照的な筆跡であり、興味深い。

聖武天皇は、文武《もんむ》天皇と藤原宮子《みやこ》（不比等《ふひと》の娘）との間に生まれた「待ち望まれたプリンス」であった。草壁皇子《くさかべのみこ》が即位する前に亡くなったために、母の持統天皇が即位し、また草壁皇子の息子の文武天皇も二十五歳で亡くなったために、その母の元明《げんめい》天皇と姉の元正《げんしょう》天皇が即位して女帝が続いていたが、ここでようやく草壁皇統の男子として聖武天皇が即位したのである。一方、藤原氏にとっても、はじめて一族の血を引く天皇が誕生したのであった。藤原氏は、さらに不比等の娘（宮子の異母妹）光明子を皇太子であった聖武天皇に嫁がせ、天平元年（七二九）に彼女を皇后とすることに成功した。すなわち藤原氏から出たはじめての皇后であった。

造営[6]と造仏事業を契機として、写経事業はさらに拡大する。

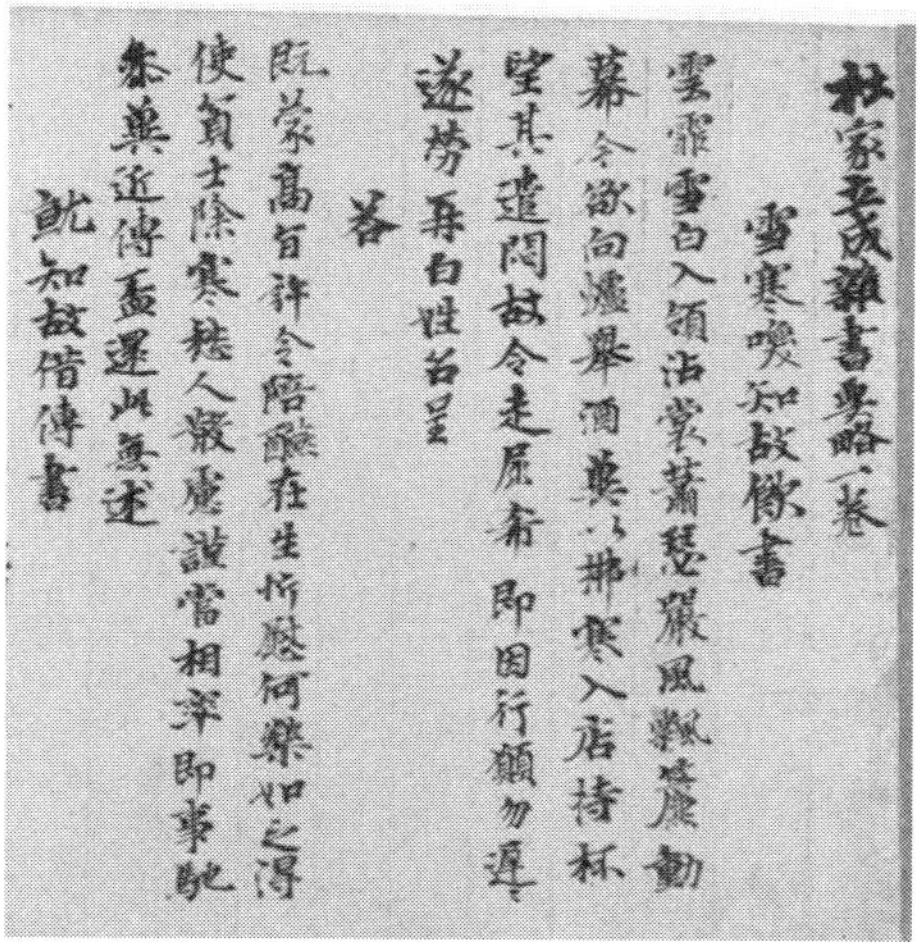

写真44　『杜家立成』光明皇后筆跡

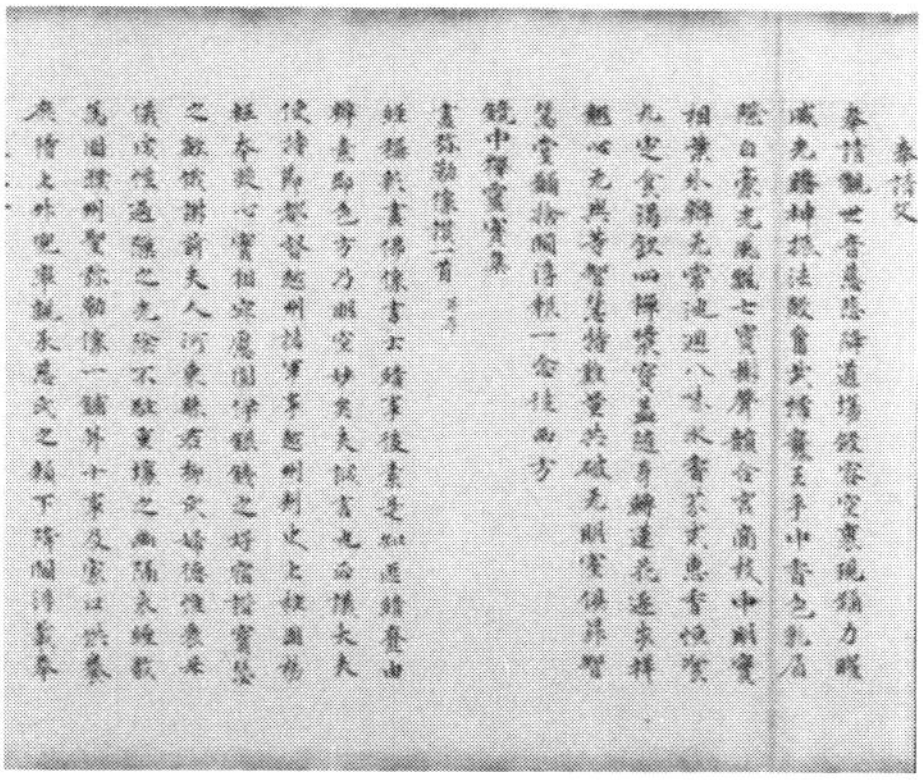

写真45　『雑集』聖武天皇筆跡

史　料

石田実洋・須原祥二「正倉院文書写経機関関係文書編年目録―養老七年より天平十年まで―」（『東京大学日本史学研究室紀要』三、一九九九年）、杉本一樹「初期写経所の文書継文―関係史料の整理―」（『日本古代文書の研究』吉川弘文館、二〇〇一年）がある。当写経事業の「写経料紙帳」（一ノ三八一～三八三）は、神亀四年（七二七）三月から五年九月までの年紀をもつ、最も古い写経所文書である。「写経目録」（七ノ五〜三二）は、天平三年から九年までのもので、光明皇后がさまざまな目的のため、またさまざまな人に施すために発願している様子が知られる。またこの時期の布施（＝給料）を申請する文書が九点存在するが、文書形式はいずれも「謹啓」ではじまるか、「謹啓」で結ぶ啓式が用いられており、皇后宛てに発せられていることがわかる。

研究動向

中林隆之氏(7)は「官人歴名」（二十四ノ八四〜八五、八五〜八六）から光明皇后の皇后宮職について論じている。これまで鬼頭清明氏(8)により、皇后宮職の管下に政所・掃部所・勇女所・染所・主薪所・浄清所・泉木屋所・写経司《しゃきょうし》・造仏所《ぞうぶつしょ》・施薬院《せやくいん》・悲田院《ひでんいん》があることが指摘されていたが、中林氏により綾司・膳司・大炊司・主殿司や嶋院・外嶋院・法華寺《ほっけじ》政所《まんどころ》も含まれることがあきらかになった。また鷺森浩幸氏(9)は、成立当初の皇后宮職は新任の大夫の小野牛養《うしかい》以外は、もと光明子家の家令・書吏であったものが、それぞれ皇后宮職の三等官・四等官になっただけで、光明子家がそのままスライドした程度に過ぎないとする。

二　天平五年（七三三）〜天平勝宝八歳（七五六）
五月一日経《ごがつついたちきょう》（一切経）

解説

五月一日経とは、天平十二年五月一日付願文（二ノ二五五）をもつ一切経のことで、光明皇后が父藤原不比等と母県犬養橘三千代《あがたいのいぬかいたちばなのみちよ》の追善のために発願したものである。「宮一切経」「常写一切経」「台一切経」

（紫微中台一切経）とも呼ばれる。その詳細については、皆川完一「光明皇后願経五月一日経の書写について」（『正倉院文書と古代中世史料の研究』吉川弘文館、二〇一二年、初出一九六二年）、山下有美「勅旨写一切経について[10]」（『正倉院文書と写経所の研究』吉川弘文館、一九九九年、初出一九九六年）がある。皆川氏によれば、『続紀』同六年十一月丁丑（二〇）条において帰国した玄昉《げんぼう》が『開元釈経録《かいげんしゃくきょうろく》』をもたらしたのをきっかけに、ここに載せる一切経目録にしたがって同八年九月二十九日から書写されたものである。しかし山下氏は同五年頃すでに、一部四二四三巻の一切経書写が開始されており、同八年九月二十九日に『開元釈経録』を基準にすることに方針を転換したとする。その後、同九年十二月上旬から十年二月二十日と同十年五月末から同十一年七月十一日、同十二年四月頃から十三年閏三月まで三回中断するが、後述するように一回目は阿倍内親王の立太子に関わる中断で、二回目は福寿寺大般若経や北大家写経所の写経事業が関係しており、三回目は東院写一切経所から福寿寺写経所への移行期にあたる。

　この五月一日経は皇后宮職系統の写経所の中心的写経事業であり、継続して書写され同十四年末には四五六一巻に達したが、底本が入手困難となり一時中断してしまう。そして同十五年五月一日からは、『開元釈教録』にない章疏や別生《べつじょう》も加え、量において中国撰述の最新目録を凌駕する一切経の書写が新たに企てられる。別生・偽疑・録外経典をも書写することで、後世の経典研究の材料とすることを意図していたと考えられる。[11]

　天平十五年の方針転換後、同二十年（七四八）五月以降から天平勝宝二年（七五〇）六月まで中断期間がみられる。山下氏によれば、これは『続紀』天平二十一年七月甲午（二）条の孝謙天皇即位に向け、聖武天皇が在位中に華厳経を本とした一切経疏の転読講説体制を確立する目的で、五月一日経を使用するために「終了」とされたためとする。しかし五月一日経の不備が原因で再び書写が継続されることになり、次の書写終了期限を大仏開眼会に設定した。そして経律論集伝部は天平勝宝三年に書写が打ち切られ、同五年に東大寺大仏に奉納され、同六・七年に勘経が行われているが、疏は書写が続けられ、同八歳に打ち切られ、合計約六五〇〇巻の五月一日経書写が終了した。山下氏は完成が実現しないままの終了であり、この年の『続紀』五月乙卯（二）条の聖武太上天皇の崩御が直接の契機になったとする。そして聖武太上天皇の七七斎に「国家珍宝帳《こっかちんぽうちょう》」や「種々薬帳《しゅじゅやくちょう》」にみられる品々が光明皇太后により献上されるのである。

このように五月一日経は、天平勝宝八歳（七五六）九月までの約二十年間にわたり書写された。福山敏男[12]・皆川両氏が指摘するように、帳簿ではこの五月一日経が書写されている間は、これが「常写」とされ、それ以外の写経は「間写」や「外写」と記された[13]。

史料

天平十年までは前掲の石田・須原両氏の編年目録がある。また栄原永遠男「天平初期の帳簿―解移牒符案の源流を求めて―」（栄原永遠男編『正倉院文書の歴史学・国語学的研究―解移牒案を読み解く―』和泉書院、二〇一六年）、杉本一樹「写一切経経師等手実―天平十三年―」（『日本古代文書の研究』吉川弘文館、二〇〇一年）も参照されたい。「経師等行事手実」（七ノ一三〇ℓ10～一四五）は、天平十年四月十一日から五月末頃の行事が記載され、その後は十一年七月以降の行事についての記載がある。ここから天平十年五月末～十一年七月十一日まで五月一日経の書写能率が落ちていること、すなわち五月一日経が一時、休止状態になったことがわかる。

天平十五年五月から『開元釈教録』に載せられない章疏なども書写の対象となったことを受けて、写経所では諸所から奉請した章疏等の収納と返送を記録する帳簿が作成される。これが「律論疏集伝等本収納幷返送帳」[14]である。他に常本充帳[15]、写疏料筆墨充帳[16]なども同十五年五月から作成されている。また写経所が玄昉から借請した経典を書き留めた目録「写経請本帳」（七ノ五四〜八〇、三ノ一四七〜一四九、七ノ八一〜九〇）から、山本幸男氏は玄昉将来経典の特質を論じ[17]、玄昉所持経典一覧表を作成している[18]。

食口案では、天平勝宝八歳九月（四ノ一八四〜一八五）を最後に「常疏」がみられなくなるので、五月一日経は九月で終了したとみられる。五月一日経の総数は約六五〇〇巻に及び、正倉院聖語蔵《しょうごぞう》に約七五〇巻が現存し、民間に約二五〇〇巻が伝存している[19]。

研究動向

小倉慈司氏[20]は五月一日経の願文（写真46）は、臣下の忠節がとくに祈られていることから、大宰府に左遷された藤原広嗣《ひろつぐ》の動静が中央に伝えられるなか、朝廷内での動揺を抑え、広嗣を切り捨ててこれまでの政治・宗教路線を推し進めていこうとする光明子の決意があらわれているとする。一方、ブライアン・ロウ氏[21]は、天平十二年が光明皇后の四十の賀にあたることから、五月一日経巻が斎会儀式に使われた可能性が高く、光明皇后が菩薩を起こす四弘誓願《しぐせいがん》を発したとする。山本幸男氏[22]は、玄昉将来経典五〇〇〇巻のうち半数近くが章疏類とみられることから、天平十五年の書写方針の変更にも玄昉が関わっていた可能性が高いとする。また山本氏は、『続紀』天平十二年八月癸未（二十九）条で藤原広嗣の乱が勃発し、時政の批判を受けることとなるが、それでも玄昉発願の千手千眼経一〇〇〇巻書写が同十三年七月から、法華経五〇部四〇〇巻・法華摂釈一部四巻書写が同十五年七月から写経所で開始されているように、玄昉への信任はなお厚かったとする。さらに山本氏は、(23)審詳《しんしょう》や慈訓《じくん》の動向を考察している。

三　天平十年（七三八）～十五年
福寿寺《ふくじゅじ》大般若経・百部法華経・千手経千巻

解説

福寿寺大般若経は、後に写経所が場所を移すことになる福寿寺のための大般若経六〇〇巻を書写したもので、紫紙金泥《きんでい》経であった。栄原永遠男「福寿寺と福寿寺大般若経」（『奈良時代写経史研究』塙書房、二〇〇三年、初出一九八五年）によると、本経とするために大般若経が慈訓《じくん》から天平十年三月十一日に借用され、同年五月までに一六四巻が書写された。ところがその頃写経事業が中断され、同十一年四～十一月頃には慈訓の大般若経を本経として、北大家写経所(24)で写経が行われていた。そして同十一年七月末～八月頃再開し、十～十一月はじめ頃までには終了した。さらに

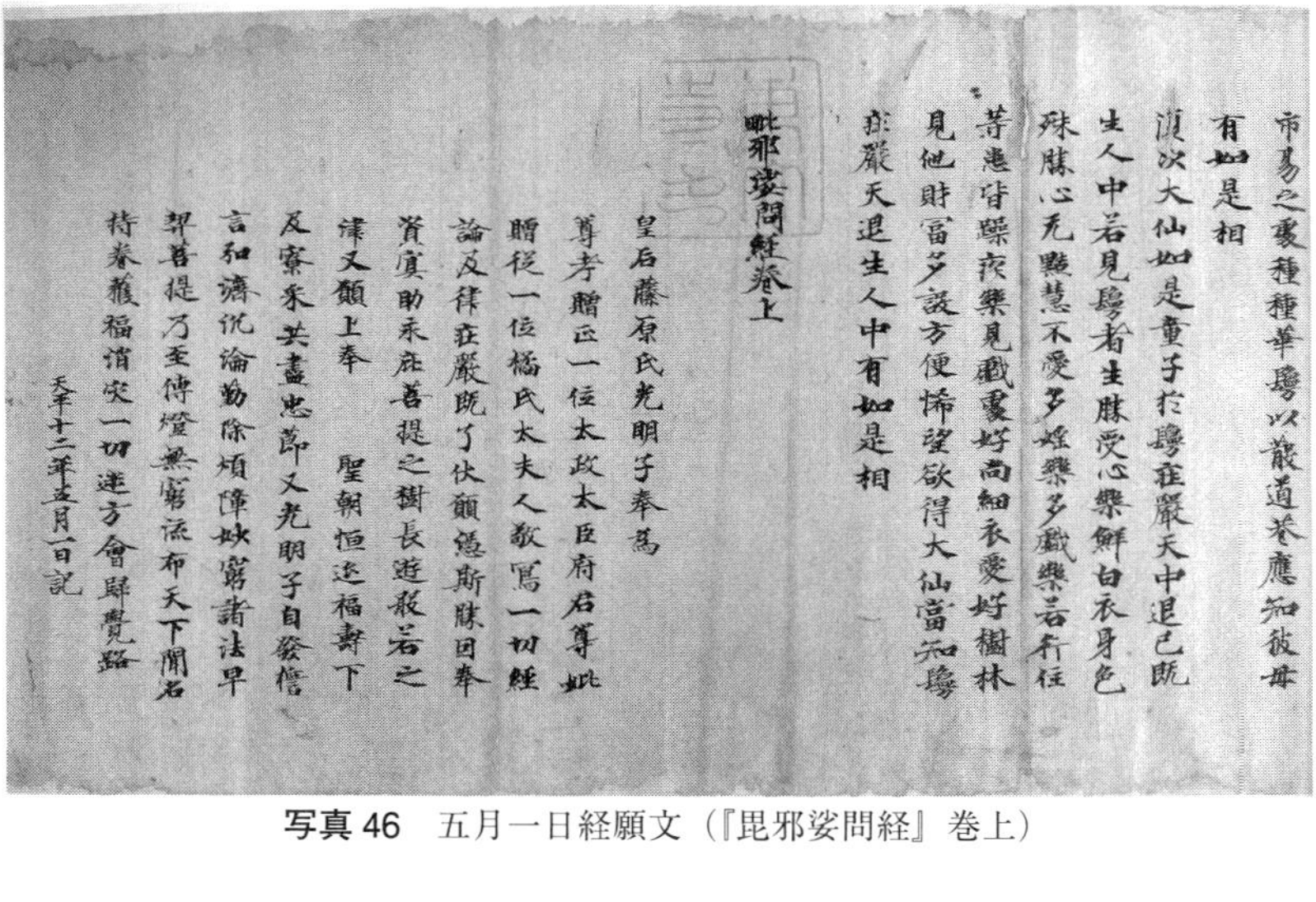

写真46　五月一日経願文（『毘邪娑問経』巻上）

この福寿寺大般若経の終了を待って、同十一年十一月から五月一日経の大般若経書写がはじまった。

百部法華経八〇〇巻は、栄原永遠男「百部法華経の写経事業」（『同前書』）によれば『続紀』天平十一年二月戊子（二十六）条にみられる光明皇后の病気平癒を祈願するために、同十一年二月はじめに開始され、四月十五日に布施が申請されている。

千手経千巻は玄昉の発願で、天平十三年六月～同十五年四月にかけて書写された。栄原永遠男「千手経一千巻の写経事業」（『同前書』、初出一九八四・一九八五年）によれば、間に三回の中断をはさんで四時期にわたって書写されており、書写期間は同十三年六月下旬から十二月上旬、同十四年二月上旬～七月末、同十四年十月中旬～十二月中旬、同十五年三月中旬～四月下旬となる。校正は同十三年八月一日から開始されたが終了時期は不明である。また書写の目的なども、あきらかになっていない。

史料

磐下徹「正倉院文書写経機関関係文書編年目録―天平十一年―」（『東京大学日本史学研究室紀要』一二、二〇〇八年）、有富純也「同―天平十二年・天平十三年―」（『同』五、二〇〇一年）、三上喜孝・飯田剛彦「同―天平十四年・天平十五年―」（『同』四、二〇〇〇年）がある。

栄原氏の研究では、写経事業ごとにそれぞれの史料を検討する。とくに千手経千巻について、失われ原型を損ねた場合が多く、同十四年十二月以降の史料がほとんど欠失していること、物資の受給の記録が全くないことを指摘する。さらに充紙帳[25]は五月一日経関係の記録とともに記されており、五月一日経関係の事務とは完全に切り離されていないこと、布施申請解案（給料請求書の案文）[26]が手実帳の前に貼り継がれ

<table>
<tr>
<td>東大寺写経所（1）
安都雄足（別当　宝字 2.6 ～ 7.6）
葛井根道（別当　宝字 7.6 ～ 12）
他田水主（案主　勝宝 2 ～ 4, 宝字 4.7 ～ 6.1）
上馬養（案主　宝字 1. 閏 8 ～宝亀 7）
建部広足（案主　宝字 2.6 ～ 9, 同 8.9 ～ 11）
佐伯里足（案主　宝字 2.7 ～ 10）
勝屋主（案主　宝字 2.10 ～ 11）
小治田年足（案主　宝字 4. 閏 4 ～ 5.10）
勇山内主（案主　宝字 4.8 ～ 5.5）
賀茂馬養（案主　宝字 5.2 ～ 4）</td>
<td rowspan="3">東大寺写経所（2）
美努奥麻呂（別当　宝字 8.8 ～宝亀 3.3）
円智（別当　神護景雲 4.5 ～宝亀 1.10）
奉栄（別当　神護景雲 4.5 ～宝亀 2.10）
葛井荒海（別当　宝亀 3.3 ～宝亀 7）
上馬養（案主　～宝亀 7）</td>
</tr>
<tr>
<td>造石山寺所
安都雄足（別当）
上馬養（案主）
下道主（案主）</td>
</tr>
<tr>
<td>石山寺写経所
安都雄足（別当）
上馬養（案主）
下道主（案主）</td>
</tr>
</table>

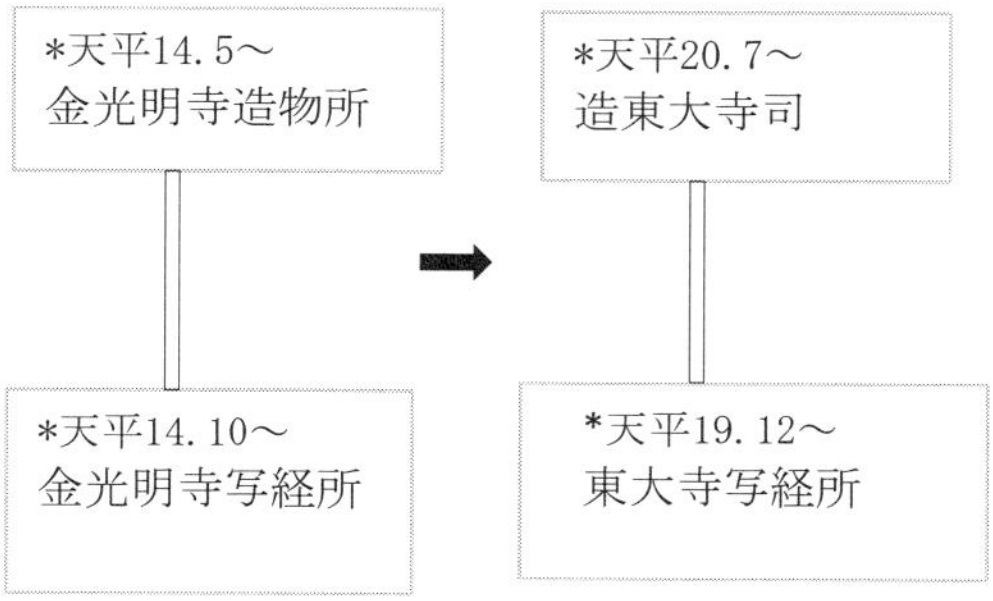

表３　写経所の主な担当者

写経所（皇后宮職）	**写経司**	**福寿寺写経所**	**金光明寺写経所**
高屋赤麻呂	市原王（天平 11.1 ～ 8）	高屋赤麻呂	辛国人成（案主　～天平 17.8）
小野国堅（国方）	高屋赤麻呂	小野国堅	阿刀酒主（案主　～天平 15.5 ～勝宝 3.6）
	小野国堅	辛国人成	志斐麻呂（案主　～天平 17.8 ～勝宝 1.8）
	辛国人成		伊福部男依（案主　天平 18.2 ～勝宝 1.3）
	東院写一切経所		
	高屋赤麻呂		
	小野国堅		
	辛国人成		

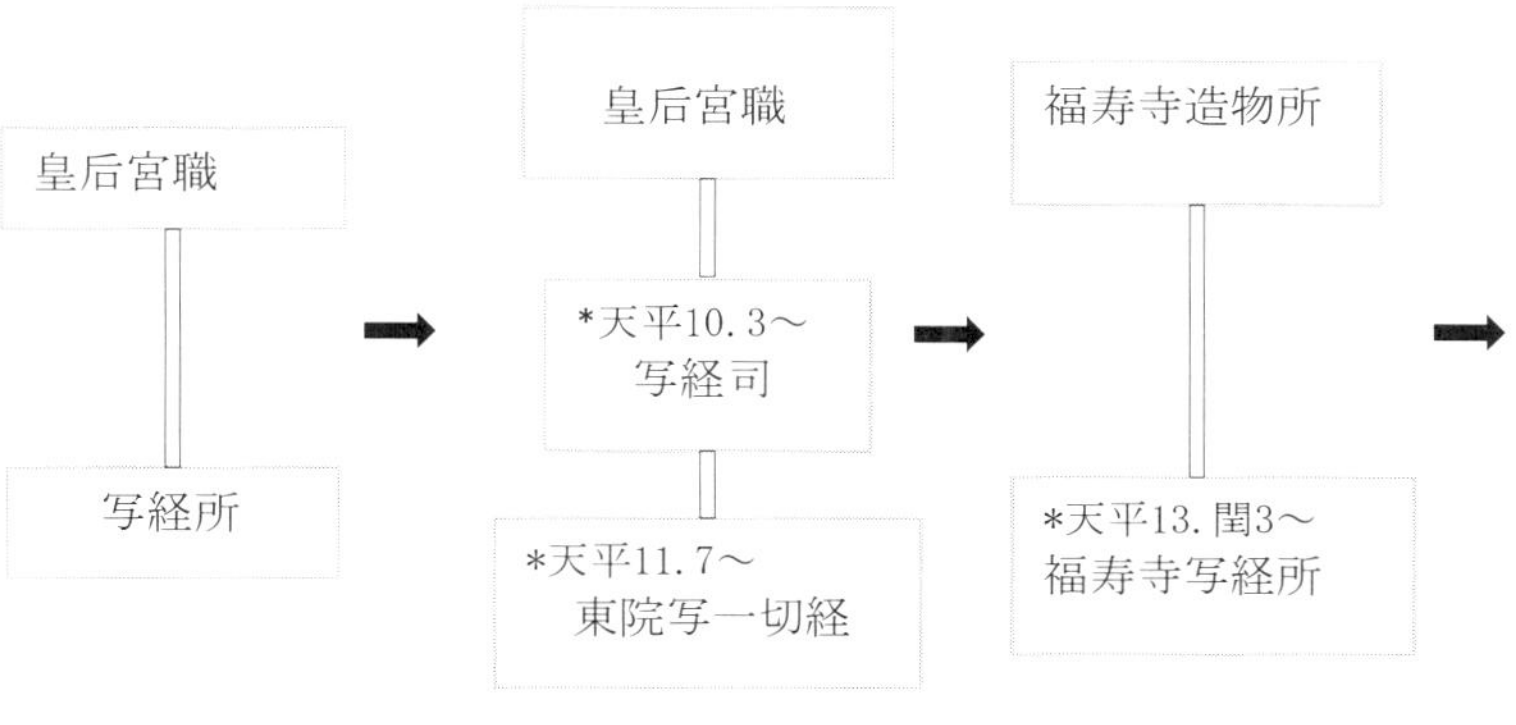

図４　写経機構の変遷図（私案）
＊は、その機構が確実に存在した時期をあらわす。

るという過渡的な整理方法をとっていることを指摘する。

天平十一年七月以降、同十三年九月までの「写経行事給銭帳」（七ノ五九八〜六〇二）は、期間内の写経巻数・用紙数と布施の申請額を記録しているが、東院写一切経所における写経再開から、同十二年四月の中断を経て、同十三年閏三月以降の福寿寺写経所での写経分も同じように記録していることから、山下有美氏[27]は東院写一切経所も福寿寺写経所も、ともに皇后宮職の管下にあったとする。

研究動向

栄原氏前掲論文により、福寿寺大般若経が天平十年三月ごろにはじまったことがあきらかにされたため、福寿寺の淵源が天平十年三月までさかのぼって考えられるようになった。千手経千巻に関しては、事務処理方式とその変遷を示すものとして、残存史料が検討され、充紙・書写状況などが分析されている。

写経機構

皇后宮職系統の写経機構の変遷は図4、主な担当者は表3を参照されたい。当初は皇后宮職の下に写経所が存在していたが、天平十年三月に写経司が成立する（初見は七ノ一六七〜一七七）。山下有美「写経機構の変遷」（『正倉院文書と写経所の研究』吉川弘文館、一九九九年、初出一九九四〜一九九五年）によれば、天平初年から活動している高屋赤麻呂《たかやのあかまろ》[28]が担当する写経機構のほかに、天平九年九月頃に設置された小野国堅《おののくにかた》が担当する「経師所」が設置され、主として外写を行っていたが、この経師所と写経所の一体化により、写経司が成立したとする。この背景には『続紀』同十年一月壬午（十三）条の阿倍内親王の立太子があるとし、さらに同九年十二月上旬から同十年二月二十日まで五月一日経の書写が休止されたのは、東宮や春宮坊《とうぐうぼう》の整備に皇后宮職の官人たちが動員されたためとする。

さらに同十一年一月末から写経殿の付属施設が増築され、同年七月には写経司の管下に東院写一切経所《とういんしゃいっさいきょうしょ》が成立した（初見は七ノ二六三～二七〇）。しかし同十二年五月から翌十三年閏三月まで休止状態となり、同十三年閏三月には福寿寺に場所を移して福寿寺写経所となり、五月一日経書写が再開される。そして同十四年五月に福寿寺から金光明寺《こんこうみょうじ》への名称変更にともない、金光明寺写経所となった。

東院写一切経所は、皇后宮職舎人《とねり》と春宮坊舎人とによって組織され、東宮（阿倍内親王）の所在地である東院にあったと考えられている。栄原永遠男[29]氏は東院写一切経所の必要とする物資は、写経司が皇后宮職に請求していることなどから、写経司は主に皇后宮職との折衝など対外的事務を担当していたとするが、山下氏は東院写一切経所は写経司のもと、五月一日経を中断することなく写経できる環境を確保するために、東院に設置された施設で、一方の写経司は角寺《すみでら》（隅院）や中嶋院において外写を中心に写経活動していたとする。天平十三年閏三月から同十四年五月末まで存在した福寿寺写一切経所については、福寿寺写経所解（二ノ三〇七）に「福寿造物所」がみられることから、福寿寺造物所の管下に福寿寺写経所が置かれるという組織であったと考えられる[30]。また福寿寺への移転は、『続紀』天平十二年十二月丁卯（十五）条の恭仁京《くにきょう》遷都により、皇后宮職が恭仁京へ遷ったことが大きく関わっていると思われる。

四　天平十五年（七四三）〜二十年
大官《だいかん》一切経・甲賀宮《こうがのみや》写経・難波之時御願大般若経《なにわのときぎょかんだいはんにゃきょう》・後写《こうしゃ》一切経

解説

これらの写経事業については、渡辺晃宏「金光明寺写経所の研究―写経機構の変遷を中心に―」（『史学雑誌』九六ノ八、一九八七年）がある。

大官一切経（＝先写一切経）は天平十五年四月一日の宣にはじまるが、同年十二月に休止され、同十八年一月に再開し、同二十年二月頃に完了した。山下有美氏(31)はこの写経事業は、本来は内裏系写経機構である写経司で行うべきであったが、何らかの事情で金光明寺写経所に委託されたものとする。

甲賀宮写経（＝紫香楽宮写経）は、川原秀夫氏「紫香楽宮写経に関する一考察」（『正倉院文書研究』一、一九九三年）に専論がある。聖武天皇は天平十四から十五年にかけ四回も紫香楽宮行幸をくり返しており、四回目は天平十五年七月二十六日から十一月二日まで滞在する。この間、『続紀』天平十五年十月辛巳（一五）条で大仏造顕の詔が出され、また『続紀』同年十月乙酉（十九）条でこの盧舎那仏《るしゃなぶつ》を本尊とする寺院として、甲賀寺の造営が着手された。川原氏によれば甲賀宮写経は、甲賀寺のための一切経書写を目的としたもので、同十六年閏一月十四日から十二月頃まで、甲賀宮写経所で書写されていた。

難波之時御願大般若経は、天平十七年十一月から十二月に書写された写経事業である。その詳細は、栄原永遠男氏「難波之時御願大般若経について」（『奈良時代写経史研究』塙書房、二〇〇三年、初出一九八五年）に詳しい。すなわち『続紀』天平十二年（七四〇）十月壬午（二十九）条から恭仁京・紫香楽宮・難波京の間を点々としていた聖武天皇は、『続紀』同十七年五月戊辰（十一）条で平城京に還都したものの、『続紀』同年八月癸丑（二十八）条でふたたび難波京に行幸し、この地で九月一日に大般若経書写を命じた。しかし『続紀』同年九月辛未（十七）条によれば、聖武天皇は難波滞在中に大病を患い、写経事業は中断した。そして同年十一月十一日の尼公の宣によって再開され、十二月二十五日に布施が支給された。難波宮で発願されたことから、この写経事業は、「難波之時御願大般若経」と呼ばれた。同十七年十二月に書写が終了していたにもかかわらず、その決算報告はなぜか二十年七月十日付である。

後写一切経は、天平十八年正月に南堂《なんどう》にて大官一切経の写経を再開した時に、聖武天皇がさらにもう一セットの一切経の書写を企画したものであり、これは先の大官一切経（先写一切経）と区別して後写一切経と呼ばれ、北堂《ほくどう》で書写された。大官一切経が二十年春、後写一切経は二十年六月に書写が終了している。山下氏[32]によれば、これは大乗小乗の経律のみからなる一切経で三四六一巻、論と賢聖集伝を含まなかったとする。また先写・後写一切経のテキストは五月一日経であったとする。

史料

天平十五年は前掲の三上・飯田両氏の編年目録がある。同十六・十七年は、北村安裕「正倉院文書写経機関関係文書編年目録―天平十六年―」（『東京大学日本史学研究室紀要』一二、二〇〇八年）、武井紀子「同―天平十七年―」（『同』一三、二〇〇九年）があり、同二十年は、野尻忠「同―天平二十年―」（『同』一六、二〇〇二年）がある。また杉本一樹「間写書料紙収納帳―天平十五年五月―」、同「先写一切経経師等手実—天平十八年夏季・同十九年秋季—」（『日本古代文書の研究』吉川弘文館、二〇〇一年）も参照されたい。渡辺氏前掲論文が述べるように、大官一切経の史料の残りが悪い。しかし同十八年一月の再開後は、布施申請解の台帳的性格をもつ帳簿が多く残っており、春名宏昭「先写一切経（再開後）について」（『正倉院文書研究』三、一九九五年）で詳しく検討されている。

また甲賀宮写経は、同十六年七月二十五日付告朔解案（二ノ三五五～三五七）や写書所間写経疏目録（十二ノ二九三～二九八）、手実（八ノ四三七～四五〇）の注記でのみ知られる。難波之時御願大般若経に関しては、決算報告である同二十年七月十日付「東大寺写経所解案」（十ノ三〇五～三一一）が興味深い。紙は図書寮《としょりょう》、米は民部省、塩は大膳職《だいぜんしき》から供給されていることがわかる。また後写一切経は、充本帳において書写すべき経典が列挙されているので、ほぼ一組の一切経としてその全体構成を知ることができ、大平聡氏(33)が復原を行っている。

研究動向

渡辺氏前掲論文では、大官一切経（＝先写一切経）の史料の残りが悪い原因を、先写は南堂、後写は北堂で書写され、それぞれ担当の案主がいたためとする。そして天平十九年五月以降は、先写の場が南堂から東堂へ、後写の場が北堂から西堂へと名称を変える。これは写疏所《しゃそしょ》の移転を含む金光明寺写経所の写経機構の再編成があったと述べている。同十八年一月の再開後の大官一切経については、春名氏前掲論文で布施（＝給料）支給時における誤字脱字、落行、余字などのミスに対するペナルティ、あるいはボーナス支給といった写経生の勤務意欲を高めるための官司運営が指摘されており、興味深い。

川原氏は甲賀宮写経所について、同十六年閏一月から七月までは、金光明寺写経所の機能の一部が紫香《し が》楽宮《らきのみや》に設置され、書写・校正・装潢にいたる一貫した作業が行われていたが、独自の予算を組んでいないため、布施支給の関係から写経所に書類を戻し、金光明寺写経所の案主が甲賀宮写経も担当していたとする。そして同十六年八月以降は甲賀宮写経関係の帳簿が残っていないが、これは甲賀宮写経所が金光明寺写経所から独立し、独自に予算を組んだため、金光明寺写経所においてこの写経事業の帳簿を一切取り扱わなくなったためとする。

難波之時御願大般若経については、栄原氏が写経事業の進展過程や財政について考察している。後写一切経については、大平聡氏(34)が帳簿群と作業工程の関係を緻密に検討し、図式化している。

さらに天平十五年七月二十三日から十一月末に書写された玄昉発願の法華経五〇部四〇〇巻・法華摂釈一部四巻については、鷺森浩幸「玄昉発願法華経・法華摂釈の書写について」(『続日本紀研究』二五五、一九八八年)が、史料・書写過程を考察し、天皇家に近侍する玄昉が発願したため、きわめて国家仏教的な色彩の濃い写経事業であったと結論づける。また玄昉失脚の頃の仏教界の情勢については、須原祥二氏(35)の研究がある。

大平聡氏(36)は、聖武天皇・光明皇后・阿倍皇太子がそれぞれ四分律抄の書写を発願していたとする。すなわち聖武天皇発願「間写三部四分律抄」は、同十五年五月一日から九月二十九日まで書写されたもので、阿倍皇太子発願「黄紙四分律鈔」は、同十五年十一月の令旨を受けて開始されたが、甲賀宮写経などで中断し、一年後に再開、同十八年三月に完成したとする。光明皇后発願「常写四分律抄」(37)は、同十五年九月頃書写が開始されるが、阿倍皇太子発願経に吸収される。そして天平十七年五月頃に改めて書写がはじまり、九月に完成したとする。また「間写黄紙六巻鈔」は、天平十七年八月から九月に書写され、十二月に完了したもので、光明皇后発願の可能性が高いとする。四分律抄は、聖武天皇が知識の先頭に立って導くために、自らを戒律にかなった存在たらしめるために必須の経典だったとし、それを皇后・皇太子が共有しようとしていたことに政治的意図が垣間みられるとする。

写経機構

金光明寺写経所の初見は、天平十四年十月三日付の「金光明寺写一切経所牒」（二ノ三一三）であり、栄原永遠男氏[38]は写経事業や経師の従事状況に継続性が認められることから、廃止や新設などではなく、改称による成立とする。また渡辺氏前掲論文では、天平十四年の金光明寺写経所の案主は辛国人《からくにのひと》成《なり》と阿刀酒主《あとのさかぬし》であり、十五年には阿刀酒主が五月一日経、辛国人成が大官一切経という大まかな分業があったとする。しかし天平十七年八月一日優婆塞貢進文（二十四ノ二九八）により、辛国人成〈コラム②参照〉は出家して案主を辞め、その後は志斐麻呂《しひのまろ》が案主《あんず》をつとめる。

コラム②　辛国人成

辛国人成《からくにのひとなり》は、変わった理由で写経所を去っている。彼は天平九年（七三七）に校生としてみえ（七ノ一〇二）、同十二年四月まで写経司で、同十三年以降は福寿寺写経所、金光明寺写経所において実務を担当している。同十七年（七四五）八月一日に優婆塞《うばそく》（男性の在家仏教信者）として貢進され（二十四ノ二九七～二九八）、そのまま出家したらしく、写経所から姿を消している。金光明寺には「出家人試所」（僧尼になる前提として、その人物・学業を考査する機関）が存在し、皇后宮職が深く関わっていたと考えられる。このように最初から出家することを目指し、皇后宮職の推挙を得るために、写経所に勤務する下級官人もいたのである。

山下有美氏[39]は、神亀五年に夭折した某王（基王）のために立てられた山房と福寿寺は別個の施設であり、金鐘寺《こんしゅじ》は山房と福寿寺を含むこのあたり一帯の寺域をもつ寺を指し、これが母体となって金光明寺として整備されたとする。そしてさらにこの改称は、これが大和国分寺としての成立であるとともに皇后宮職管下の写経機構ではなくなり、金光明寺造営機構の管下に位置づけられたことを示すとする。

金光明寺造営機構の名称については、若井敏明氏[40]と渡辺晃宏氏[41]との間で論争があったが、現在では金光明寺造物所とされている。また若井氏は、造東大寺司は金光明寺造物所《ぞうぶつしょ》と甲賀寺の造営機構が、造仏司は甲賀寺造仏所が、それぞれ発展して成立したとし、渡辺氏は金光明寺造営機構が天平十九年に、大仏造立を主要な任務としたために造仏司とも称されるようになったとする。一方山下氏は、造仏司は天平十八年の成立当初から金光明寺造物所とは別官司であったとする。

若井氏[42]が指摘するように、金光明寺写経所は金光明寺造物所の管下にあったが、造物所自体は小規模な組織であった。渡辺氏[43]も金光明寺造物所の活動は、金光明寺写経所で用いる経典の貸借や仏像の物品の製作など、かなり限られたものであったとし、徳竹亜紀子氏[44]は、金光明寺内における皇后宮職の支所のような性格をもった機構であったとする。そして山下氏[45]によれば、天平十四年から十七年までの金光明寺造物所では、春宮坊《とうぐうぼう》から高屋赤麻呂、小野国堅、田辺足万呂《たなべのたりまろ》、皇后宮職から市原王《いちはらおう》、田辺真人《たなべのまひと》、田次万呂《たすきまろ》が出向して政所を構成していたが、天平十八年以降は新たに大養徳国少掾の佐伯今毛人《さえきのいまえみし》、造仏司長官の国君《くにのきみ》麻呂《まろ》が政所に加わる。これは平城還都により、単なる大和国分寺としてだけではなく、総国分寺として、大仏造立を行う寺として位置づけられたことに対応するとする。

渡辺氏[46]は、天平十九年冬季に機構の拡充を想定するが、天平十九年末を境に金光明寺写経所から東大寺写経所となる（初見は九ノ六三二）。金光明寺写経所から東大寺写経所に改称しても、写経事業は継続しており、経師等の従事状況にも変化がない。そして天平十九年には後に、案主《あんず》として活躍する上馬養《かみのうまかい》が校生として（九ノ六二二）、天平二十年には、後に別当として活躍する安都雄足《あとのおたり》が[47]舎人として、はじめて登場する（十ノ二七七）。

そして金光明寺造物所は造東大寺司へと改変される。すなわち天平二十年七月二十四日付東大寺写経所解案の佐伯今毛人の肩書きが「造東大寺司」となるように（十ノ三一六〜三一七）、天平二十年七月に造東大寺司が成立する。山下有美氏[48]は、政所を構成する官人の顔ぶれに変化がないものの、金光明寺造物所は金光明寺を造営するために臨時に置かれた所であり、四等官は置かれず、他官司からの官人の寄せ集めによって政所が構成されていたのに対し、造東大寺司は四等官をともなう令外官であったとする。

五　天平十九年（七四七）〜天平勝宝三年（七五一）
六十華厳経・千部法華経・百部最勝王経《さいしょうおうきょう》・寺華厳経疏

解説

六十華厳経一二〇〇巻（一部六〇巻）は、渡辺晃宏「廿部六十花厳経書写と大仏開眼会」（皆川完一編『古代中世史料学研究』上、吉川弘文館、一九九八年）を参照されたい。六十華厳経は、天平十九年八月二十五日の良弁の宣により、十月からはじめられ、同二十年四月まで活発に書写される。しかし『続紀』同二十年四月庚申（二十一）条の元正太上天皇崩御により中断する。その四年後の天平勝宝四年三月に再開されるが、これは同年四月九日の大仏開眼会にあわせるためであった。開眼会では、四月九日に五月一日経の経律論を使用して華厳経を中心とする一切経の転読が行われ、翌日からは安居に入り、各宗が五月一日経の章疏を講説した。これは東大寺のみではなく、十二官大寺で行われ、七月十五日の盂蘭盆会《うらぼんえ》まで続いた。

千部法華経八〇〇〇巻（一部八巻）は、栄原永遠男「千部法華経の写経事業（上）（下）」（『正倉院文書研究』一〇・一一、二〇〇五・二〇〇九年）を参照されたい。千部法華経八〇〇〇巻は、元正太上天皇の病気平癒祈願のため天平二十年正月に開始されるが、四月二十一日に元正太上天皇が崩御したことから、写経事業も四月中旬に中断される。そして『続紀』同二十年七月丙戌（十八）条に「奉二為太上天皇一、奉レ写二法華経一千部一」とあるように、その後はその目的を追善供養《ついぜんくよう》に改め、九月下旬に再開されて、天平勝宝三年五月に書写・校正が終了する。

百部最勝王経一〇〇〇巻（一部一〇巻）は、阿倍皇太子の安寧《あんねい》祈願のため天平二十年六月二十七日[49]の佐伯今毛人の宣により、七月に書写を開始した。すでに六月四日から造紙作業が開始されており、七月一日に書写が開始、書写と並行して七月三日から校正作業がはじまり、校生は二人ずつペアになって、初校・再校し、布施申請を含めてすべての事業が十月十三日までに終了している。詳しくは春名宏昭「百部最勝王経覚書」（『正倉院文書研究』一、一九九三年）を参照されたい。野尻忠氏[50]は、百部最勝王経の事業完了のめどがたったことから、九月下旬に千部法華経が再開されたとする。六十華厳経も千部法華経もともに元正太上天皇崩御により中断していること、元正太上天皇の追善供養である千部法華経よりも、阿倍皇太子の安寧祈願のための百部最勝王経が優先されていたことが興味深い。

寺華厳経疏（旧訳であると六十華厳経の疏『探玄記』二部と、新訳の八十華厳経の疏『刊定記』三部）は、同二十年九月から翌年四月までかけて書写されている。宮﨑健司氏[51]によれば、同二十年頃に『刊定記』が伝来したことにより、テキストは『六十華厳』から『八十華厳』へ、経疏は『探玄記』から『刊定記』へと移行するのであり、寺華厳経疏は同二十年冬の華厳経講説に間に合わせるため、強行されたとする。

史料

天平二十年には、前掲の野尻氏の編年目録がある。また天平勝宝元年は、新井重行「正倉院文書写経機関関係文書編年目録―天平勝宝元年―」（『東京大学日本史学研究室紀要』七、二〇〇三年）、同二年は、吉松大志「同―天平勝宝二年―」（『同』一四、二〇一〇年）、同三年は、吉永匡史「同―天平勝宝三年―」（『同』一三、二〇〇九年）がある。六十華厳経の史料は、渡辺氏前掲論文で詳しく検討されている。千部法華経は比較的よく残っており、栄原氏前掲論文で検討されている。また土田直鎮氏[52]による紙筆墨充帳、森明彦[53]・杉本一樹氏[54]による充本帳の整理がある。百部最勝王経は、春名氏によれば二〇通の関連文書が残っている。寺華厳経疏については、森明彦「大伴若宮連大淵と天平二十年寺花厳経疏の書写　上・下」（『和歌山市史研究』一四・一五、一九八六・一九八七年）で史料が検討されている。

研究動向

渡辺氏によって六十華厳経が大仏開眼会のために書写されたことが指摘されている。栄原氏は前掲論文で、千部法華経の写経事業の進捗状況・物資の収納状況・作業の詳細・事務スタッフの動向などを詳しく検討する。春名氏も同様に百部最勝王経写経事業を詳細に検討し、その目的を元正太上天皇崩御により流動的となった当時の政治情勢に対応して、光明皇后が実子、阿倍内親王の皇太子としての地位強化のために行ったデモンストレーションであったとする。[55] また栄原氏は百部最勝王経が、天平勝宝三年（七五一）七月以降に成巻が完了し、その後、孝謙太上天皇ゆかりの最勝王経として、読経のために盛んに奉請されたとする。

六　天平感宝元年（七四九）大安寺華厳経

解説

これは八十華厳経一〇部八〇〇巻を書写するもので、この写経事業については、渡辺晃宏氏の「天平感宝元（七四九）年大安寺における花厳経書写について」（『日本史研究』二七八、一九八五年）がある。天平二十一年は、『続紀』同年四月丁未（十四）条で天平感宝に改元され、『続紀』同年七月甲午（二）条の孝謙天皇の即位にともない、天平勝宝に改元される。この大安寺華厳経は、天平感宝の期間に書写されている。

天平感宝元年閏五月七日に用紙が装潢に充てられ、作業はまず造東大寺司写経所で開始された。同月十日から継・打・界のうえ、順次大安寺へ進送された。大安寺では十日から書写開始、一人一帙（一〇巻ずつ）八〇人の経師がこれを分担、六月四日に書写終了となる。造東大寺司写経所の写経機構そのものを投入して書写したといえる。写経所では千部法華経書写要員の約半数を割き、また千部法華経の紙を使用してまでして短期間で仕上げていることから、渡辺氏はその発願主体は光明皇后で、則天武后が実叉難陀《じっしゃなんだ》による八十花厳経（新訳花厳経）翻訳完成の際に自らその序を製したこととの関連を指摘する。

この写経事業は、大安寺盧舎那仏画像の開眼供養のために大安寺において書写されたと考えられ、大安寺には一寺としての枠組みを越えた華厳経信仰センターとしての性格が濃厚であったとする。

史料

天平勝宝元年は、前掲の新井氏の編年目録がある。また渡辺氏前掲論文においても史料が整理されている。大安寺花厳の用紙を造東大寺司写経所から大安寺へ進送した際の控えである「進送大安寺華厳紙注文」（十ノ六五七～六五八）などが残っている。

また翌年の天平勝宝二年以降は、写経事業従事者への食米の支給記録である「食口案《しょっこうあん》」が、大体残っている。西洋子氏[56]によれば、同二年から五年・八年・九年・天平宝字二年は月ごと、天平宝字二年九月と同六年十二月、神護景雲四年～宝亀六年は日ごとの食口案になっている。

研究動向

この写経事業では『華厳経』のテキストが、これまでの六十華厳から八十華厳へ移行している。この意義については宮﨑健司氏[57]の研究に詳しい。

天平二十一年三月はじめ頃から天平勝宝四年四月頃に書写された瑜伽論《ゆがろん》については、新井重行氏[58]の論文がある。皇后宮職舎人として天平七年頃から写経所に出仕し、天平十五年からは題師として題経を担当し、勝宝二年九月までに案主となった三嶋宗万呂《みしまのむねまろ》が、一人で瑜伽論一部一〇〇巻を担当していたとする。さらに天平二十一年ごろ～天平勝宝二年五月まで書写された大般若経については、新井氏前掲編年目録と岩宮隆司氏[59]の論文がある。新井氏によれば、天平二十一年二月までに一〇〇巻を書写しており、これを除いた五〇〇巻分の用紙を校定している（三ノ一九五～一九六）。そして同年二月十五日に改めて見積書を作成したものの（十三～六〇～六一、十ノ五四〇～五四三）、書写が開始されたのは天平勝宝二年二月十五日であった。さらに岩宮氏によれば『続紀』天平勝宝二年五月乙未（八）条の孝謙天皇即位にともなう一代一講の仁王会のための仁王経疏（一〇〇部三〇〇巻）書写のため停滞し、同年六月に布施が申請されている。また天平勝宝二年六月～三年六月にかけて書写された寿量品《じゅりょうぼん》四千巻については、大隅亜希子氏[60]の研究がある。これは法華経全八巻二十八品中の第六巻第十六品にあたる寿量品の写経であり、装潢作業に関する帳簿が多く残っていること、成巻の形態が特殊であることが指摘されている。

　また天平勝宝三年頃に作成された五点の布施勘定帳、「華厳宗布施法定文案」（十一ノ五五七～五六八）、「写書布施勘定帳」（十二ノ六一～九九）、「写書布施勘定帳」（十二ノ四二～六〇）、「東寺大修多羅衆幷律衆布施法定文案」（十一ノ五六八～五八九）、「倶舎宗写書布施勘定帳」（十二ノ一四七～一六一）があり、これらは各宗がそれぞれ備えるべき経典を書き上げた目録をベースに、どの経典の講説をその役目で行った場合には、しかじかの額の布施が給されるという共通レートを定めた一覧リストとなっている。南都六宗の体制的整備に直接関わる史料であり、『続紀』天平勝宝元年閏五月癸丑（二十）条の「以㆓花厳経㆒為レ本」の詔との関係が注目されている[61]。

七　天平勝宝五年（七五三）　仁《にん》王経《のうきょう》

解説

『続紀』天平勝宝五年三月庚午（二十九）条により、仁王会が三月二十九日に実施されたものの、強風のため中断され、四月九日に再度挙行されたことがわかる。同五年には仁王経が一〇一部、東大寺写経所及び興福寺（山階寺）専経所・薬師寺において書写されている。当初は東大寺写経所で六四部書写される予定であったが、ほどなく計画は変更され、実際に書写されたのは三〇部であった。三月初旬に書写が開始され、四月半ばには終了したと思われ、五月九日に布施が申請されている。

史料

有富純也「正倉院文書写経機関関係文書編年目録—天平勝宝五年—」（『東京大学日本史学研究室紀要』一一、二〇〇七年）がある。このなかで有富氏は、仁王経書写は装束仁王会司が管理していたとし、したがって造東大寺司に提出される食口案[62]に、仁王会書写に関する記載がないとする。また前年の天平勝宝四年は、宮川麻紀「同—天平勝宝四年—」（『同』一五、二〇一一年）がある。

研究動向

仁王経は、当年以外にも天平八年二月・天平勝宝二年・同九歳にも書写され、正倉院文書中に関係文書が存在する。中林隆之氏[63]によれば、仁王会は、天皇・皇后の病気や反乱、朝鮮半島情勢の変動といった国家的に重大な政治情勢に際して臨機に実施されるもので、『続紀』天平勝宝五年四月丙戌（十五）条では光明皇太后の病気により大赦が行われ、『続紀』同年五月乙丑（二十五）条では渤海使《ぼっかいし》が拝朝していることから、光明皇太后の病気平癒とともに、朝鮮半島情勢に対する仏教的な国威発揚を目的として行われたとする。

八　天平勝宝六年（七五四）～天平宝字四年（七六〇）五月一日経の勘経《かんぎょう》・善光朱印経《ぜんこうしゅいんきょう》

解　説

五月一日経の勘経については、山下有美「嶋院における勘経と写経―国家的写経機構の再把握―」（『正倉院文書研究』七、二〇〇一年）がある。山下氏によれば、勘経とは写経の前後にかかわらず、底本とは別のテキスト（証本）によって校訂することをいう。図書寮経《ずしょりょうきょう》は、内裏に献納・集積したものの一部が図書寮の管理下に置かれたもので、中国将来経を多く含んでいたとする見解と鑑真将来経がその中心的な構成要素であったとする見解があるが[64]、これが五月一日経の勘経に用いられた。この勘経事業は慈訓《じくん》や良《ろう》弁《べん》を指導者として、光明皇太后が発願し、紫微中台《しびちゅうだい》（＝皇后宮職から改称）が主体となって行った。五月一日経は、この勘経によって絶対的信頼性を有する唯一の一切経としてその地位を不動のものとした。天平勝宝五年二月にまず旧華厳経が、東大寺写経所で勘経された。この時に五月一日経の勘経の必要性が認識され、同六年二月には五月一日経の一斉勘経を実施に移した。東大寺写経所で優先的に新華厳経と大般若経の勘経を行い、同時に新旧華厳経と大般若経の三部が書写され、同七歳二月九日に法華寺に安置され、これは善光朱印経の一部をなした。同六年二月には、藤原北家でも元興寺北宅一切経[65]の勘経を開始し、こちらは五月一日経や水主《みぬし》内親王経を証本として同八歳頃まで続けられた。

五月一日経の勘経は、同六年閏十月九日以前に、薬師・大安・元興・興福寺の四大寺の分配計画が立てられ、五月一日経と図書寮経が分配された。同七年二月から八月まで外嶋院《そとしまいん》が司令塔となり、造東大寺司から借りた五月一日経を各寺に分配し、かつ官人を派遣した。寺には勘経所が設けられ、派遣された官人と僧とが共同で勘経を行った。これらの作業と並行して同七歳三月から中嶋院の勘大宝積《だいほうしゃく》経所で、図書寮経を証本とし関係経典も参照しつつ、書写を前提とした大宝積経の勘経が行われた。同年八月十五日、東大寺と内裏で聖武太上天皇の病気平癒祈祷の一切経転読を行うため勘経を中断し、祈祷は十七日から二十日まで実施され、二十一日には再開の指示が出された。一方、中嶋院ではしかるべき施設の建設・整備が進められており、中断後はこの整備された中嶋院勘経所に一本化し、四大寺僧を動員して勘経が再開され、八月二十五日には始動し、天平宝字二年末まで続いた。

善光朱印経は、法華寺の寺主、善光尼が朱印を捺した一切経である（写真47）。山下有美氏は、法華寺を総国分尼寺として見立てるために準備したもので、勘経を済ませた五月一日経を底本としていたとし、宮﨑健司氏[66]は『続紀』天平勝宝六年十一月戊辰（八）条において、聖武太上天皇と光明皇太后の病気平癒・安寧祈願のために、光明子ゆかりの五月一日経を本経として書写されたとする。天平宝字四年末に終了しており、天平勝宝七歳後半から天平宝字二年後半を除いて、実質四年間継続された。両事業は結合したかたちで、東大寺写経所でまず新旧華厳経と大般若経の勘経・写経を先行させ法華寺に安置し、一切経は嶋院で貫徹された。

天平勝宝五・六年の六十華厳経三部の書写については、佐々田悠氏[67]の論文がある。この写経事業は、能筆な経師三人、三嶋宗万呂・辛浄足《からのきよたり》・大原魚次《おおはらのうおすき》に一部ずつ分担させ、時間をかけて書写させており、料紙も装飾を凝らしている。同四年に造東大寺司写経所ではじめられたが、同六年二月に経師三人は法華寺外嶋院に出向し、ここで書写している。

『続紀』天平勝宝六年七月壬子（十九）条で、太皇太后藤原宮子《みやこ》が崩御する。遠藤慶太氏[68]によれば、梵網経《ぼんもうきょう》一〇〇部二〇〇巻[69]（一部二巻）と法華経一〇〇部八〇〇巻（一部八巻）は宮子崩御にともなう写経で、新旧華厳経各五部七〇〇巻（旧華厳経一部六〇巻、新華厳経一部八〇巻）は周忌斎《しゅうきさい》に向けての写経であったとし、『続紀』にはみえないものの、藤原宮子のための写経と斎会が行われたとする。

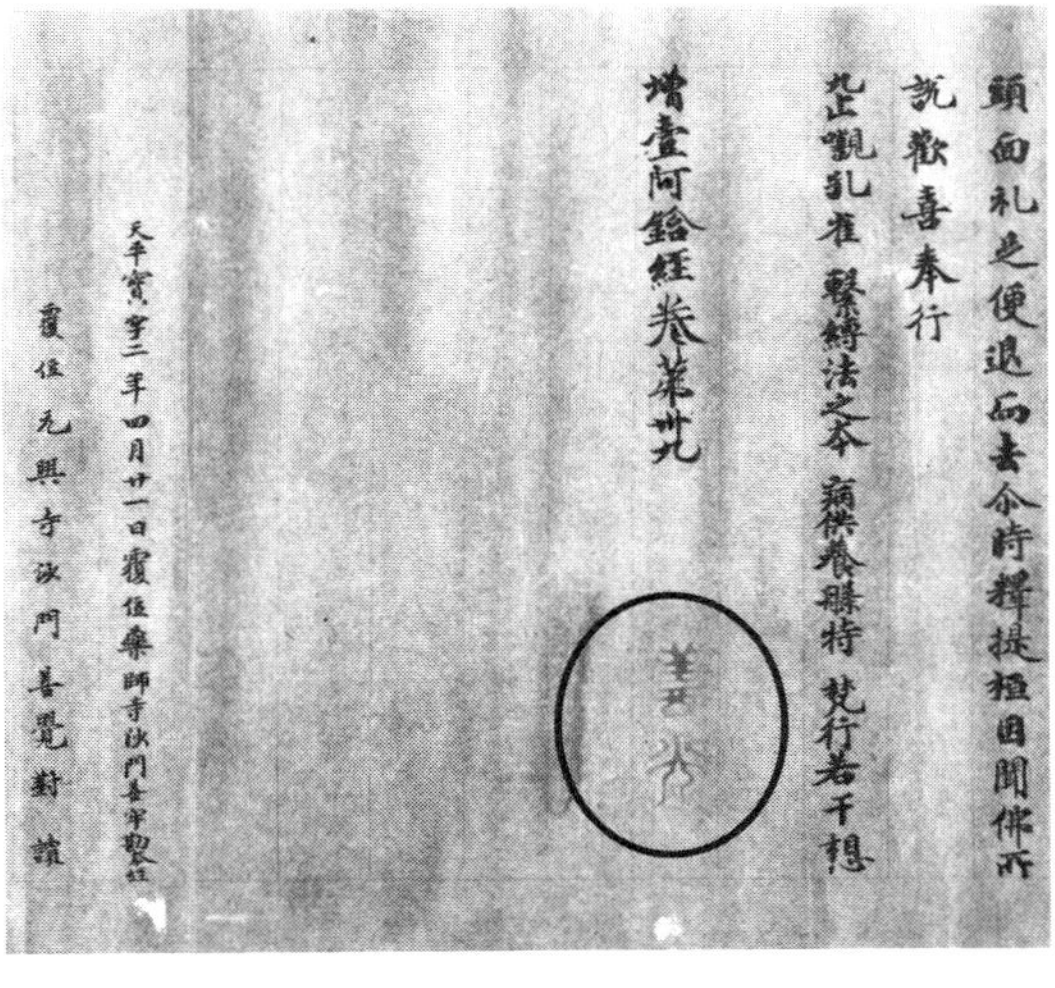

写真47　善光朱印経（増一阿含経巻第三十九）「巻卅九」の下に「善光」の朱印が捺されている。

史料

佐々田悠「正倉院文書写経機関関係文書編年目録―天平勝宝六年より天平宝字元年まで―」(『東京大学日本史学研究室紀要』八、二〇〇四年)、浅野啓介「同―天平宝字三・四年―」(『同』九、二〇〇五年)がある。山下前掲論文に五月一日経重跋と善光朱印経奥書の表がある。

外嶋院一切経散帳(十三ノ一二二～一三二)からは、外嶋院が興福寺・大安寺・元興寺・薬師寺にそれぞれ担当経典を割り当てている様子が知られる。

研究動向

勘経の具体的な経過については、山下氏前掲論文で詳細に論じられている。五月一日経の勘経や善光朱印経については、大平聡氏(70)・宮﨑健司氏(71)の研究がある。大宝積経の勘経は、山下氏の論証により現在は五月一日経の勘経の一部と捉えられている。宮﨑健司氏は、大宝積経はきわめて雑多な仏典の集成であるが、とくに授記《じゅき》の教説は死者の成仏の保障にまで拡大して考えられており、光明皇太后の仏教信仰を考えるうえで有効なこと、さらにその勘経では、本経校訂のみでなく、その内容を深く理解しようとする仏典研究に値していたことを主張する。また鷺森浩幸氏(72)・山下氏前掲論文は、法華寺に焦点をあて、嶋院・中嶋院・外嶋院の機能や、阿弥陀浄土院・西院・金堂の所在地について論じている。

三谷芳幸氏(73)は、同七歳の東大寺写経所で五月一日経を書写した形跡がなく、間写経も同年の後半に急速に減少すること、一方、それと入れ替わるように、同年嶋院での五月一日経の勘経と一切経の書写が本格的にはじまるのに伴い、大量の経師が東大寺写経所から嶋院に移動するが、この時、同七歳九月二十八日付「班田司歴名」（四ノ八一～八二）により、同時に写経所の関係者が班田使史生にも動員されていたことを指摘する。

九　天平宝字二年 御願経《ぎょがんきょう》三千六百巻・知識《ちしき》大般若経

解説

天平勝宝八歳九月に五月一日経が終了し、東大寺写経所の活動は低調になったが、天平宝字二年六月十六日に金剛般若経《こんごうはんにゃきょう》千巻（以下、千巻経）、七月四日に千手千眼経千巻・新羂索《けんじゃく》経十部二百八十巻・薬師経百二十巻（以下、千四百巻経）、八月十六日に金剛般若経千二百巻（以下、千二百巻経）の紫微内相宣が出され、三六〇〇巻に及ぶ大がかりな御願経書写が行われた。一方でこれとは別に、国家写経でありながら官人各自が紙筆墨などを自弁で奉仕的に写経する知識大般若経書写が行われていた。この知識経書写は、大般若経六百巻を一人一巻ずつ書写するものであり、各官司にまたがって合計六〇〇人に割り当てられた。

　この写経事業については、山本幸男「天平宝字二年の御願経書写」（『写経所文書の基礎的研究』吉川弘文館、二〇〇二年、初出一九九三～一九九六年）がある。まず千巻経は六月十六日宣の後、二十二日には写紙が充当され、八月十六～十七日に書写が終了する。千四百巻経は七月四日宣の二日後に予算書が作成されるが、これには訂正がみられ、紙一張あたりの行数を二～三行増やして、書写日数を短縮している。

写真48　佐伯里足の「鳥の絵」（続々修43ノ8裏第6紙）

コラム③　佐伯里足

天平宝字二年（七五八）七月から十月にかけて、写経所の案主をつとめた佐伯里足《さえきのさとたり》は、帳簿に鳥の絵（写真48）を描いて封をしていたことが複数の史料で確認されている。彼は有能な官人だったらしく、同二年十一月二十三日に迫った淳仁天皇の大嘗祭の準備のために、十月五日に藤原仲麻呂に召喚されている（四ノ三四〇）。写経所別当の安都雄足は、「公文ならびに雑物の出入りを預かっているので、すぐに参向させることはできない」と返事をしているが、「彼の物の出入りは、交替の人にさせなさい」といわれ、結局、佐伯里足は写経所から去っている。

七月五日からまず千手千眼経二十巻の書写が開始され、八日に完成、残りの一三八〇巻は八日から書写し、八月三十日にはほぼ完了した。千四百巻経は、五五日間という短期間で書写が終了し、布施は千巻経とともに九月十一〜十二日にまとめて支給されているが、調綿・溢幡絁《いつはたのあしぎぬ》・白絁・庸綿・銭など、ありあわせのものを組み合わせて支給している。一方、千二百巻経は八月十六日に宣が出されるが、書写が開始されたのは九月十九日であり、十一月四日に書写が終了し、九日に布施が支給される。

この千二百巻写経事業では案主の交替がみられる。先の二度の写経に関わった建部広足《たけべのひろたり》が、九月二日を最後に、写経所を離れ、十三日頃から上馬養が案主になる。また十月五日に十一月二十三日に迫った淳仁天皇の大嘗祭の準備のため、佐伯里足[74]〈コラム③参照〉が招集され（四ノ三四〇）、勝屋主《すぐりのやぬし》が後任として出仕した。

知識経は、山本氏は八月十八日頃に宣が出たとするが、私見[75]では七月中と考えている。そして九月四日から十八日にかけて写経所において、義部（刑部）省・美《み》乃《のの》命婦《みょうぶ》・弁官官人割り当て分の知識経が書写されたこと、造東大寺司官人割り当て分の知識経は千二百巻経と同じ時期、すなわち九月十九日以降に書写がはじまり、十一月九日に布施が支給されたことが指摘されている。すなわち千二百巻経の書写が遅れたのは、知識経書写を優先させたためと考えられる。

天平宝字二年の写経事業は、藤原仲麻呂が造東大寺司を支配し、それによって自己の権力強化をはかったと考えられている。またこの写経事業は、この後、長く写経所別当として活躍することになる安都雄足の最初の写経事業にあたる。越前国史生として東大寺領の墾田開発に尽力していた雄足[76]は、奈良に呼び戻され、この写経事業において東大寺写経所別当に任命されるのである。

史料

天平宝字期の解《げ》移《い》牒案《ちょうあん》については、山下有美氏[77]の論文がある。

山本氏[78]によれば、御願経（千巻経・千四百巻経・千二百巻経）の書写関係史料のうち、帳簿は、さほど欠失することなくまとまって残っている。これらは写経が終わると二次利用されることなく、写経所の櫃のなかに保管されていた。これに対して天平宝字二年六月～三年七月の継文や、布施関係の文書は、同四年の奉写一切経所、同六年の造石山寺所、宝亀六年の一切経所で帳簿の料紙として背面が使用されている。一方、知識経の帳簿はほとんど残っていないが、書写依頼状の継文が造石山寺所の帳簿に背面を使用されている。

　御願経（千巻経・千四百巻経・千二百巻経）・知識大般若経ともに、山本氏前掲論文において、帳簿の接続や内容が詳細に検討されている。またそれぞれの書写期間や進捗状況、写経生の構成や財政についても詳しい。

　知識経書写において、大般若経が割り当てられたものの、自身で書写することができず、写経所に依頼する書状が多く残っている。また造東大寺司の官人たちが、写経所に依頼する場合は、同二年八月二十八日付「造東大寺司解」（四ノ二九七〜三九八、二九三〜二九六）で一巻につき、銭三〇〇文か銭二五〇文・紙二〇張を支払っていることが確認できる（写真49）。

研究動向

　当年に突然、三六〇〇巻の大規模な写経事業が実施されるが、山本氏によればはじめから計画されていたのは、千巻経と千二百巻経の金《こん》剛《ごう》般《はん》若《にゃ》経《きょう》書写であり(79)、『続紀』天平宝字二年七月甲戌（四）条にみられる光明皇太后の不予によって、病苦を癒やすのに最も効果的と認識されていた新来の経典の書写、すなわち千四百巻経の書写が、急遽加

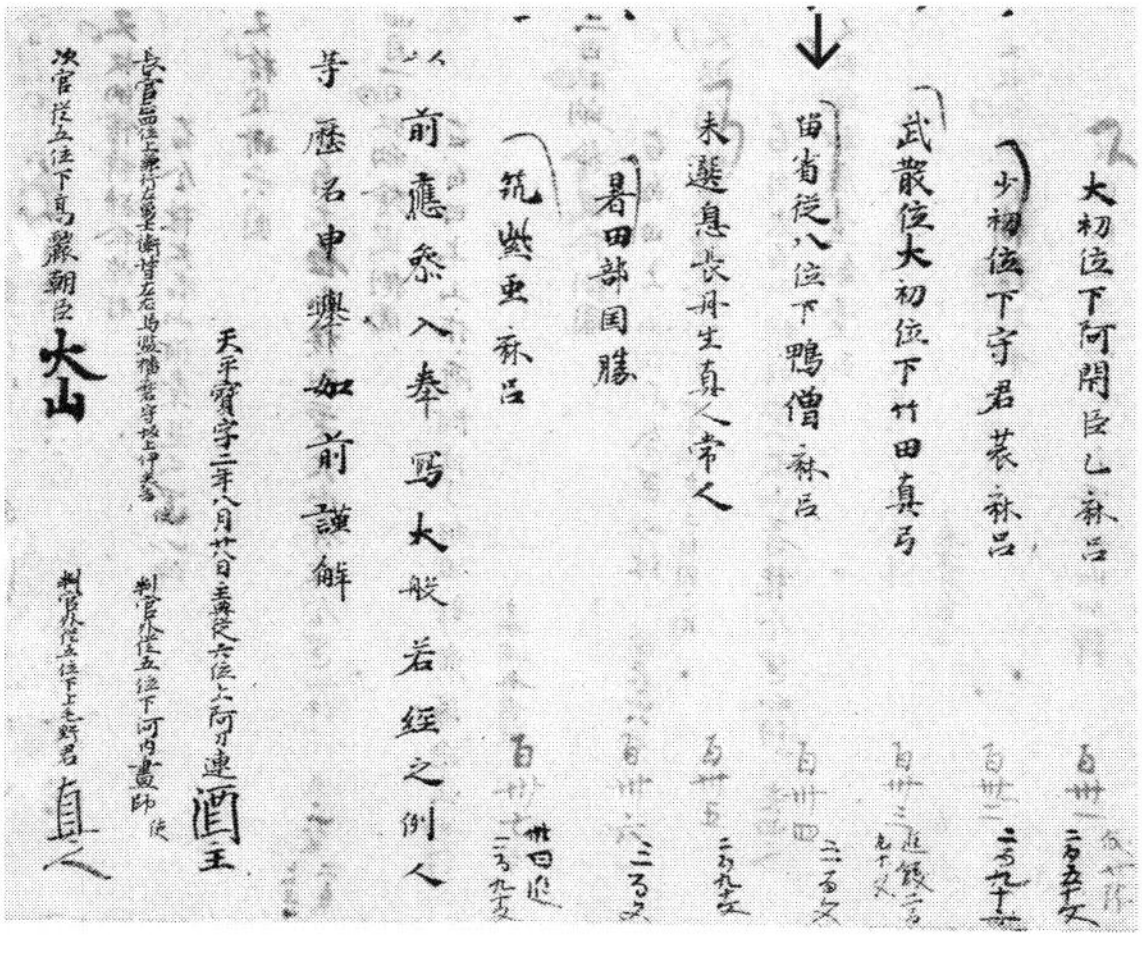

写真49　天平宝字２年８月28日付「造東大寺司解」（続修別集47ノ８第９紙）
たとえば鴨僧麻呂は大般若経「百三十四」巻を割り当てられたが、「三百文」を支払って写経所に書写を依頼している。

わったとする。千四百巻経は「転読悔過《てんどくけか》」に使用されたが、その具体的な様子については、中林隆之氏[80]の論文に詳しい。このように藤原仲麻呂は光明皇太后の不予に動揺したとみえ、千四百巻経・知識経の書写を命じ、八月に淳仁天皇の即位を実現させ（『続紀』同年八月庚子朔条）、自身も紫微内相から大保（右大臣）に遷り（『続紀』同年八月甲子〈二十五〉条）、軸足を太政官に遷している。

経師の構成において注目されるのは、千四百巻経の場合、乾政（太政）官や文部（式部）・義部（刑部）・仁部（民部）・節部（大蔵）・武部（兵部）・礼部（治部）の各省と糺政（弾正）台、左京職からそれぞれ史生が一〜二人、内史局（図書寮）からも書生が一人参加していることである。山本氏は、いわば国家的な写経体制が演出されていたとするが、私見[81]ではこれからはじまる知識経書写を念頭において、意図的に多くの官司から下級官人を呼び寄せ、彼らをそれぞれの官司において知識経書写を主導できるような人材に育てようとする意図があったと考える。

写経所財政においては、山本幸男「天平宝字二年造東大寺司写経所の財政運用―知識経写経と写経所別当の銭運用を中心に―」（『南都仏教』五六、一九八六年）がある。宮・嶋院・紫微中台など皇后宮職（＝紫微中台・坤宮官）関係部署からの援助が目立ち、天平宝字二年段階においても、写経所が皇后宮職の強い影響下にあったことがうかがえる。一方、知識経はそれぞれ官人から徴収した銭・紙を財源としており、一巻につき三〇〇文を徴収しているが、書写した経師に支払ったのは一三〇文であった。また知識銭の残金は、なぜか嶋院に送られている。

さて大般若経を一人一巻ずつ自弁で書写するという大規模な知識経写経事業は、この時にしかみられない。そのため早くから注目されており[82]、山本氏は、知識経書写は仲麻呂政権が人心の掌握と統制をはかるために命令したとし、宮﨑健司氏(83)は、御願経が仲麻呂政権におけるブレーン的僧侶である慈訓が建議者であったのに対し、知識経は光明皇太后に信任されたが仲麻呂政権には距離をもっていた慶俊《けいしゅん》が建議者であり、両写経事業は対抗関係をもって実施されていたとする。しかし御願経と知識経の間に対抗関係は確認できず、知識経書写のため千二百巻経の書写開始を遅らせ、御願経料を知識経書写の食費に流用しているので、藤原仲麻呂は知識経書写を優先していたと考えられる(84)。

十　天平宝字三年（七五九）～四年　造金堂所解《ぞうこんどうしょげ》

解　説

当史料は『大日本古文書』において造石山寺所関係文書のなかに埋もれていたが、福山敏男「奈良時代に於ける法華寺の造営」（『日本建築史の研究』桑名文星堂、一九四三年、初出一九三三年）によって、造金堂所関係史料であることが指摘され、抽出・復元が行われた。「造金堂所解」は、天平宝字二年十一月から同四年末まで活動した造金堂所の決算報告書である。この史料で造営された金堂を、福山氏は法華寺の西南隅に存在する阿弥陀浄土院金堂とし、黒田洋子「正倉院文書の一研究―天平宝字年間の表裏関係からみた伝来の契機―」（『お茶の水史学』三六、一九九二年）では、法華寺金堂とする。風間（徳竹）亜紀子氏(85)は黒田説を補強しており、現在は法華寺金堂と考えられている。

史料

前掲の浅野氏の編年目録がある。また風間亜紀子「天平宝字年間における法華寺金堂の造営―作金堂所解の検討を中心に―」（『正倉院文書研究』九、二〇〇三年）で関係史料が詳しく検討されている。

「造金堂所解」は決算報告書にあたるが、裏面を石山寺造営事業の決算報告である秋季告朔に二次利用されており、その二次利用面の巻頭にあたる部分、すなわち「造金堂所解」の側からすれば後半部分に近づけば近づくほど傷みが激しい。

研究動向

「造金堂所解」からは、さまざまな人物が費用を寄進していることが知られるが、法華寺と坤宮官《こんぐうかん》（紫微中台から改称）が主要な出資主体であった。吉田孝氏[86]は、これら絁・糸・綿などが「丹波宅」で売却されていることに注目し、造東大寺司木工所の財務担当者である丹波広成《たんばのひろなり》の宅が、売却を請け負っていたと主張する。また黒田氏前掲論文では、天平宝字三年には光明皇太后の仏教事業の意向が「金堂」造営に向けられ、造東大寺司写経所の任務の遂行もそちらに向けられたので、同三年の写経所文書が見出せないとする。

風間氏前掲論文では、造金堂所は天平勝宝九歳半ば～延暦元年まで存在した造法華寺司の下部組織であり、別当安都雄足を頂点に、案主下道主と丸子人主《まろこのひとぬし》は、それぞれ造営工事担当と事務担当を担っていたとし、この造営事業は邸宅のあった土地に伽藍を整備するというものだったので、「邸宅の取り壊し→更地化→居住施設（西院）造営→金堂造営」という作業であったとする。

十一　天平宝字四年（七六〇）～五年
坤官《こんかん》一切経・周忌斎《しゅうきさい》一切経

解説

この写経事業については、山本幸男「天平宝字四年～五年の一切経書写」（『写経所文書の基礎的研究』吉川弘文館、二〇〇二年、初出一九八八年）がある。

天平宝字四年二月十日の大師宣によって一切経三四三三巻の坤官一切経[87]の書写が命じられたが、これは栄原永遠男氏[88]によれば、『続紀』同四年正月辛卯（二九）条で没した藤原北夫人（房前《ふささき》の娘）のために光明皇太后が発願したもので、書写は閏四月はじめに開始された。山下有美氏[89]によれば、これは経律のみの一切経で、テキストは五月一日経であった。しかし『続紀』同年六月乙丑（七）条で光明皇太后が崩御し[90]、その日のうちに七七斎に供するための称讃浄土経《しょうさんじょうどきょう》一八〇〇巻の書写が命じられ（十四ノ四〇九～四一〇）、六月十一日頃書写がはじめられ、早くも七月十一日には布施申請文が作成された。そして坤官一切経は七月中旬には、七六〇巻という予定の五分の一程度の巻数で打ち切りが決定された。さらに新たに光明皇太后の周忌斎のための一切経、周忌斎一切経が立案・実施される。山下有美「五月一日経における別生・偽疑・録外経の書写について」（『市大日本史』三、二〇〇〇年）によれば、これは当初は五二七一巻の予定で、経律論集伝部とそれぞれ別生・偽経・録外を含み、五月一日経をテキストとしていた。その準備は七月二十六日の七七斎が終わったあとに本格化し、八月三日から八日の間に装潢・書写作業が開始された。翌五年三月五日に五三三〇巻の書写が完了する。五三三〇巻になったのは、山下氏によれば、五月一日経をモデルとしつつ、途中で『開元釈経録』にしたがい、所属分野の再検討や欠本補充を行ったためとする。この間、三日間の正月休暇が設けられていたこと、正月後半から目標巻数の変更がくり返され、また二月下旬には米不足が深刻となっていたことなどが、山本氏前掲論文で指摘されている。

史料

天平宝字四年は前掲の浅野氏の編年目録、同五年は稲田奈津子「正倉院文書写経機関関係文書編年目録―天平宝字五年―」(『東京大学日本史研究室紀要』一〇、二〇〇六年)がある。また山本氏前掲論文において、史料の接続が検討され、整理されている。山本氏によると同四年正月から閏四月の小規模な雑経の諸注文は比較的良く残っているが、坤官一切経七六〇巻書写、称讃浄土経一八〇〇巻書写の帳簿は全く認められず、周忌斎一切経五三三〇巻書写の帳簿は、雑物収納帳と雑物下充帳の二点しか残っていない。御願経奉写等雑文案(91)は七三点の案文が載せられているが、八月三日以降の案文を欠いており、紙上帳・充紙帳・充筆墨帳・充本帳・校帳・手実帳といった帳簿類は全く残っていない。

山本氏(92)は周忌斎一切経の案主が、他田水主《おさだのみぬし》・小治田年足《おはりたのとしたり》・上馬養・賀茂馬養《かものうまかい》・勇山内主《いさやまのうちぬし》の五人であり、彼らが物資の出納や経師・装潢・校生らの監督とともに記帳実務も分担していたことから、結果的に帳簿や継文、種々の関係文書の分割管理を招くことになり、さらに小治田年足・賀茂馬養・勇山内主が写経所を離れたことにより、これらの文書がもち出されたとする。

称讃浄土経が書写されたことについて、宮﨑健司氏(93)はこれが浄土仏典であり、光明子の死後に往すべき極楽および阿弥陀仏の功徳を讃歎するものとして、七七斎に供するのにもっともふさわしい仏典の一つであったこと、さらに当時は玄奘《げんじょう》が法相《ほっそう》系、鳩摩羅什《くまらじゅう》が三論系とされており、慈訓の推奨により法相系の玄奘訳の称讃浄土経が採用されたとする。

周忌斎一切経は、日別に経師一四〇人・装潢一〇人・校生二〇人を動員しており、先行する坤官一切経は三〇～四〇人、称讃浄土経は六〇～七〇人となるので、山本氏は異例の規模であったとする。また山本氏は、このような異例ともいうべき写経計画が立てられたのは、祖先顕彰を高揚させて皇太后亡きあとの政界を乗り切ろうとする藤原仲麻呂の政治的な思惑があったとし、さらに同四年十月に装束司が写経所をその指揮下に組み込んで写経の主導権を掌握し、写経料供給機関も坤宮官に代わって嶋政所が登場するなど、写経の運営体制は大きく変化したとする。しかし稲田氏(94)は周忌一切経書写は一貫して装束忌日御斎《しょうぞくきじつごさい》会司《えし》（＝装束司）と坤宮官の共同事業であり、その作業は装束司の指揮のもと、東大寺写経所で行われたとし、装束忌日御斎会司は同四年九月末から十月はじめに正式に任命され、法華寺内の嶋院に拠点が置かれたとする。そして四年九月から十月にかけての変化は、装束司の拠点が嶋院に置かれるようになったため、その呼称が装束司から嶋政所・政所になったと解釈する。また風間亜紀子氏(95)は、周忌斎の会場となった阿弥陀浄土院の造営機構は『続紀』天平宝字五年六月庚申（七）条にもとづき、同四年六月七日以降に設置され、これは装束忌日御斎会司の下に造仏司官人を中心に組織され、管下に多くの工人を抱えて短期間で造営を行ったとする。

十二　天平宝字五年（七六一）～六年　造石山寺所《ぞういしやまじしょ》関係文書

解　説

造石山寺所関係文書（写真50）は、保良宮《ほらのみや》の付属寺院、あるいは鎮護の道場と呼ばれた石山寺の増築に関わる帳簿群である。この造営事業は造東大寺司管下の造石山寺所によって、一宇の檜皮葺仏堂（長五丈、広二丈）と若干の板倉・板屋を有する山間寺院に、本堂・仏堂・鐘楼兼経蔵・食堂各一宇、僧坊四宇、雑屋（温室・厨など）八宇を作り上げ、堂々たる大寺院にした。『続紀』天平宝字五年十月甲子（十三）条で、孝謙太上天皇・淳仁天皇は保良宮へ行幸するが、その翌月から石山寺の増築がはじまる。まず甲賀山作所、続いて田上山作所《たなかみさんさくしょ》を開設し、木材を伐採・加工し、これを石山寺（足庭）に運漕して、組み立てている。二月上旬に写経所が作られ、三月はじめには勢多庄《せたしょう》から移建した良弁《ろうべん》の僧房が完成した。また三月二十四日には孝謙太上天皇により鏡四面の鋳造が命じられたが、この事業は四月

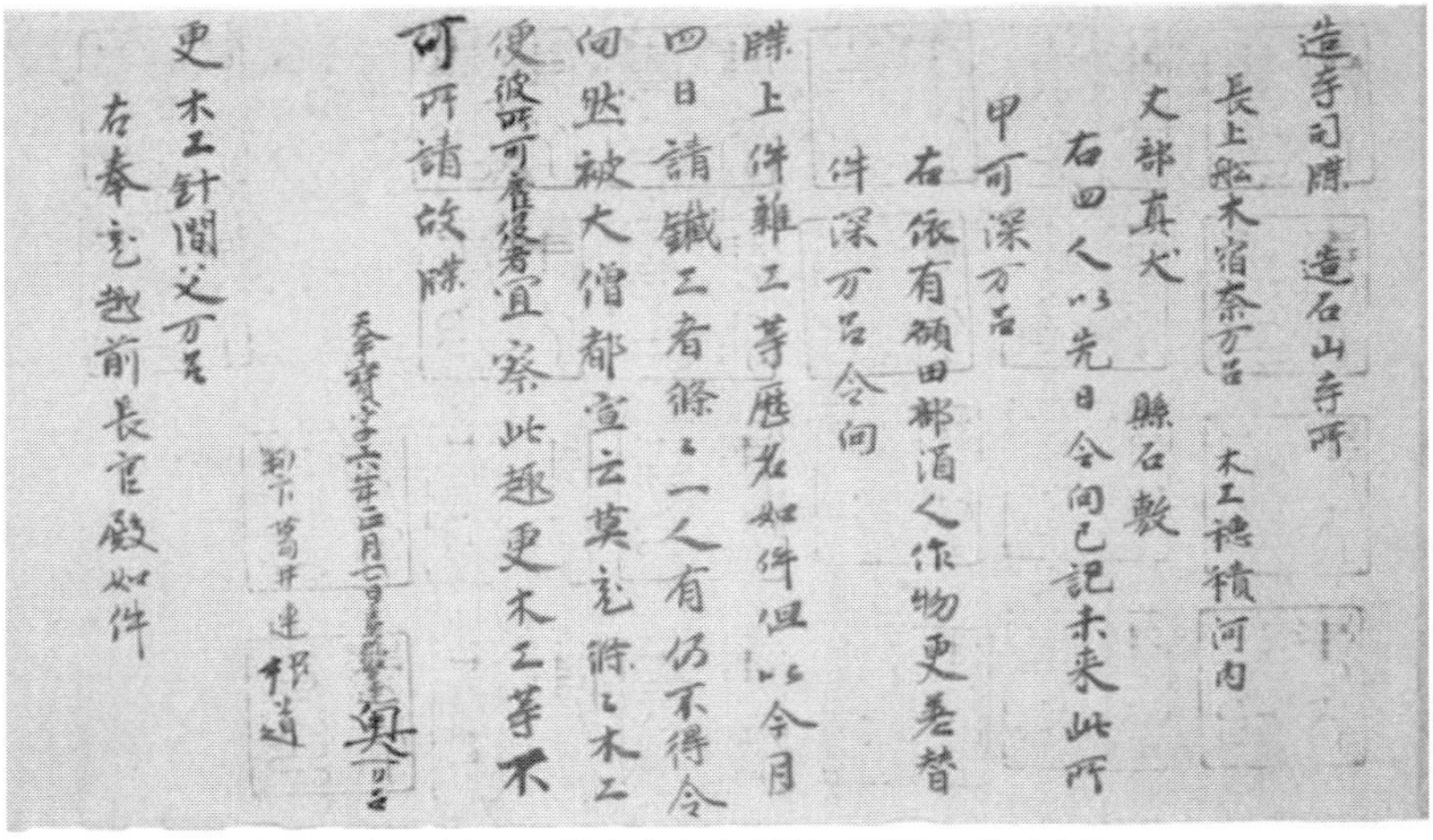
造寺司牒　造石山寺所
長上船木宿奈万呂　木工猪積河内
文部真犬　縣石敷
右四人以先日令向已訖未来此所
甲可深万呂
右依有預田都酒人作物更差替
件深万呂令向
牒上件雑工等歴名如件但以今月
四日請鐵工者篠々二人有仍不得令
向然被大僧都宣云莫[illegible]將々木工
使彼所可着[illegible]宜察此趣更木工等不
可所請故牒
天平宝字六年正月七日主典[illegible]奥[illegible]
判官葛井連根道
更木工針間文万呂
右奉[illegible]前長官殿如件

写真 50　天平宝字６年１月７日付造東大寺司牒（正集５第２紙）
造東大寺司から造石山寺所へ宛てた文書。

十日に奈良の造東大寺司管下の鋳物所に移管された。(96) さらに法備国師《ほうびこくし》から施入された三丈殿一宇と、購入した藤原真楯《またて》（八束《やつか》）(97)の旧邸、五丈殿二宇を壊運所《かいうんしょ》が信楽《しがらき》にて解体し、石山寺へ運漕している。その造営事業は、福山敏男「奈良時代に於ける石山寺の造営」（『日本建築史の研究』桑名文星堂、一九四三年）においで詳細が記されており、(98) さらに岡藤良敬氏(99)が細かく分析している。

保良宮遷都は、結局は孝謙太上天皇・淳仁《じゅんにん》天皇の不和により頓挫し、『続紀』同六年五月辛丑（二十三）条で平城京に還幸したが、石山寺の造営は続けられ、同六年七月末に完成した。その残材は、勢多から宇治へ廻漕されたが、その際には桴工《いかだこう》が雇われている。壊運所は、造東大寺司管下の所であり、三棟の建物の解体・運漕を担当したが、このうちの五丈殿の運漕中、材木の一部が夜須湖において流失したため、その支払いをめぐって造石山寺所ともめ、翌七年三月に埋め合わせ分を差し引いた支払額が決定されている。(100)

一方、造営事業の他に天平宝字六年二月から十二月まで、石山寺のための大般若経一部六〇〇巻が書写されていた。写経所の経堂や経師房は造石山寺所によって作られ、写経事業は、大般若経一部六〇〇巻と理趣経《りしゅきょう》二巻の書写が六年二月十一日からはじまり、途中、四月二十日前後で一旦中断され、この期間には観世音経一〇〇巻を書写している。そして八月五日に再開し十二月はじめに終了している。この石山寺写経所も造東大寺司の管下にあり、その別当は、造石山寺所別当・東大寺写経所別当を兼任する安都雄足で、山下有美氏(101)はこの間は、東大寺写経所が石山寺写経所に移動していたと捉える。

史料

天平宝字五年は前掲の稲田氏の編年目録がある。同六年は、矢越葉子「正倉院文書写経機関関係文書編年目録—天平宝字六年—」(『東京大学日本史研究室紀要』一一、二〇〇七年)がある。首部の冒頭部分の破損がはなはだしいが、造石山寺所が造東大寺司に造営事業を報告した秋季告朔《しゅうきこうさく》(天平宝字六年閏十二月二十九日付造石山院所解案)[102]が残っており、ここから石山寺造営事業の全容を知ることができる。また造石山寺所の二月告朔(同六年三月七日付造石山寺所告朔解案、五ノ一三七〜一三九)、春季告朔(同六年三月三十日付造石山寺所告朔解案、五ノ一六三〜一八七)のほか、木材の伐採・加工の現場となっていた山作所が造石山寺所に提出した作業報告も残っている。

造石山寺所では銭用帳[103]・雑物収納帳(四ノ五三七〜五三九)・雑物用帳(十五ノ三一四〜三四二)・食物用帳[104]のほか、雑材幷檜皮和炭納帳(十五ノ二六〇〜二八九)・雑材幷檜皮及和炭用帳(十五ノ三六五〜三七四)・鉄充幷作上帳(十五ノ二九二〜三〇六)・雑様手実帳(十五ノ三五七〜三六四、五ノ二二〇、二三九〜二四〇、二六一、五ノ二六二〜二六五)・蓄貯継文[105]など多様な帳簿が作られており、建築史、財政史、社会・経済史など多方面から検討されている。

帳簿の接続については福山氏前掲論文、岡藤良敬『日本古代造営史料の復原研究』(法政大学出版局、一九八五年)を参照されたい。また解移牒符案《げいちょうふあん》[106]は二一二通に及び、官司間における文書の具体的なやりとりを追究することができる。[107]

造石山寺所の帳簿がまとまって残っているのは、案主を勤めていた下道主が同六年十二月から造東大寺司の写経所で写経の実務を担当することになり、造石山寺所の残務整理も並行して進めていた関係で、写

コラム④　上馬養と下道主

下級官人のなかで、最も長くその名がみえるのは上馬養《かみのうまかい》（上馬甘とも記す）で、彼が実質的に写経所文書を残したのではないかと考えられている。河内国大県郡の人で、天平十九年（七四七）に最初は校生としてみえ（九ノ六二〇～六二三）、天平宝字元年（七五七）閏八月には案主《あんず》となり、石山寺造営事業において東大寺写経所が石山寺写経所へ移った時も、その案主を勤めている。安都雄足の下で手となり、足となって働いていたにもかかわらず、藤原仲麻呂の乱による政治的影響は一切受けず、その後も宝亀七年まで登場し、位階も正六位上まで昇っている。

一方、同じく河内国大県郡人である下道主《しものみちぬし》は、天平十五年（七四三）に校生としてみえ（八ノ二〇〇）、同二十年は無位で皇后宮職舎人とある（十ノ三三八）。天平宝字三年（七五九）の法華寺金堂造営では、安都雄足のもとで領をつとめ、雄足と個人的なつながりをもったようである。同五～六年の造石山寺所においては、雄足は先に下道主を呼び寄せ、その後、造東大寺司に異動を申請している（十五ノ一三九～一四〇）。当初、造東大寺司は「道主は造東大寺司の所属になっているが、現在本人の所在が明らかではなく、配属を決裁することができない」と回答したが（五ノ六八～六九、八四）、結局は造石山寺所の領・案主として活動している。上馬養が写経事業を専門としていたのに対し、下道主は造営事業を担当していた。彼も仲麻呂の乱の影響は受けず、延暦六年（七八七）六月には正六位上、少判官まで出世している（『平安遺文』四二八五）。このように案主や領は実務官人であり、政争の影響を受けることはなかったのである。

経所にこれらの文書をもち込んだためと考えられる[108]。

一方、石山寺写経所の帳簿として残っているものは少なく、充本経帳（五ノ一〇七～一一〇、五ノ四五七～四五八）、米売価銭用帳（五ノ二六六～二七〇）、食物用帳〈食物下帳[109]〉くらいしかない。

研究動向

造東大寺司主典である安都雄足が、造石山寺所・石山寺写経所などの別当を兼任し、下道主・上馬養〈コラム④参照〉が造石山寺所・石山寺写経所の案主を務めている。さらに松原弘宣氏[110]は甲賀山作所や田上山作所では、造石山寺所が領を派遣し、造石山寺所別当の安都雄足の指示で動いていることを指摘している。また人事は、鷺森浩幸氏(111)により造石山寺所の別当である安都雄足が決定し、造東大寺司政所はそれを追認していたことなどが指摘されている。さらに造石山寺所の木工・司工・雇工・雑工（檜皮葺工・土工・鉄工・仏工・画師・押金薄工・漆工・櫃工）・仕丁・雇夫などの労働力編成については、福山氏のほか、浅香年木氏(112)・岡藤氏(113)などの詳細な研究がある。とくに桴工《いかだこう》については、「懸文」による請け負いであったことや、一部木材が流失したため、その賠償をさせられたことが知られる。

さらにこの造営事業においては、良弁が積極的に関与していたことが、鷺森浩幸「奈良時代における寺院造営と僧─東大寺・石山寺造営を中心に─」（『ヒストリア』一二一、一九八八年）など(114)で指摘されており、また壊運所は近江国夜須《やす》郡の林寺の僧らによって運営されていた(115)。

吉田孝氏(116)は造石山寺所の財政が逼迫し、石山寺写経所や石山寺、安都雄足などから財政支援を受けていたことを指摘した。さらに造東大寺司は造石山寺所からの度重なる物資下充の要求に堪えられず、三月十六日に未進のままになっていた近江国愛智《えち》郡の天平宝字四年の封租米の徴収権を与えたが、早速、造石山寺所が徴収しようとすると、すでにその一部は造東大寺司史生の麻柄全麻呂《まがらのまたまろ》が運び去るという事件があった(117)。そしてこの愛智郡の封租米は石山寺造営事業が終了し、同六年八月に造石山寺所が実質的に停廃した後は石山寺写経所、石山寺写経所が停廃した後は、造東大寺司に閏十二月から納入されるのであり、翌七年六月十五日まで納入された(118)。

官司運営において、吉田氏は安都雄足〈コラム⑤参照〉が石山寺写経所の別当として、春高秋低という米価の変動を利用し、写経所に下充された米を春に売却し、秋の収穫期に購入していたことを明らかにし

コラム⑤　安都雄足

写経所文書からは、権力者ばかりではなく、名もない下級官人の活動もたどることができる。とくに興味深いのは、安都雄足《あとのおたり》（阿刀小足、男足とも記す）である。彼は正史『続日本紀』には全く名前がみえないにもかかわらず、写経所文書には頻出する。まず天平二十年（七四八）に造東大寺司の舎人としてあらわれ（十ノ二七七）、天平勝宝六年（七五四）閏十月から天平宝字二年（七五八）一月までは越前国史生として任地に赴き、東大寺の荘園を管理している。そして藤原仲麻呂の右腕として、正八位上という低い位階でありながら、造東大寺司主典となり、天平宝字二年から同七年までは写経所の別当として活躍し、造石山寺所や東塔所などの別当も兼任していた。それらの「所」において広大な権限を有し、また同時に公務に便乗して私財を蓄えていた。

たとえば天平宝字六年正月二十七日付の高嶋山作所解（五ノ七二～七三）により、榑《くれ》二〇材が高嶋山から主典宅、すなわち造東大寺司主典である雄足宅に収納されていることがわかるが、造石山寺所の銭用帳九月十九日条には「自二石山津一於二泉津一漕二主典私材二百五十一物一」とあり（十五ノ四四五）、造石山寺所の残材とともに、何故か雄足の材木が石山津から泉津まで運ばれている。すなわち雄足は公務に便乗して、材木を高嶋山から泉津まで運ばせているのであり、ここで売却していたと考えられる。高嶋山と泉津における材木の価格差は一対四であり、雄足が材木売買によって利益を得ていたことが知られる。さらに雄足は、造東大寺司の権威を背景に、越前や近江で私田経営や私出挙活動を行っていた。

このように華々しく活躍していた安都雄足も、同八年一月を最後に正倉院文書から名前がみえなくなる（五ノ四六七）。同年九月十一日には仲麻呂の乱が勃発しているので、雄足も運命をともにしたのではないかと考えられている。

た。また造石山寺所の別当として、高嶋山《たかしまやま》にて廉価で購入した材木を泉津《いづみつ》まで運搬して高値で売却するという方法でも利潤を得ており、これで東塔所《とうとうしょ》造営の費用を賄うとともに、自身の材木も一緒に売買することで私財を増殖していたことを指摘している。[119] さらに安都雄足が造石山寺所の立て替えで石山に近い田上の田を買い、岡田や越前国足羽《あすわ》郡の田を経営する[120]など諸国に私田を経営していたことも指摘されている。

十三　天平宝字六年（七六二）～七年
十二灌頂経・二部大般若経・仁王経疏《そ》

解説

十二灌頂経一四四巻（一部一二巻）の写経事業は、天平宝字六年十一月二十一日の法勤尼の宣によって書写が命じられた。そして十二月はじめ、石山寺写経所における大般若経一部六〇〇巻の書写が終了し、奈良に戻ると同月十一日に十二灌頂経の書写が開始され、同月十六日の少僧都慈訓の宣により、二部大般若経一二〇〇巻の書写がはじめられた。さらに十二月二十日と閏十二月七日の弓削禅師（道鏡）の宣により仁王経疏の書写もはじめられた。十二灌頂経は、閏十二月二十一日に終了し、仁王経疏は、それぞれ閏十二月十一日と七年正月十五日以前に終了した。そして二部大般若経写経事業は、翌七年四月に終息した。

同六年五月、平城に還都した際に孝謙太上天皇と淳仁天皇との対立が表面化し、『続紀』同六年六月庚戌（三）条で、孝謙太上天皇が皇権の主要部分の掌握を宣言した。そのなかにあって栄原永遠男「奉写大般若経所の写経事業と財政」（『奈良時代写経史研究』塙書房、二〇〇三年、初出、一九八〇年）は、二部大般若経が藤原仲麻呂の主唱するもので、併行して行われた十二灌頂経と仁王経疏は孝謙太上天皇・道鏡の主唱するものであったとし、山下有美氏[121]は、これは孝謙太上天皇らが内裏側の写経機構を拠点としながらも、仲麻呂の支配下にある東大寺写経所への干渉の意味が込められていたとする。

この二部大般若経写経事業は安都雄足の、写経所別当としての最後の写経事業にあたる。

史料

天平宝字六年は、前掲の矢越氏の編年目録がある。同七年は山本祥隆「正倉院文書写経機関関係文書編年目録―天平宝字七年―」（『東京大学日本史研究室紀要』一六、二〇一二年）がある。同六年から八年の写経所文書の詳細とその残存状況については、山本幸男「天平宝字六年～八年の御願経書写」、同「写経所文書群が語るもの」（『写経所文書の基礎的研究』吉川弘文館、二〇〇二年）を参照されたい。

十二灌頂経の用度文（予算書[122]）は、追筆で物資の請求先や納入日が記載されている。ここから内裏を中心とする複数の機関から現物が供給されている様子が知られる。

二部大般若経写経事業の奉写二部大般若経料雑物納帳（十六ノ七一～七三）は、『大日本古文書』では、第二・三紙が未収である。山本氏前掲論文にはその全文が載せられている。売料綿《ばいりょうめん》下《か》帳《ちょう》（十六ノ七四～七八、十五ノ二九二）や売料綿《ばいりょうめん》幷《ならびに》用度《ようど》銭《せん》下《か》帳《ちょう》（十六ノ七八～八七）は、珍しい帳簿であり、調綿をいつ誰に下充し、彼らがいくらで売却したのか、その詳細が記されている。また飯高息足《いいだかのおきたり》状（十六ノ三四〇～三四一）は、吉田孝氏[123]が指摘したように「屯別六五文で売却するようにとのことでしたが、畿外に人を遣わして交易させたところ、使いが能なしだったため、屯別六〇文以下で売却してしまいました。ですから屯別六五文という責任額をせめて六〇文に下げていただきたい」と申し出ており、下級官人たちが苦労して調綿を売却している様子が知られる。また雑物納帳（五ノ三〇〇〜三〇六、十六ノ一二一〜一二九）の旧帳として売料綿下帳、銭用帳（十六ノ九一〜一〇四）の旧帳として売料綿幷用度銭下帳・雇人功給《こじんこうきゅう》歴名帳《れきみょうちょう》（十六ノ一七八〜一八五）などがあり、旧帳にあたる帳簿は、写経所の財政の実態を比較的よくあらわしている。[124] 二部大般若経の出納関係の帳簿は、七年正月以降のものが欠失しているが、山本氏[125]は、同年六月頃に写経所を離れる下道主によって持ち出されたためとする。

研究動向

二部大般若経写経事業の財政は、節部（大蔵）省から大量の調綿が下充され、これを写経所の官人が各々交易して得た銭によって必要物資が購入されるという、その特異なあり方が注目されてきた。[126] これは古代国家の現物給与の原則、すなわち吉田孝氏[127]が述べるように、紙・筆・墨などは図書寮から、布・絁・綿などは大蔵省から、米は民部省から、塩・醤などは大膳職から、それぞれ現物で支給されるという原則に反するものであり、当時の流通経済に依存した財政とされた。

また二部大般若経写経事業の帳簿からは、天平宝字六年末から米価が高騰していることがうかがえ、早くから喜田新六氏や角山幸洋氏などによって指摘された。[128] その原因は、同五〜八年にかけての深刻な不作と、『続紀』同四年三月丁丑（十六）条で和同開珎の一〇倍の法定価格で発行された万年通宝《まんねんつうほう》にあると考えられている。[129] そして栄原永遠男氏[130]は、写経所が必要物資を前もって購入しておいた形跡がないことから、当時の流通経済における写経所財政の強さを指摘したが、私見[131]では米価高騰になすすべなく、なし崩し的に物資を購入していたと考える。そしてこの米価高騰により、米を購入で賄っていた二部大般若経写経事業の経費が膨らみ、安都雄足の失脚に繋がったと思われる。[132]

十四　天平宝字八年（七六四）一部大般若経

解説

天平宝字七年三月～十二月には一一件の写経事業が行われている。山本幸男「天平宝字六年～八年の御願経書写」（『写経所文書の基礎的研究』吉川弘文館、二〇〇二年）によると、二月下旬に写経所の実務体制が変化したらしく、これ以降の新規の写経事業は上馬養が一人で担当しており、また造東大寺司判官の葛井《ふじいの》根《ね》道《みち》〈コラム⑥参照〉が写経所に関与するようになる。三月十日宣による最勝王経十一部一一〇巻・宝星《ほうしょう》陀羅《だら》尼《に》経《きょう》一部一〇巻・七仏所説神咒経《しちぶつしょせつじんしゅきょう》三部一二巻・金剛般若経六〇〇巻（七百巻経）書写において

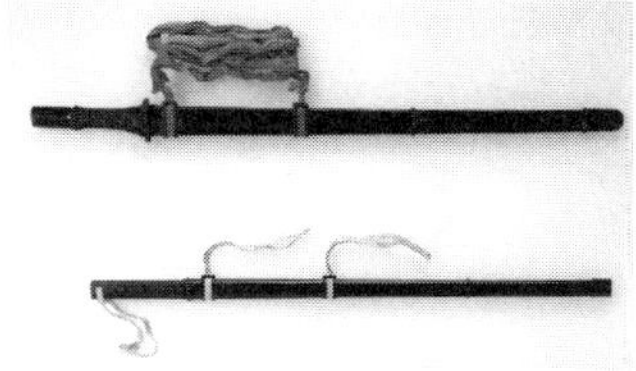

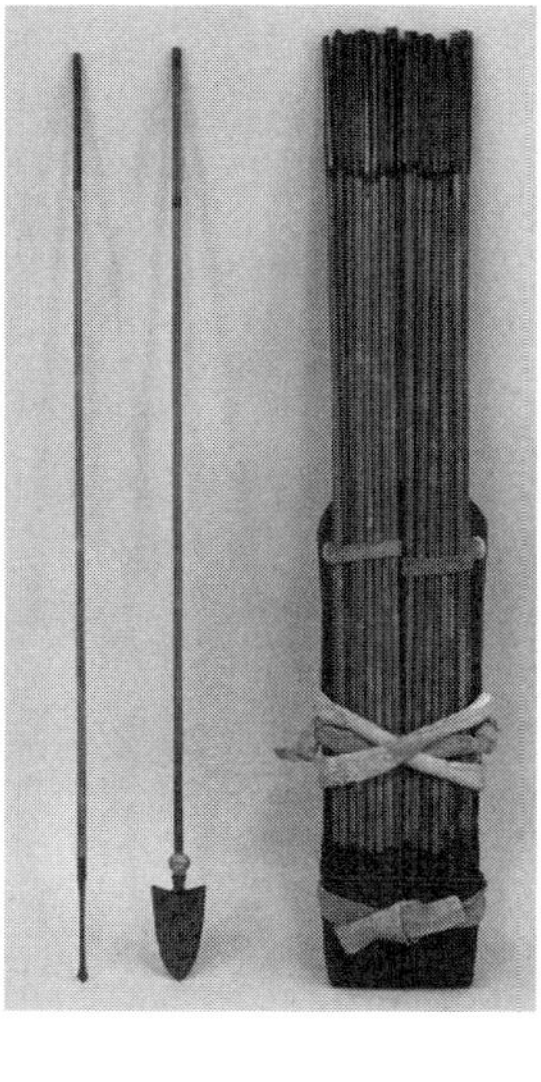

写真 51 上　黒作大刀　第 13 号
写真 52 下　赤漆葛胡籙　第 19 号

は、葛井根道が監督することになり、六月からは安都雄足に代わり写経所別当となった。そして同二年から写経所別当として活躍した安都雄足は、同八年一月四日を最後に正倉院文書から姿を消すが（五ノ四六七）、後任の葛井根道も『続紀』同七年十二月丁酉（二十九）条で流罪に処せられている。

コラム⑥　葛井根道と美努奥麻呂

安都雄足から天平宝字七年（七六三）六月に写経所別当を引き継いだのは、葛井根道《ふじいのねみち》である。彼は天平勝宝初年から造東大寺司主典としてあらわれ、天平宝字五年（七六一）十二月以降には判官となり、同六年に木工所・造瓦所（五ノ一二六、一二七）、同七年に造上山寺菩薩所の別当を務めていた（五ノ三七五）。正六位上まで昇進したが、同七年十二月二十九日に酒席での話が忌みはばかられることに及んだという罪で隠岐に流されている（『続紀』同七年十二月丁酉〈二十九日〉条）。当時は藤原仲麻呂派と孝謙天皇・道鏡派が対抗しており、何らかの陰謀に巻き込まれたと思われる。そして同八年八月からは、天平勝宝初年から約十四年間ずっと主典の地位にとまり、仲麻呂の乱後に外従五位下を授けられた美努奥麻呂《みぬのおくまろ》が写経所別当となっている。彼は大判官となり、宝亀二年三月まで別当を勧めた。

同八年七月末から十二月末にかけて一部大般若経六〇〇巻が書写される。この写経事業は、栄原永遠男「御願大般若経の写経事業」（『奈良時代写経史研究』塙書房、二〇〇三年、初出一九八九年）に詳しい。七月二十八日の道鏡の宣により開始されたが、その際には写経施設の改修が行われ、同八年八月からは造東大寺司判官の美努奥麻呂《みぬのおくまろ》が、一部大般若経書写を監督するようになる。

九月十一日に勃発した藤原仲麻呂の乱に際しては（『続紀』同八年九月乙巳〈十一〉条）、造東大寺司や東大寺は孝謙（太上天皇）・道鏡側に協力した。すなわち九月十一日に正倉院から大刀《たち》四八口・黒作大刀《くろづくりのたち》四〇口（写真51）・弓一〇三枝・甲《よろい》一〇〇領・靫《ゆぎ》三具・背琴漆靫《うるしゆぎ》一具・胡簶《ころく》九六具（写真52）・が法師安《あん》寛《かん》の宣により内裏に献上された。(133) 経師のうち春日根継《かすがのねつぐ》が仲麻呂と行動をともにしたらしいが、他の人々はその後も勤務を続けた。写経所では十一日の夜から十二日にかけて業務が停止し、勤務者の約三割が造東大寺司の防衛に動員されたが、十三日からはほぼ平常の業務に服した。そして九月十八日に琵琶湖畔にて藤原仲麻呂は斬首されるのである（『続紀』同八年九月壬子〈十八〉条）。

一部大般若経は、十二月十三〜十四日までに書写作業がほぼ終了し、校正・成巻作業を経て年末ぎりぎりに完成する。また山本氏は、内裏から供給された経紙のなかに不適格な紙が混じっていたために大量の破が生じたと指摘している。写経の残務整理は、翌天平神護元年三月末には終了し、その後写経所は休業状態となる。

史料

山本氏や栄原氏の前掲論文がある。天平宝字八年十一月二十九日付「経所解」（五ノ五〇五〜五〇七）は浄衣の返上を記録しているが、経師春日根継《かすがのねつぐ》について「以二去九月十一日夜一逃亡」と記されており、彼が仲麻呂側に加わったことがわかる。また『続紀』天平神護元年正月己亥（七）条で、仲麻呂の乱鎮圧に協力したことで位一階を与えられることになるが、「御願大般若経経師等上日幷行事案帳」（十七ノ一〜七）により造東大寺司が十六人の叙位を申請していることがうかがえる。

一部大般若経写経事業の用度文（予算書）である同八年七月二十九日付「造東大寺司解案」（十六ノ五〇五〜五一四）などにより、天平宝字六年末の米価高騰に続き、同八年にも米価とともに他の物価も高騰したことがうかがえ、仲麻呂の乱との因果関係が指摘されている[134]。

研究動向

仲麻呂〈コラム⑦参照〉の乱との関連などは栄原氏論文に詳しい。山本氏は七年から八年にかけての写経事業の進捗状況・写経体制・写経財政について詳しく分析している。

また山本幸男氏[135]は、天平宝字六年十二月から天平神護三年七月にかけて御執経所が、経典奉請のために造東大寺司に宛てた請経文もしくは移・牒、五十三点を検討し、孝謙太上天皇と道鏡の仏事行為を考察している。

この天平宝字八年には東大寺伽藍内において、三月二日から十五日の上山寺、三月十七日から四月八日の吉祥堂で悔過《けか》が行われたことが知られるが、その意義については中林隆之氏[136]が論じている。

十五　神護景雲四年（七七〇）～宝亀七年（七七六）先一部《せんいちぶ》・始二部《しにぶ》・甲部《こうぶ》・更二部《こうにぶ》（更一部・今更一部《こんこういちぶ》）一切経

解　説

宝亀年間の一切経写経事業は、東大寺写経所の最後の写経事業であり、神護景雲四年五月から宝亀七年六月まで行われた。この写経事業は大きくわけて先一部四五八五巻・始二部九二一八巻（うち三七二三巻は、一切経司〈＝西大寺写経所〉にて書写済み）・更二部（更一部・今更一部）九二一八巻からなるが、甲部一切経五三巻も書写されている。それぞれの書写巻数や作業期間を明らかにしたのは、栄原永遠男

コラム⑦　藤原仲麻呂と道鏡

悲劇の宰相である藤原仲麻呂も、また敵対した道鏡の筆跡も、正倉院文書でみることができる（写真53・54）。素人目でみると、仲麻呂は堂々としており、道鏡は線が細く鋭い。河内国若江郡弓削《ゆげ》郷の豪族弓削氏出身の道鏡がどのように孝謙太上天皇に近づいたのか不明であったが、写経所文書には、天平十九年（七四七）に良弁《ろうべん》の使者として「沙弥道鏡」の名前がみえる（二十四ノ一八一）。ここから彼が仏教界の権力者であった良弁に仕え、これが出世の足がかりになったと推察される。

一方藤原仲麻呂は、武智麻呂の次男として生まれながら、叔母の光明皇后にその才覚を見出され、紫微中台の長官に登用され、兄豊成と対等な発言力をもつに至った。さらに橘奈良麻呂の変で政敵を排除するとともに豊成をも左遷し、天平宝字二年（七五八）八月に淳仁天皇を即位させ、正一位太政大臣にまで昇りつめた。しかし光明皇太后の没後、孝謙太上天皇は道鏡を重用するようになり、淳仁天皇との間に亀裂が生じた。そして孝謙太上天皇は保良宮から平城京の法華寺に入り、一方的に国家の大事と賞罰とを掌ることを宣言する。

天平宝字八年（七六四）九月十一日、孝謙太上天皇が淳仁天皇のもとにあった鈴印を奪おうとしたことから戦闘がはじまり（『続紀』同八年九月乙巳〈十一〉条）、劣勢となった仲麻呂は越前国に向けて敗走するが、最期は琵琶湖畔で妻子とともに斬られるのである。

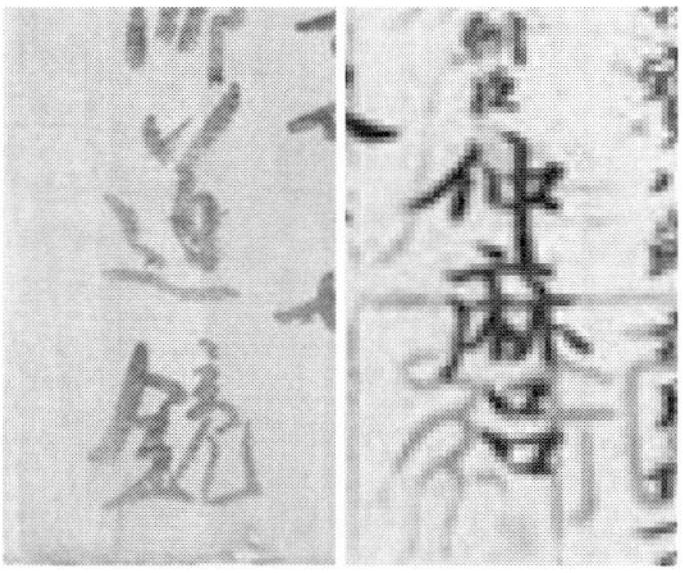

写真53右　『種々薬帳』
写真54左　正集7巻第7紙

「奉写一切経所の写経事業」（『奈良時代写経史研究』塙書房、二〇〇三年、初出一九七七年）である。現在では森明彦「奈良朝末期の奉写一切経群と東大寺実忠」（『正倉院文書研究』七、二〇〇一年）により、先一部が実忠《じっちゅう》直轄の写経事業、始二部・更二部が称徳天皇発願の十部一切経のうちの四部であると考えられている。

　東大寺写経所はもともと皇后宮職系統写経機構として発展し、内裏系統写経機構とともに国家的写経の一翼を担い、仲麻呂政権下では紫微中台の強い影響下に置かれていた。したがって藤原仲麻呂の乱により、造東大寺司と東大寺は大きな打撃を受けたと思われる。乱後の称徳天皇・道鏡政権では、東大寺・法華寺に対して西大寺《さいだいじ》・西隆寺《さいりゅうじ》が造営され、造東大寺司に対して造西大寺司《ぞうさいだいじし》が新設された。また東大寺写経所での写経事業が停止される一方で、西大寺写経所に内裏系統写経機構である一切経司が置かれ、西大寺奉納経（弥勒堂経・薬師堂経・甲部一切経）と十部一切経（始二部）の書写がはじめられた。

　このように活動を停止していた東大寺写経所であったが、実忠の先一部写経事業により再び動き出した。この先一部は、帳簿に円智《えんち》・奉栄《ほうえい》が別当として署名しているように、東大寺僧を中心に進められた。神護景雲四年五月二十日頃から装潢による準備作業がはじまり、六月中頃から経師の書写が開始され、宝亀二年九月中頃に終息した。そして『続紀』宝亀元年十月己丑朔条で即位した光仁天皇は、先一部写経事業が終息した後、一切経司（＝西大寺写経所）の停廃という政治決断を下した。そしてここで書写されていた十部一切経・西大寺奉納経は、東大寺写経所において引き継がれた。同二年十月に西大寺写経所から大量の経典が運ばれ、[137] 宝亀三年二月中旬に始二部の書写がはじまる。さらに始二部と並行して、甲部一切経の残存分の五三巻も同三年四月まで書写された。同四年六月頃から順次、更一部へ移行し、更一部は同五年五月～六月頃に書写が終了、引き続き今更一部の書写に入り、同七年六月頃に今更一部の書写が終了した。

先一部では東大寺僧とともに造東大寺司の大判官の美努奥麻呂が別当をつとめ、同三年三月から主典の葛井荒海《ふじいのあらうみ》が別当となり、同七年まで担当した。案主は引き続き上馬養が同七年まで、継続してつとめた。(138)

史料

宝亀年間の一切経書写は、東大寺写経所の最後の写経事業にあたり、宝亀七年六月に終息した後、その帳簿はしばらくいくつかの唐櫃に分納され、造東大寺司の倉庫に収められた。そしてこの倉が廃絶されるに及んで正倉院宝庫に納められたと考えられている。直近の写経事業であるため、帳簿の分量が多い。また月借銭《げっしゃくせん》解《げ》（借金申込書）のほとんどが、この写経事業のものであり、請暇《せいか》解《げ》（休暇願）(139)も多く残っている。

帳簿は先一部と始二部以降とで分けられており、これらは先一部・始二部までは記載が多いが、更二部以降はほとんど記載されなくなる。また下《か》銭并納銭帳《せんならびにのうせんちょう》は、唯一、月借銭を記載する帳簿であり、同三年九月十四日から十月二十一日（二十ノ三〇八～三一〇）と、同年十一月二十四日から三十日（二十ノ三一〇～三一二）までの記事しか存在しないものの、写経所内の財政の実態が記されている。告朔《こうさく》解案《げあん》(140)や布施申請解案、(141)そして手実《しゅじつ》を継いだ上帙帳《じょうちつちょう》・行事帳もよく残っている。

研究動向

宝亀年間の一切経写経事業は、当初はこれらが一連の写経事業で称徳天皇発願の十部一切経のうちの五部であると考えられていたが、森氏前掲論文の「一切経帙編成及び先一部一切経書写一覧表」にあるように、先一部一切経の帙編成・書写経典は、始二部一切経とはあきらかに相違がみられる。ここから森氏は、先一部が実忠直轄の写経事業であり、始二部以降が十部一切経であるとした。

また栄原永遠男氏[142]は財政を詳細に分析し、先一部は造東大寺司より大量の銭が支給され、これで果物類や蔬菜類、筆墨、厨房用品、道具類を購入していたが、始二部ではこれらの購入物が極端に減少していることを指摘する。すなわち始二部では、造東大寺司が東大寺写経所の物資を直接購入しており、造東大寺司管下の一部局の財政が、造東大寺司に一本化されていったと解釈した。さらに山下有美氏[143]は、宝亀年間のさまざまな帳簿を分析し、天平・天平宝字期と比較しながら、事務処理の変化を論じている。

この写経事業では一〇〇通近い月借銭解が残っており、月借銭解に書き込まれた財源から写経所財政の実態が追究されている[144]。また以前は高利の月借銭を借用しなければならないほど、下級官人の生活が困窮していたと解釈されていたが[145]、最近では写経所の財政運用として月借銭運用が行われており、下級官人は積極的に協力していたと考えられている[146]。そして請暇解や月借銭解からは、下級官人の信仰、生活・労働環境、経済事情などが研究されている[147]。

現存の経巻との関係については、野尻忠氏[148]が藤田美術館所蔵の魚養経《ぎょようきょう》が、先一部の大般若経にあたり、飯田剛彦氏[149]が聖語蔵《しょうごぞう》経巻「神護景雲二年御願経」七〇五巻中、その大半の六三九巻が今更一部であり、その他は景雲経四巻、先一部二巻、始二部八巻、更一部四巻で、不明は四十八巻とする。

おわりに

正倉院の写経所文書には、神亀四年（七二七）から宝亀七年（七七六）の約五十年間にわたる写経事業の帳簿が残されている。しかしこれらは皇后宮職系統写経機構の帳簿であり、これとは別に内裏系統写経機構があり、ここでも多くの写経事業が行われていた。内裏系統写経機構は、聖武天皇から孝謙・称徳天皇へと受け継がれたと思われ、写経司の存在が知られるが、天平勝宝八歳九月から天平宝字二年六月までの間に写御書所を設け、これは天平宝字六年頃に御執経所となった。神護景雲二年五月十三日の願文をもつ景雲一切経は、天平宝字二年から写御書所で書写されたものでる。

そして神護景雲元年頃に内裏系統写経機構が一本化され一切経司となったが[150]、称徳天皇発願の西大寺奉納経と十部一切経は、一切経司が企画し、西大寺写経所にて弥勒堂経・薬師堂経・甲部一切経と始二部が書写された。しかし光仁天皇により宝亀二年に停廃が決定され、その事業は皇后宮職系統の東大寺写経所に受け継がれた。

栄原永遠男氏[151]は、内裏系統写経機構は、天平元年から宝亀三年までほぼ継続して存在していたとし、天平六年から聖武一切経が書写され、十五年九月までに終了、同十八年からは十二大寺における一切経の転読講説のため、皇后宮職系統写経所と分担して一切経を書写し、天平宝字初年からは景雲経の写経と勘経が行われていたとする。

このように皇后宮職系統写経機構は、天皇直属の内裏系統写経機構と並立していた。しかし皇后宮職系統写経機構だけでも、これだけ多くの写経事業が行われていたのである。為政者の仏教興隆への熱意が感じられる。

注

（1）正倉院文書の入門書として、栄原永遠男『正倉院文書入門』（角川叢書、二〇一一年）があり、正倉院文書を研究するために必要な知識はここにすべて記されている。また山口英男「正倉院文書と古代史料学」（『岩波講座日本歴史』第二二巻、岩波書店、二〇一六年）は、正倉院文書を初期・前期・中期・後期に分け、写経組織・写経事業・作成された書類について論じており、さらに東京大学史料編纂所ホームページの「データベース選択」→「正倉院文書マルチ支援サービス」においては、断簡の情報とともに研究文献が表示されるようになっている。あわせて参照されたい。

（2）山下有美『正倉院文書と写経所の研究』（吉川弘文館、一九九九年）。

（3）栄原永遠男『奈良時代の写経と内裏』（塙書房、二〇〇〇年）、同『奈良時代写経史研究』（塙書房、二〇〇三年）、山本幸男『写経所文書の基礎的研究』（吉川弘文館、二〇〇二年）など。

（4）具体的な写経の作業については、栄原永遠男「正倉院文書の世界」（『古代日本　文字のある風景―金印から正倉院文書まで―』国立歴史民俗博物館、二〇〇二年）を参照されたい。また国立歴史民俗博物館ホームページの「展示」→「企画展示」→「これまでの企画展示」→「二〇一四年度　国際企画展示　文字がつなぐ―古代の日本列島と朝鮮半島―」→「特設コンテンツ　イラストでみる～正倉院文書の世界～写経のできるまで」にイラストで写経事業の流れが解説されており、その一部は、仁藤敦史「正倉院文書の世界―公文と帳簿―」（国立歴史民俗博物館・小倉慈司編『古代東アジアと文字文化』同成社、二〇一六年）に掲載されている。また仏教経典の内容については、木本好信編『奈良朝典籍所載仏書解説索引』（国書刊行会、一九八九年）がある。

(5) 和銅五年十一月十五日と神亀五年九月二十三日の長屋王願経の願文がある（二十四ノ二～三、五～六）。
(6) 興福寺西金堂の造営については、福山敏男「奈良時代に於ける興福寺西金堂の造営」（『日本建築史の研究』綜芸舎、一九八〇年、初出一九三三年）。
(7) 中林隆之「律令制下の皇后宮職　上・下」（『新潟史学』三一、三二、一九九三年、一九九四年）。
(8) 鬼頭清明「皇后宮職論」（奈良国立文化財研究所学報二二『研究論集』二、一九七四年）。
(9) 鷺森浩幸「藤原光明子家に関する一史料」（『続日本紀研究』三〇五、一九九六年）。
(10) また山下有美氏は「五月一日経『創出』の史的意義」（『正倉院文書研究』六、一九九九年）、同「日本古代国家における一切経と対外意識」（『歴史評論』五八六、一九九九年）において、五月一日経書写の意義を論じている。
(11) 山下有美「五月一日経における別生・偽疑・録外経の書写について」（『市大日本史』三、二〇〇〇年）。
(12) 福山敏男「再び奈良朝に於ける写経所に就いて」（『寺院建築史の研究　中』福山敏男著作集二、中央公論美術出版、一九八二年、初出一九三五年）。
(13) 五月一日経が終息した後は、たとえば宝亀年間では始二部一切経事業に対して、その他の写経を「間経」としているように（二十ノ二四六）、主たる写経事業に対してその他の雑経を「間写」と位置づけていた。
(14) 『大日本古文書』八ノ一八五～一八八ℓ11、二十四ノ二五八・八ノ一八八ℓ12～一九三、九ノ三六五～三六七、三ノ一六一～一六三、十ノ五五三～五五四。
(15) 『大日本古文書』八ノ四九五～四九七、四三一～四三三、四二八～四三一、二十四ノ二六四～二六五、二六一～二六二。
(16) 『大日本古文書』八ノ二七三～二七四、四八ℓ4～ℓ8、二七四、二七三ℓ6～ℓ9、四七ℓ4～ℓ7、二七六～二七七、四七ℓ8～ℓ11、二七六、二七二～二七三、二七七～二七八、二七九～二八三、二七二ℓ4～ℓ5、四八ℓ1～ℓ5、二七四～二七五、二七五～二七六、四八～四九、九ノ五一～五四、二十四ノ三五六～三五七、

八ノ五〇～五二、二十四ノ四二四、九ノ四七七～四七八、未収、三ノ二六〇、一五二、一五三、一ノ二五〇～二五二。

(17) 山本幸男「玄昉将来経典と『五月一日経』の書写」（『奈良朝仏教史攷』法蔵館、二〇一五年、初出二〇〇六・二〇〇七年）。

(18) また宮﨑健司『日本古代の写経と社会』（塙書房、二〇〇六年）には、「『開元釈経録』入蔵録等・正倉院文書等所載仏典対照表」がある。

(19) 皆川完一氏作成の五月一日経の流出経巻リストでは、聖語蔵の七五〇巻と合わせて一〇〇〇巻を突破していたようである（栄原永遠男「書評と紹介　皆川完一著『正倉院文書と古代中世史料の研究』」〈『日本歴史』八一三、二〇一六年〉）。

(20) 小倉慈司「五月一日経願文作成の背景」（笹山晴生編『日本律令制の展開』吉川弘文館、二〇〇三年）。

(21) ブライアン・ロウ「仏教信仰面からみた五月一日経願文の再考」（上代文献を読む会編『上代写経識語注釈』勉誠出版、二〇一六年）。

(22) 山本氏前掲注(17)論文。

(23) 山本幸男「『華厳経』講説を支えた学僧たち―正倉院文書からみた天平十六年の様相―」（『奈良朝仏教史攷』法蔵館、二〇一五年、初出二〇〇六年）。

(24) 北大家写経所については、栄原永遠男「北大家写経所と藤原夫人発願一切経」（『奈良時代の写経と内裏』塙書房、二〇〇〇年、初出一九九五年）がある。

(25) 「写経充紙帳」（七ノ五六一～五七七）、「写一切経充紙帳」（二十四ノ一五一～一六〇）、「経師等充紙帳」（八ノ三二一～三三七）。

(26) 天平十四年七月十日付「福寿寺写一切経所解案」（八ノ一〇七～一一〇）、同十四年十二月八日「金光明寺写一切経所解」（八ノ一五〇～一五三）。

(27) 山下有美「写経機構の変遷」(『正倉院文書と写経所の研究』吉川弘文館、一九九九年、初出一九九四～一九九五年)。

(28) 高屋赤麻呂については、鬼頭清明「高屋連赤万呂の世界」(『日本古代都市論序説』法政大学出版局、一九七七年)がある。

(29) 栄原永遠男「初期写経所に関する二三の問題」(『奈良時代の写経と内裏』塙書房、二〇〇〇年、初出一九八四年)。

(30) ただし山下有美氏は、福寿寺写経所は皇后宮職の管下にあったとする(前掲注(27)論文)。

(31) 山下有美「勅旨一切経所について―皇后宮職系統写経機構の性格」(『正倉院文書と写経所の研究』吉川弘文館、一九九九年、初出一九九六年)。

(32) 山下氏前掲注(31)論文。

(33)『正倉院文書と古写経の研究による奈良時代政治史の検討』一九九三～一九九四年度科学研究費補助金一般研究C研究成果報告書(研究代表者　大平聡)一九九五年。

(34) 大平聡「正倉院文書研究試論」(『日本史研究』三一八、一九八九年)。

(35) 須原祥二「元興寺奉請経に関する覚書」(西洋子・石上英一編『正倉院文書論集』青史出版、二〇〇五年、初出二〇〇四年)。

(36) 大平聡「皇太子阿倍の写経発願」(『千葉史学』一〇、一九八七年)。

(37) 大平聡氏は「常写」として開始されたが、「間写」のなかに吸収されたとする。

(38) 栄原氏前掲注(29)論文。

(39) 山下氏前掲注(27)論文。

(40) 若井敏明a「造東大寺司の成立について」(『続日本紀研究』二四三、一九八六年)。同b「再び造東大寺司の成立について」(『続日本紀研究』二五〇、一九八七年)。同c「三たび造東大寺司の成立について―市原王をめぐって—」（『続日本紀研究』二六三、一九八九年）。

（41）渡辺晃宏a「造東大寺司の誕生—その前身機構の考察を中心に—」（『続日本紀研究』二四八、一九八七年）。同b「続造東大寺司の誕生—造物所・造仏司管見—」（『続日本紀研究』二五五、一九八八年）。

（42）若井氏前掲注（40）a論文。

（43）渡辺氏前掲注（41）a論文。

（44）徳竹亜紀子「金光明寺造物所をめぐる一試論」（『国史談話会雑誌』五六、二〇一五年）。

（45）山下氏前掲注（27）論文。

（46）渡辺晃宏氏は、この頃に金光明寺造物所に「鋳所」が存在したとする（前掲注（41）a論文）。

（47）安都雄足については、鬼頭清明「安都雄足の活躍」（『日本古代都市論序説』法政大学出版局、一九七七年）、山下有美「安都雄足　その実像に迫る試み」（栄原永遠男編『平城京の落日』清文堂出版、二〇〇五年）がある。

（48）山下氏前掲注（27）論文。

（49）ただし天平宝字八年九月四日付造東寺司奉写経検注文案（十六ノ四五七～四五九）には、天平二十年四月二十日発願とあり、「四月二十日」となっている（栄原永遠男「その後の百部最勝王経」〈『奈良時代写経史研究』塙書房、二〇〇三年、初出一九九五年〉）。

（50）野尻忠「正倉院文書写経機関関係文書編年目録—天平二十年—」『東京大学日本史学研究室紀要』六、二〇〇二年。

（51）宮﨑健司「東大寺の『華厳経』講説」（『日本古代の写経と社会』塙書房、二〇〇六年、初出一九九八・一九九九年）。

（52）土田直鎮「千部法華経料紙筆墨充帳の形態—正倉院文書に於ける紙背利用の一例—」（『奈良平安時代史研究』一九九二年、吉川弘文館、初出一九七二年）。

（53）森明彦「千部法花経充本帳の断簡整理」（『関西女子短期大学紀要』二、一九九二年）。

(54) 杉本一樹「千部法花経充本帳の断簡整理」(『日本古代文書の研究』吉川弘文館、二〇〇一年)。
(55) 栄原氏前掲注(49)論文。
(56) 西洋子「食口案の復原(1)(2)―正倉院文書断簡配列復原研究資料I―」(『正倉院文書研究』四・五、一九九六・一九九七年)。
(57) 宮﨑健司「東大寺の『華厳経』講説」(『日本古代の写経と社会』塙書房、二〇〇六年、初出一九九八・一九九九年)。
(58) 新井重行「天平勝宝初年における瑜伽論の書写について―食口案にみえる案主に関連して―」(西洋子・石上英一編『正倉院文書論集』青史出版、二〇〇五年、初出二〇〇四年)。
(59) 岩宮隆司「天平勝宝元年の大般若経書写について―写経作業と布施支給作業を中心に―」(『続日本紀研究』三四六、二〇〇三年)。
(60) 大隅亜希子「天平勝宝二・三年の寿量品四千巻書写について―関連帳簿の分析を中心に―」(『南都仏教』七六、一九九九年)。
(61) 鬼頭清明「南都六宗の再検討」(笹山晴生先生還暦記念会編『日本律令制論集』上、吉川弘文館、一九九三年)、黒田洋子「『布施勘定帳』の基礎的分析」(『正倉院文書研究』六、一九九九年)、山下有美「東大寺の花厳衆と六宗―古代寺院社会試論―」(『正倉院文書研究』八、二〇〇二年)、鷺森浩幸「大修多羅衆の性格とその教学」(続日本紀研究会編『続日本紀の諸相』塙書房、二〇〇四年)、杉本一樹「聖語蔵経巻『四分律』について」(『正倉院紀要』二九、二〇〇七年)、中林隆之「『花厳経為本』の一切経法会体制」(『日本古代国家の仏教編成』塙書房、二〇〇七年)、山本幸男「東大寺華厳宗の教学と実践―天平勝宝三年の『章疏目録』を通して―」、同「華厳宗関係章疏目録―勝宝録・円超録を中心に―」(『奈良朝仏教史攷』法蔵館、二〇一五年、初出はそれぞれ二〇〇八年、二〇〇九年)など。
(62) 『大日本古文書』十二ノ三九五~三九九、三ノ六一九~六二一、二十五ノ六二~六四、十二ノ三九九~四〇八、

三ノ六三四〜六三六、十二ノ四〇九〜四一〇。

(63) 中林隆之「日本古代の仁王会」(『日本古代国家の仏教編成』塙書房、二〇〇七年、初出一九九九年)。

(64) 前者は栄原永遠男「鑑真将来経の行方」、同「図書寮経の構成と展開」(『奈良時代の写経と内裏』塙書房、二〇〇〇年、初出はともに一九九七年)。後者は大平聡「天平勝宝六年の遣唐使と五月一日経」(笹山晴生先生還暦記念会編『日本律令制編集』上、吉川弘文館、一九九三年)、杉本氏前掲注(61)論文。

(65) 元興寺北宅一切経については、栄原氏前掲注(24)論文を参照されたい。

(66) 宮﨑健司「光明子発願五月一日経の勘経」(『日本古代の写経と社会』塙書房、二〇〇六年、初出一九九二年)。

(67) 佐々田悠「天平勝宝五・六年の華厳経書写と外嶋院」(西洋子・石上英一編『正倉院文書論集』青史出版、二〇〇五年、初出二〇〇四年)。

(68) 遠藤慶太「中宮の追福―藤原宮子のための写経と斎会」(『正倉院文書研究』七、二〇〇一年)。

(69) 栄原永遠男「正倉院文書の世界」(『古代日本　文字のある風景―金印から正倉院文書まで―』国立歴史民俗博物館、二〇〇二年)において、百部梵網経を題材に写経の過程をわかりやすく解説している。

(70) 大平聡「善光朱印経の基礎的考察」(『神奈川地域史研究』六、一九八七年)。同氏前掲注(64)論文。同「五月一日経の勘経と内裏・法華寺」(宮城学院女子大学『キリスト教文化研究所研究年報』二六、一九九三年)。

(71) 宮﨑氏前掲注(66)論文。

(72) 鷺森浩幸「八世紀の法華寺とそれをめぐる人びと」(『正倉院文書研究』四、一九九六年)。

(73) 三谷芳幸「天平勝宝七歳の『班田司歴名』をめぐって」(『律令国家と土地支配』吉川弘文館、二〇一三年、初出二〇〇四年)。

(74) 佐伯里足は帳簿に巻かれた紐の上に「鳥の絵」を描いて封印していたことが指摘されている(大平聡「正倉院文書の五つの『絵』―佐伯里足ノート―」〈『奈良古代史論集』二、真陽社、一九九一年〉、山本幸男「正倉院文書における『鳥の絵』と『封』―写経所案主佐伯里足の交替実務をめぐって―」〈『続日本紀研究』二八〇、一九九二年〉)。
(75) 拙稿「橘奈良麻呂の変と知識経書写」(『正倉院文書と下級官人の実像』同成社、二〇一五年)。
(76) 岸俊男「越前国東大寺領庄園をめぐる政治的動向」(『日本古代政治史研究』塙書房、一九六六年、初出一九五二年)。
(77) 山下有美「天平宝字期の解移牒案について」(栄原永遠男編『正倉院文書の歴史学・国語学的研究—解移牒案を読み解く—』和泉書院、二〇一六年)。
(78) 山本幸男「写経文書群が語るもの」(『写経所文書の基礎的研究』吉川弘文館、二〇〇二年)。
(79) 金剛般若経書写の意義については、山本幸男「天平宝字二年の『金剛般若経』書写—入唐廻使と唐風政策の様相—」(『奈良朝仏教史攷』法蔵館、二〇一五年、初出二〇〇一年)。
(80) 中林隆之「悔過法要と東大寺」(『日本古代国家の仏教編成』塙書房、二〇〇七年)。
(81) 拙稿前掲注(75)論文。
(82) 松平年一「知識大般若経と大殿の建築」(『日本歴史』三三三、一九七六年)。
(83) 宮﨑健司「天平宝字二年の写経」(『日本古代の写経と社会』塙書房、二〇〇六年、初出一九八九、一九九一年)。
(84) 拙稿前掲注(75)論文。
(85) 風間(徳竹)亜紀子「阿弥陀浄土院造営機構の再検討」(『ヒストリア』二〇七、二〇〇七年)。
(86) 吉田孝「律令時代の交易」(『律令国家と古代の社会』岩波書店、一九八三年)。
(87) ただし「坤官一切経」は、坤宮官すなわち光明皇太后が発願した一切経という意味であり、五月一日経も「坤宮官御願一切経」と表記されることがある(栄原永遠男「内裏における勘経事業—景雲経と奉写御執経所・奉写一切経司—」(『奈良時代の写経と内裏』塙書房、二〇〇〇年、初出一九九五年)。
(88) 栄原永遠男「光明皇太后と法華寺」(『奈良時代の写経と内裏』塙書房、二〇〇〇年、初出一九九八年)。

(89) 山下氏前掲(31)論文。
(90) 光明皇太后の崩御前の写経事業については、栄原永遠男「光明皇太后没後前の写経事業群」(『奈良時代写経史研究』塙書房、二〇〇三年)がある。
(91) 『大日本古文書』十四ノ三六五〜四一四ℓ10、三六一〜三六三、四一四ℓ11〜四一七ℓ3、二十五ノ二七〇ℓ4〜ℓ9、十四ノ四一七ℓ4〜四一九。
(92) 山本氏前掲注(78)論文。
(93) 宮﨑健司「光明子七七日写経をめぐる一、二の問題」(『日本古代の写経と社会』塙書房、二〇〇六年、初出一九九六年)。
(94) 稲田奈津子「奈良時代の忌日法会—光明皇太后の装束忌日御斎会司を中心に—」(『日本古代の喪葬儀礼と律令制』吉川弘文館、二〇一五年、初出二〇〇四年)。
(95) 風間(徳竹)氏前掲注(85)論文。
(96) 岡藤良敬「天平宝字六年、鋳鏡関係史料の検討」(『正倉院文書研究』五、一九九七年)。
(97) 『大日本古文書』は藤原豊成の旧邸としていたが、岡藤良敬氏により藤原真楯とされた(「藤原『豊成』板殿・考—信楽買筑紫帥藤原殿板屋をめぐって—」〈『正倉院文書研究』一〇、二〇〇五年〉)。
(98) また全体的には横田拓実「奈良時代における石山寺の造営と大般若経書写」(『石山寺の研究—一切経篇—』法蔵館、一九七八年)、材木運漕については、大橋信弥「甲賀山作所とその川津」(『古代豪族と渡来人』吉川弘文館、二〇〇四年、初出、一九九二年)、松原弘宣「勢多庄と材木運漕」(『日本古代水上交通史の研究』吉川弘文館、一九八五年)がある。
(99) 岡藤良敬「造石山寺所の造営過程(I)—甲賀山作所での作材労働力—」(『長崎造船大学研究報告』八、一九六七年)。同「造石山寺所の造営過程(II)—東大寺大僧都良弁の役割—」(『日本建築学会九州支部研究報告』一七、一九六八年)。同「造石山寺所の造営過程(III)—仏堂仏像制作・彩色経過—」(『長崎造船大学研究報告』

九、一九六八年）。同「造石山寺所の造営過程（Ⅳ）―田上山作所の作材経過(1)―」（『長崎造船大学研究報告』一〇―一、一九六九年）。

(100) 岡藤良敬「信楽板殿関係史料の検討―壊運漕費の『残務整理』―」（皆川完一編『古代中世史料学研究』上、吉川弘文館、一九九八年）、同「信楽板殿壊運漕の経過と経費」（『福岡大学人文論叢』二五―三、一九九三年）、大橋信弥「信楽殿壊運所について―天平末年の石山寺造営の背景―」（『古代豪族と渡来人』吉川弘文館、二〇〇四年、初出一九九五年）、松原弘宣「勢多庄と材木運漕」（『日本古代水上交通史の研究』吉川弘文館、一九八五年）、矢越葉子氏「造石山寺所の文書行政―文書の署名と宛先―」（『正倉院文書研究』一一、二〇〇九年）。

(101) 山下氏前掲注（27）論文。

(102)『大日本古文書』十六ノ二一九～二二二、二二二～二二五、十五ノ一二七、十六ノ二二九～二五二、一九一～一九五、一九九～二〇一、一九五～一九七、一八六～一八八、一八五～一九一、二〇一～二〇八、一九七～一九九、二二七～二二九、二〇八～二一一、五ノ三三五～三五四。

(103)『大日本古文書』四ノ五三二～五三六、五ノ三五五～三六〇、十五ノ四四二～四四四、五ノ三六〇～三六二、十五ノ四五〇～四五二、四四六～四四八、四四八～四五〇、五ノ三六二～三七一、十五ノ四四四～四四六。

(104)『大日本古文書』五ノ五～一二、十五ノ三七八～四三六、五ノ二九～三〇、五ノ二五～二九、五ノ二四～二五、十六ノ一七七～一七八。

(105)『大日本古文書』四ノ五二五～五二六、五二六、五二六～五二七、五二七～五二八、五ノ一～二、二～三、四～五、三～四、五九～六〇、六八～六九、五九～六〇、六五～六六、六六、六七、七一、十五ノ三四二、三四三～三四四、三四三、五ノ七六～七七、八四、七二～七三、八五、一〇四、一〇三、一一二～一一三、一三五～一三六、一三三、一三二～一三三、一一三、未収、五ノ一四二、二十五ノ三三二～三三三、五ノ一四三、一四四、二四〇～二四一、二四三～二四四、十五ノ四六〇、四六一、五ノ二七一、二七一～二七二、二八一～二八三、二七九、二八〇、二七八、二八四、二八七。

(106)『大日本古文書』十五ノ一三七～一四三、三一一、一四三～一五六、未収、十五ノ一五六～一五七、一五八～一五九、五ノ一一三～一一四、十五ノ一五七～一五八、一五九～二二九、五ノ二五六、十五ノ二三〇～二三四、未収、二十五ノ二四六、未収、十五ノ八五、未収、十六ノ一～三、十五ノ二四三～二四七、二四七、二四八～二五〇、二五〇～二五四、十六ノ一一八～一二〇、未収、五ノ三八五～三八六、四〇〇～四〇二、未収、五ノ四三九、四三八、五ノ四四一～四四二、四四四、四三八～四四四、四四四～四四六、十六ノ三九〇～三九九。

(107)矢越葉子氏前掲注(100)論文。またこのうち近江国愛智郡司東大寺封租米進上解案については、西洋子「造石山寺所解移牒符案の復元について―近江国愛智郡司東大寺封租米進上解案をめぐって―」(『律令国家の構造』吉川弘文館、一九八九年)で詳しく検討されている。また「正倉院文書の訓読と注釈―造石山寺所解移牒符案(一)―」(平成十九年度～二十一年度科学研究費補助金研究成果報告書Ⅰ『正倉院文書訓読による古代言語生活の解明』〈担当者　桑原祐子〉二〇一〇年)、『正倉院文書の訓読と注釈―造石山寺所解移牒符案(一)―』(平成二十二年度～二十五年度科学研究費補助金成果報告書Ⅰ「正倉院による日本語表記成立過程の解明」『正倉院文書の訓読と注釈―造石山寺所解移牒符案(一)―』〈担当者　桑原祐子〉二〇一〇年)、『正倉院文書の訓読と注釈―造石山寺所解移牒符案(二)―』(同〈担当者　桑原祐子〉二〇一四年)には訓読文がある。

(108)山本幸男氏前掲注(78)論文。

(109)『大日本古文書』十五ノ四七一～七八二、五ノ三三三、十五ノ四八二～四八六、五ノ二三～二四、十五ノ四八六～四九五、五ノ三〇～三二、十五ノ四九六～五〇〇。

(110)松原弘宣「造東大寺司の『所』と『領』」(『日本古代の支配構造』塙書房、二〇一四年、初出一九八九年)。

(111)鷺森浩幸「天平宝字六年石山寺造営における人事システム―律令制官司の一側面―」(『日本史研究』三五四、一九九二年)。

(112)浅香年木「古代における仏師の生産関係と社会的地位」、同「様工集団とその長の性格」(『日本古代手工業史の研究』法政大学出版局、一九七一年、初出はそれぞれ、一九五八・一九五九年、一九六七年)。

(113) 岡藤良敬「八世紀中葉寺院造営労働力の一考察―造石山寺所甲賀山作所―」(『史淵』一〇二、一九七〇年)、同「造石山寺所における土工の就労形態」(福岡大学『人文論叢』六ノ二・三、一九七四年)、同「造石山寺所の請負的雇傭労働力―桴工の場合―」(竹内理三博士古稀記念会編『続律令国家と貴族社会』吉川弘文館、一九七八年)、同「造寺司大工について」(『長崎造船大学研究報告』七、一九六六年)、同「造寺司木工について」(竹内理三編『九州史研究』御茶の水書房、一九六八年)。西山良平「奈良時代『山野』領有の考察」(『史林』六〇ノ三、一九七七年)。

(114) 福山敏男「石山寺・保良宮と良弁」(『寺院建築史の研究 中』福山敏男著作集二、中央公論美術出版、一九八二年、初出一九七三年)。加藤優「良弁と東大寺別当制」(奈良国立文化財研究所創立三十周年記念論集『文化財論叢』同朋舎、一九八二年)。

(115) 大橋信弥氏前掲注(100)論文。

(116) 吉田氏前掲(86)論文。

(117) 一方、近江国愛智郡租米の輸納から郡の行政を考察した研究に、北条秀樹「愛智郡封租米輸納をめぐる社会構成」(『日本古代国家の地方支配』吉川弘文館、二〇〇〇年)、中村順昭「愛智郡封戸租米の輸納をめぐる郡司と下級官人」(『律令官人制と地方社会』吉川弘文館、二〇〇八年、初出二〇〇五年)などがある。

(118) 拙稿「造石山寺所関係文書からみた安都雄足の官司運営」(『正倉院文書と下級官人の実像』同成社、二〇一五年、初出二〇一四年)。

(119) 安都雄足の経済活動については、山本幸男「造東大寺司主典安都雄足の『私経済』」(『史林』六八―二、一九八五年)がある。

(120) 小口雅史「安都雄足の私田経営―八世紀における農業経営の一形態―」(『史学雑誌』九六―六、一九八七年)。

(121) 山下氏前掲(27)論文。

(122) 十六ノ一一四3~一一五9、十六ノ一四~一五13、十六ノ一一五10~一一七、十六ノ一六。

(123)　吉田氏前掲（86）論文。
(124)　拙稿「二部大般若経写経事業の財政とその運用」（『正倉院文書と下級官人の実像』同成社、二〇一五年、初出二〇一一年）。
(125)　山本氏前掲注（78）論文。
(126)　横田拓実「天平宝字六年における造東大寺司写経所の財政―当時の流通経済の一側面―」（『史学雑誌』七二―九、一九六三年）、鬼頭清明「八、九世紀における出挙銭の存在形態」（『日本古代都市論序説』法政大学出版局、一九七七年、初出一九六八年）、黒田洋子「八世紀における銭貨機能論」（弘前大学『国史研究』八七、一九八九年）。
(127)　吉田氏前掲（86）論文。
(128)　喜田新六「奈良朝に於ける銭貨の價値と流通とに就いて」（『史学雑誌』四四―一、一九三三年）、角山幸洋「八世紀中葉の畿内における物価変動―繊維製品の価格を中心として―」（『千里山論集』二、一九六四年）。一方、両氏は宝亀年間にも急激な物価上昇があったとするが、森明彦氏によって否定されている（「奈良朝末期の銭貨をめぐる矛盾と対策―称徳朝を中心に―」〈『日本古代貨幣制度史の研究』塙書房、二〇一六年、初出一九八二年〉）。
(129)　栄原永遠男「日本古代の銭貨流通」（『日本古代銭貨研究』清文堂、二〇一一年、初出二〇〇二年）、拙稿「称徳・道鏡政権の経済政策―神功開宝の発行を中心に―」（『正倉院文書と下級官人の実像』同成社、二〇一五年）。
(130)　栄原永遠男「奉写大般若経所の写経事業と財政」（『奈良時代写経史研究』塙書房、二〇〇三年、初出一九八〇年）。
(131)　拙稿前掲注（124）論文。
(132)　拙稿前掲注（124）論文。
(133)　松平年一「正倉院御物武器の動きについて」（『歴史学研究』九ノ四、一九三九年）。
(134)　拙稿前掲注（129）論文。

(135) 山本幸男「孝謙太上天皇と道鏡―正倉院文書からみた政柄分担宣言期の仏事行為―」(『奈良朝仏教史攷』法藏館、二〇一五年、二〇〇四年)。

(136) 中林隆之「悔過法要と東大寺」(『日本古代国家の仏教編成』塙書房、二〇〇七年)。

(137) 山下氏前掲注(31)論文。

(138) 山下有美「写経機構の内部構造と運営」(『正倉院文書と写経所の研究』吉川弘文館、一九九九年)。

(139) 奈良女子大学21世紀COEプログラム報告集vol 4・9「正倉院文書の訓読と注釈 請暇不参解編(一)(二)」(『古代日本形成の特質解明の研究教育拠点』二〇〇五・二〇〇七年)に訓読文がある。また同プログラム報告集vol 25「正倉院文書の訓読と註釈―啓・書状編(一)」(『同前書』二〇〇九年)「正倉院文書の訓読と注釈―啓・書状―」(平成十九年度〜二十一年度科学研究費補助金研究成果報告書Ⅱ『正倉院文書訓読による古代言語生活の解明』)〈担当者 黒田洋子〉では啓と書状の訓読文がある。

(140) 風間(徳竹)亜紀子「文書行政における告朔解の意義」(『正倉院文書研究』一〇、二〇〇五年)、矢越葉子「写経所の『告朔解』について」(『お茶の水史学』五三、二〇一〇年)。

(141) 拙稿「宝亀年間の布施申請解案の考察」(『正倉院文書と下級官人の実像』(同成社、二〇一五年、初出二〇一一年)。

(142) 栄原永遠男「奉写一切経所の財政」(『奈良時代写経史研究』塙書房、二〇〇三年、初出一九七九年)。

(143) 山下有美「正倉院文書研究における帳簿論―宝亀年間の写経所の帳簿管理技術―」(『民衆史研究』五八、一九九九年)。

(144) 鬼頭清明「八、九世紀における出挙銭の存在形態」(『日本古代都市論序説』法政大学出版会、一九七七年、初出一九六八年)、中村順昭「奉写一切経所の月借銭について」(『律令官人制と地域社会』吉川弘文館、二〇〇八年、初出一九九二年)、山下有美「月借銭再考」(栄原永遠男編『日本古代の王権と社会』塙書房、二〇一〇年)。

(145) 相田二郎「金銭の融通から見た奈良朝の経師等の生活(上)(下)」(『歴史地理』四一ノ二・三、一九二三年)、

鬼頭清明「上馬養の半生」（『日本古代都市論序説』法政大学出版会、一九七七年）、栄原永遠男「平城京住民の生活誌」（『日本の古代9　都城の生態』中央公論社、一九八七年）。

(146) 拙稿「下級官人と月借銭―宝亀年間の一切経写経事業を中心に―」（『正倉院文書と下級官人の実像』同成社、二〇一五年、初出二〇一三年）。

(147) 栄原永遠男「都のくらし」（直木孝次郎編『古代を考える　奈良』吉川弘文館、一九八五年）。栄原氏前掲注(145)論文。大艸啓「写経生と仏教」（『奈良時代の官人社会と仏教』法蔵館、二〇一四年、初出、二〇一〇年）。

(148) 野尻忠「藤田美術館蔵『大般若経』（魚養経）の調査研究」（科研基盤研究Ａ『奈良時代の仏教美術と東アジアの文化交流』〈研究代表者　湯山賢一〉二〇〇八～二〇一〇年度報告書〈奈良国立博物館、二〇一一年〉）。

(149) 飯田剛彦「聖語蔵経巻『神護景雲二年御願経』について」（『正倉院紀要』三四、二〇一二年）。

(150) 栄原永遠男「天平六年の聖武天皇発願一切経―写経司と写一切経司―」、同「写御書所と奉写御執経所」ともに『奈良時代の写経と内裏』（塙書房、二〇〇〇年所収、初出は、それぞれ一九九四年、一九九六年）。同氏前掲注（87）論文。

(151) 栄原永遠男「正倉院文書と続日本紀」（石上英一・加藤友康・山口英男編『古代文書論―正倉院文書と木簡・漆紙文書』東京大学出版会、一九九九年）。

参考文献

相田二郎「金銭の融通から見た奈良朝の経師等の生活（上）（下）」（『歴史地理』四一ノ二・三、一九二三年）。

浅香年木『日本古代手工業史の研究』（法政大学出版局、一九七一年）。

浅野啓介「正倉院文書写経機関関係文書編年目録―天平宝字三・四年―」（『東京大学日本史学研究室紀要』九、二〇〇五年）。

新井重行「正倉院文書写経機関関係文書編年目録―天平勝宝元年―」（『東京大学日本史学研究室紀要』七、二〇〇三年）。

新井重行「天平勝宝初年における瑜伽論の書写について―食口案にみえる案主に関連して―」（西洋子・石上英一編『正倉院文書論集』青史出版、二〇〇五年、初出二〇〇四年）。

有富純也「正倉院文書写経機関関係文書編年目録―天平十二年・天平十三年―」（『東京大学日本史学研究室紀要』五、二〇〇一年）。

有富純也「正倉院文書写経機関関係文書編年目録―天平勝宝五年―」『東京大学日本史学研究室紀要』一一、二〇〇七年）。

飯田剛彦「聖語蔵経巻『神護景雲二年御願経』について」（『正倉院紀要』三四、二〇一二年）。

石田実洋・須原祥二「正倉院文書写経機関関係文書編年目録―養老七年より天平十年まで―」（『東京大学日本史学研究室紀要』三、一九九九年）。

市川理恵『正倉院文書と下級官人の実像』（同成社、二〇一五年）。

稲田奈津子「正倉院文書写経機関関係文書編年目録―天平宝字五年―」（『東京大学日本史学研究室紀要』一〇、二〇〇六年）。

稲田奈津子「奈良時代の忌日法会—光明皇太后の装束忌日御斎会司を中心に—」(『日本古代の喪葬儀礼と律令制』吉川弘文館、二〇一五年、初出二〇〇四年)。

磐下徹「正倉院文書写経機関関係文書編年目録—天平十一年—」(『東京大学日本史学研究室紀要』一二、二〇〇八年)。

岩宮隆司「天平勝宝元年の大般若経書写について—写経作業と布施支給作業を中心に—」(『続日本紀研究』三四六、二〇〇三年)。

遠藤慶太「中宮の追福—藤原宮子のための写経と斎会」(『正倉院文書研究』七、二〇〇一年)。

大艸啓『奈良時代の官人社会と仏教』(法蔵館、二〇一四年)。

大隅亜希子「天平勝宝二・三年の寿量品四千巻書写について—関連帳簿の分析を中心に—」(『南都仏教』七六、一九九九年)。

大隅亜希子「装潢組織の展開と布施支給の変遷」(『正倉院文書研究』六、一九九九年)。

大橋信弥『古代豪族と渡来人』(吉川弘文館、二〇〇四年)。

大平聡「皇太子阿倍の写経発願」(『千葉史学』一〇、一九八七年)。

大平聡「善光朱印経の基礎的考察」(『神奈川地域史研究』六、一九八七年)。

大平聡「正倉院文書の五つの『絵』—佐伯里足ノート—」(『奈良古代史論集』二、真陽社、一九九一年)。

大平聡「五月一日経の勘経と内裏・法華寺」(宮城学院女子大学『キリスト教文化研究所研究年報』二六、一九九三年)。

大平聡「天平勝宝六年の遣唐使と五月一日経」(笹山晴生先生還暦記念会編『日本律令制論集』上、吉川弘文館、一九九三年)。

大平聡「正倉院文書研究試論」(『日本史研究』三一八、一九八九年)。

岡藤良敬『日本古代造営史料の復原研究』(法政大学出版局、一九八五年)。

岡藤良敬「造寺司大工について」(『長崎造船大学研究報告』七、一九六六年)。

岡藤良敬「造石山寺所の造営過程（Ⅰ）―甲賀山作所での作材労働力―」(『長崎造船大学研究報告』八、一九六七年)。

岡藤良敬「造石山寺所の造営過程（Ⅱ）―東大寺大僧都良弁の役割―」(『日本建築学会九州支部研究報告』一七、一九六八年)。

岡藤良敬「造石山寺所の造営過程（Ⅲ）―仏堂仏像制作・彩色経過―」(『長崎造船大学研究報告』九、一九六八年)。

岡藤良敬「造寺司木工について」(竹内理三編『九州史研究』御茶の水書房、一九六八年)。

岡藤良敬「造石山寺所の造営過程（Ⅳ）―田上山作所の作材経過(1)―」(『長崎造船大学研究報告』一〇―一、一九六九年)。

岡藤良敬「八世紀中葉寺院造営労働力の一考察―造石山寺所甲賀山作所―」(『史淵』一〇二、一九七〇年)。

岡藤良敬「造石山寺所における土工の就労形態」(福岡大学『人文論叢』六ノ二・三、一九七四年)。

岡藤良敬「造石山寺所の請負的雇傭労働力―桴工の場合―」(竹内理三博士古稀記念会編『続律令国家と貴族社会』吉川弘文館、一九七八年)。

岡藤良敬「信楽板殿壊運漕の経過と経費」(『福岡大学人文論叢』二五―三、一九九三年)。

岡藤良敬「天平宝字六年、鋳鏡関係史料の検討」(『正倉院文書研究』五、一九九七年)。

岡藤良敬「信楽板殿関係史料の検討―壊運漕費の『残務整理』―」(皆川完一編『古代中世史料学研究』上、吉川弘文館、一九九八年)。

岡藤良敬「藤原『豊成』板殿・考―信楽買筑紫帥藤原殿板屋をめぐって―」(『正倉院文書研究』一〇、二〇〇五年)。

小川靖彦「天平初期における呉桃紙を用いた体系的経典書写―山階寺西堂経の意義―」(『正倉院文書研究』一三、二〇一三年)。

小口雅史「安都雄足の私田経営―八世紀における農業経営の一形態―」『(史学雑誌』九六―六、一九八七年)。

小倉慈司「五月一日経願文作成の背景」（笹山晴生編『日本律令制の展開』吉川弘文館、二〇〇三年）。

風間（徳竹）亜紀子「天平宝字年間における法華寺金堂の造営―作金堂所解の検討を中心に―」（『正倉院文書研究』九、二〇〇三年）。

風間（徳竹）亜紀子「文書行政における告朔解の意義」（『正倉院文書研究』一〇、二〇〇五年）。

風間（徳竹）亜紀子「阿弥陀浄土院造営機構の再検討」（『ヒストリア』二〇七、二〇〇七年）。

加藤優「良弁と東大寺別当制」（奈良国立文化財研究所創立三十周年記念論集『文化財論叢』同朋舎、一九八二年）。

川原秀夫氏「紫香楽宮写経に関する一考察」（『正倉院文書研究』一、一九九三年）。

岸俊男『人物叢書　藤原仲麻呂』（吉川弘文館、一九六九年）。

岸俊男「越前国東大寺領庄園をめぐる政治的動向」（『日本古代政治史研究』塙書房、一九六六年、初出一九五二年）。

喜田新六「奈良朝に於ける銭貨の價値と流通とに就いて」（『史学雑誌』四四―一、一九三三年）。

北村安裕「正倉院文書写経機関関係文書編年目録―天平十六年―」（『東京大学日本史学研究室紀要』一二、二〇〇八年）。

鬼頭清明『日本古代都市論序説』（法政大学出版局、一九七七年）。

鬼頭清明「皇后宮職論」（奈良国立文化財研究所学報二二『研究論集』二、一九七四年）。

鬼頭清明「南都六宗の再検討」（笹山晴生先生還暦記念会編『日本律令制論集』上、吉川弘文館、一九九三年）。

木本好信編『奈良朝典籍所載仏書解説索引』（国書刊行会、一九八九年）。

栗原治夫「奈良朝写経の製作手順」（『続日本古代史論集』中、吉川弘文館、一九七二年）。

黒田洋子「八世紀における銭貨機能論」（弘前大学『国史研究』八七、一九八九年）。

黒田洋子「正倉院文書の一研究―天平宝字年間の表裏関係からみた伝来の契機―」（『お茶の水史学』三六、一九九二年）。

黒田洋子「『布施勘定帳』の基礎的分析」（『正倉院文書研究』六、一九九九年）。

栄原永遠男『奈良時代の写経と内裏』（塙書房、二〇〇〇年）。

栄原永遠男『奈良時代写経史研究』（塙書房、二〇〇三年）。

栄原永遠男『正倉院文書入門』（角川叢書、二〇一一年）。

栄原永遠男「都のくらし」（直木孝次郎編『古代を考える　奈良』吉川弘文館、一九八五年）。

栄原永遠男「平城京住民の生活誌」（『日本の古代9　都城の生態』中央公論社、一九八七年）。

栄原永遠男「正倉院文書と続日本紀」（石上英一・加藤友康・山口英男編『古代文書論―正倉院文書と木簡・漆紙文書』東京大学出版会、一九九九年）。

栄原永遠男「日本古代の銭貨流通」（『日本古代銭貨研究』清文堂、二〇一一年、初出二〇〇二年）。

栄原永遠男「正倉院文書の世界」（『古代日本　文字のある風景―金印から正倉院文書まで―』国立歴史民俗博物館、二〇〇二年）。

栄原永遠男「千部法華経の写経事業（上）（下）」（『正倉院文書研究』一〇・一一、二〇〇五・二〇〇九年）。

栄原永遠男「書評と紹介　皆川完一著『正倉院文書と古代中世史料の研究』」（『日本歴史』八一三、二〇一六年）。

栄原永遠男「天平初期の帳簿―解移牒符案の源流を求めて―」（栄原永遠男編『正倉院文書の歴史学・国語学的研究―解移牒案を読み解く―』和泉書院、二〇一六年）。

鷺森浩幸「奈良時代における寺院造営と僧―東大寺・石山寺造営を中心に―」（『ヒストリア』一二一、一九八八年）。

鷺森浩幸「玄昉発願法華経・法華摂釈の書写について」（『続日本紀研究』二五五、一九八八年）。

鷺森浩幸「天平宝字六年石山寺造営における人事システム―律令制官司の一側面―」（『日本史研究』三五四、一九九二年）。

鷺森浩幸「藤原光明子家に関する一史料」（『続日本紀研究』三〇五、一九九六年）。

鷺森浩幸「八世紀の法華寺とそれをめぐる人びと」（『正倉院文書研究』四、一九九六年）。

鷺森浩幸「大修多羅衆の性格とその教学」（続日本紀研究会編『続日本紀の諸相』塙書房、二〇〇四年）。

佐々田悠「正倉院文書写経機関関係文書編年目録―天平勝宝六年より天平宝字元年まで―」(『東京大学日本史学研究室紀要』八、二〇〇四)年。

佐々田悠「天平勝宝五・六年の華厳経書写と外嶋院」(西洋子・石上英一編『正倉院文書論集』青史出版、二〇〇五年、初出二〇〇四年)。

佐々田悠「手実と端継―正倉院文書の成り立ち―」(『正倉院紀要』三九、二〇一七年)。

杉本一樹『日本古代文書の研究』(吉川弘文館、二〇〇一年)。

杉本一樹「聖語蔵経巻『四分律』について」(『正倉院紀要』二九、二〇〇七年)。

須原祥二「元興寺奉請経に関する覚書」(西洋子・石上英一編『正倉院文書論集』青史出版、二〇〇五年、初出二〇〇四年)。

関根真隆『奈良朝食生活の研究』(吉川弘文館、一九六九年)。

関根真隆『奈良朝服飾の研究』(吉川弘文館、一九七四年)。

薗田香融「間写経研究序説」(『日本古代仏教の伝来と受容』塙書房、二〇一六年、初出一九七四年)。

武井紀子「正倉院文書写経機関関係文書編年目録―天平十七年―」(『東京大学日本史学研究室紀要』一三、二〇〇九年)。

土田直鎮「千部法華経料紙筆墨充帳の形態―正倉院文書に於ける紙背利用の一例―」(『奈良平安時代史研究』一九九二年、吉川弘文館、初出一九七二年)。

角山幸洋「八世紀中葉の畿内における物価変動―繊維製品の価格を中心として―」(『千里山論集』二、一九六四年)。

徳竹亜紀子「金光明寺造物所をめぐる一試論」(『国史談話会雑誌』五六、二〇一五年)。

中林隆之「律令制下の皇后宮職　上・下」(『新潟史学』三一、三二、一九九三年、一九九四年)。

中林隆之『日本古代国家の仏教編成』(塙書房、二〇〇七年)。

中村順昭『律令官人制と地方社会』(吉川弘文館、二〇〇八年)。

西洋子『正倉院文書整理過程の研究』（吉川弘文館、二〇〇二年）。

西洋子「造石山寺所解移牒符案の復元について―近江国愛智郡司東大寺封租米進上解案をめぐって―」（『律令国家の構造』吉川弘文館、一九八九年）。

西洋子「食口案の復原（1）（2）―正倉院文書断簡配列復原研究資料Ⅰ―」（『正倉院文書研究』四・五、一九九六・一九九七年）。

西山良平「奈良時代『山野』領有の考察」（『史林』六〇ノ三、一九七七年）。

仁藤敦史「正倉院文書の世界―公文と帳簿―」（国立歴史民俗博物館・小倉慈司編『古代東アジアと文字文化』同成社、二〇一六年）。

野尻忠「正倉院文書写経機関関係文書編年目録―天平二十年―」（『東京大学日本史学研究室紀要』六、二〇〇二年）。

野尻忠「藤田美術館蔵『大般若経』（魚養経）の調査研究」（科研基盤研究（A）『奈良時代の仏教美術と東アジアの文化交流』〈研究代表者　湯山賢一〉二〇〇八～二〇一〇年度報告書、奈良国立博物館、二〇一一年）。

野村忠夫『律令官人制の研究』（吉川弘文館、一九六七年）。

野村忠夫『律令政治と官人制』（吉川弘文館、一九九三年）。

林陸朗『人物叢書　光明皇后』（吉川弘文館、一九六一年）。

春名宏昭「百部最勝王経覚書」（『正倉院文書研究』一、一九九三年）。

春名宏昭「先写一切経（再開後）について」（『正倉院文書研究』三、一九九五年）。

福山敏男『日本建築史の研究』（桑名文星堂、一九四三年）。

福山敏男『寺院建築の研究　中』（福山敏男著作集二、中央公論美術出版、一九八二年）。

ブライアン・ロウ「仏教信仰面からみた五月一日経願文の再考」（上代文献を読む会編『上代写経識語注釈』勉誠出版、二〇一六年）。

古瀬奈津子「告朔についての一試論」（『日本古代王権と儀式』吉川弘文館、一九九八年、初出一九八〇年）。

北条秀樹「愛智郡封租米輸納をめぐる社会構成」(『日本古代国家の地方支配』吉川弘文館、二〇〇〇年)。

矢越葉子「正倉院文書写経機関関係文書編年目録―天平宝字六年―」(『東京大学日本史研究室紀要』一一、二〇〇七年)。

矢越葉子「造石山寺所の文書行政―文書の署名と宛先―」(『正倉院文書研究』一一、二〇〇九年)。

矢越葉子「写経所の『告朔解』について」(『お茶の水史学』五三、二〇一〇年)。

山口英男「正倉院文書から見た『間食』の意味について」(『正倉院文書研究』一三、二〇一三年)。

山口英男「正倉院文書と古代史料学」(『岩波講座　日本歴史』第二二巻、岩波書店、二〇一六年)。

山下有美『正倉院文書と写経所の研究』(吉川弘文館、一九九九年)。

山下有美「五月一日経『創出』の史的意義」(『正倉院文書研究』六、一九九九年)。

山下有美「日本古代国家における一切経と対外意識」(『歴史評論』五八六、一九九九年)。

山下有美「正倉院文書研究における帳簿論―宝亀年間の写経所の帳簿管理技術―」(『民衆史研究』五八、一九九九年)。

山下有美「五月一日経における別生・偽疑・録外経の書写について」(『市大日本史』三、二〇〇〇年)。

山下有美「嶋院における勘経と写経―国家的写経機構の再把握―」(『正倉院文書研究』七、二〇〇一年)。

山下有美「東大寺の花厳衆と六宗―古代寺院社会試論―」(『正倉院文書研究』八、二〇〇二年)。

山下有美「安都雄足　その実像に迫る試み」(栄原永遠男編『平城京の落日』清文堂出版、二〇〇五年)。

山下有美「月借銭再考」(栄原永遠男編『日本古代の王権と社会』塙書房、二〇一〇年)。

山下有美「校経における勘出・正書の実態と布施法」(『正倉院文書研究』一三、二〇一三年)。

山下有美「天平宝字期の解移牒案について」(栄原永遠男編『正倉院文書の歴史学・国語学的研究―解移牒案を読み解く―』和泉書院、二〇一六年)。

山田英雄「写経所の布施について」(『日本古代史攷』岩波書店、一九八七年、初出一九六五年)。

山本幸男『写経所文書の基礎的研究』(吉川弘文館、二〇〇二年)。

山本幸男『奈良朝仏教史攷』(法蔵館、二〇一五年)。

山本幸男「造東大寺司主典安都雄足の『私経済』」(『史林』六八―二、一九八五年)。

山本幸男「天平宝字二年造東大寺司写経所の財政運用―知識経写経と写経所別当の銭運用を中心に―」(『南都仏教』五六、一九八六年)。

山本幸男「正倉院文書における『鳥の絵』と『封』―写経所案主佐伯里足の交替実務をめぐって―」(『続日本紀研究』二八〇、一九九二年)。

山本祥隆「正倉院文書写経機関関係文書編年目録―天平宝字七年―」(『東京大学日本史研究室紀要』一六、二〇一二年)。

松平年一「知識大般若経と大殿の建築」(『日本歴史』三三三、一九七六年)。

松平年一「正倉院御物武器の動きについて」(『歴史学研究』九ノ四、一九三九年)。

松原弘宣「勢多庄と材木運漕」(『日本古代水上交通史の研究』吉川弘文館、一九八五年)。

松原弘宣「造東大寺司の『所』と『領』」(『日本古代の支配構造』塙書房、二〇一四年、初出一九八九年)。

松原弘宣「勢多庄と材木運漕」(『日本古代水上交通史の研究』吉川弘文館、一九八五年)。

三上喜孝・飯田剛彦「正倉院文書写経機関関係文書編年目録―天平十四年・天平十五年―」(『東京大学日本史研究室紀要』四、二〇〇〇年)。

三谷芳幸「天平勝宝七歳の『班田司歴名』をめぐって」(『律令国家と土地支配』吉川弘文館、二〇一三年、初出二〇〇四年)。

皆川完一「光明皇后願経五月一日経の書写について」(『正倉院文書と古代中世史料の研究』吉川弘文館、二〇一二年、初出一九六二年)。

宮川麻紀「正倉院文書写経機関関係文書編年目録―天平勝宝四年―」(『東京大学日本史研究室紀要』一五、二〇一一年)。

宮﨑健司『日本古代の写経と社会』(塙書房、二〇〇六年)。

森明彦『日本古代貨幣制度史の研究』(塙書房、二〇一六年)。

森明彦「大伴若宮連大淵と天平二十年寺花厳経疏の書写　上・下」(『和歌山市史研究』一四・一五、一九八六・一九八七年)。

森明彦「千部法華経充本帳の断簡整理」(『関西女子短期大学紀要』二、一九九二年)。

森明彦「奈良朝末期の奉写一切経群と東大寺実忠」(『正倉院文書研究』七、二〇〇一年)。

横田拓実「天平宝字六年における造東大寺司写経所の財政―当時の流通経済の一側面―」(『史学雑誌』七二―九、一九六三年)。

横田拓実「奈良時代における石山寺の造営と大般若経書写」(『石山寺の研究―一切経篇―』法蔵館、一九七八年)。

吉田孝「律令時代の交易」(『律令国家と古代の社会』吉川弘文館、一九八三年)。

吉永匡史「正倉院文書写経機関関係文書編年目録―天平勝宝三年―」(『東京大学日本史研究室紀要』一三、二〇〇九年)。

吉松大志「正倉院文書写経機関関係文書編年目録―天平勝宝二年―」(『東京大学日本史研究室紀要』一四、二〇一〇年)。

若井敏明「造東大寺司の成立について」(『続日本紀研究』二四三、一九八六年)。

若井敏明「再び造東大寺司の成立について」(『続日本紀研究』二五〇、一九八七年)。

若井敏明「三たび造東大寺司の成立について―市原王をめぐって―」(『続日本紀研究』二六三、一九八九年)。

渡辺晃宏「天平感宝元(七四九)年大安寺における花厳経書写について」(『日本史研究』二七八、一九八五年)。

渡辺晃宏「金光明寺写経所の研究―写経機構の変遷を中心に―」(『史学雑誌』九六―八、一九八七年)。

渡辺晃宏「造東大寺司の誕生―その前身機構の考察を中心に―」(『続日本紀研究』二四八、一九八七年)。

渡辺晃宏「続造東大寺司の誕生―造物所・造仏司管見―」（『続日本紀研究』二五五、一九八八年）。

渡辺晃宏「廿部六十花厳経書写と大仏開眼会」（皆川完一編『古代中世史料学研究』上、吉川弘文館、一九九八年）。

渡部陽子『「下纏」と『式』『敷』』（『正倉院文書研究』一二、二〇一一年）。

渡部陽子「正倉院文書にみえる帙」（『正倉院文書研究』一三、二〇一三年）。

渡部陽子「正倉院文書にみえる浄衣」（栄原永遠男編『正倉院文書の歴史学・国語学的研究―解移牒案を読み解く―』和泉書院、二〇一六年）。


『正倉院文書と古写経の研究による奈良時代政治史の検討』一九九三～一九九四年度科学研究費補助金一般研究C研究成果報告書（研究代表者　大平聡）一九九五年。

奈良女子大学21世紀ＣＯＥプログラム報告集vol４・９「正倉院文書の訓読と注釈　請暇不参解編（一）（二）」（『古代日本形成の特質解明の研究教育拠点』二〇〇五・二〇〇七年）。

奈良女子大学21世紀ＣＯＥプログラム報告集vol25「正倉院文書の訓読と註釈―啓・書状編（一）」（『同』二〇〇九年）。

「正倉院文書の訓読と注釈―造石山寺所解移牒符案（一）―」（平成十九年度～二十一年度科学研究費補助金研究成果報告書Ⅰ『正倉院文書訓読による古代言語生活の解明』〈担当者　桑原祐子〉二〇一〇年）。

「正倉院文書の訓読と注釈―啓・書状―」（平成十九年度～二十一年度科学研究費補助金研究成果報告書Ⅱ『正倉院文書訓読による古代言語生活の解明』〈担当者　黒田洋子〉二〇一〇年）。

『正倉院文書の訓読と注釈―造石山寺所解移牒符案（一）―』（平成二十二年度～二十五年度科学研究費補助金研究成果報告書Ⅰ「正倉院文書による日本語表記成立過程の解明」〈担当者　桑原祐子〉二〇一〇年）。

『正倉院文書の訓読と注釈―造石山寺所解移牒符案（二）―』（平成二十二年度～二十五年度科学研究費補助金研究成果報告書Ⅰ「正倉院文書による日本語表記成立過程の解明」〈担当者　桑原祐子〉二〇一四年）。

出典一覧

写真1・5〜19・21・22・29・36・44・45・50〜54
→宮内庁正倉院事務所ホームページより転載。
写真2〜4・20・23・24・26〜28・31・33・35・37・38・40〜43・48
→マイクロフィルム焼付写真。
写真25・30・32・34・49　→『正倉院古文書影印集成』（宮内庁正倉院事務所編　八木書店）より転載。

写真39
→『古事記の歩んできた道―古事記撰録一三〇〇年―』（奈良国立博物館、二〇一二年）より転載。
写真46　→『第65回「正倉院展」目録（平成二十五年）』（奈良国立博物館、二〇一三年）より転載。
写真47　→　奈良国立博物館ホームページより転載。

あとがき

日本古代史において正倉院文書研究はメジャーではない。普通の古代史の研究会で研究発表をすると、質問はほとんど出ない。あらかじめ正倉院文書の専門家が多い研究会を探さなくてはならないのである。多くの古代史研究者にとって、「律令」や『続日本紀』などは必須であるが、正倉院文書は「知らなくても良い」史料なのである。この状況を少しでも変えることはできないだろうか、そう思って本書を執筆した。

正倉院文書は敬遠される傾向にあるが、難解にみえる写経所文書、つまり帳簿は、いくつかの種類に分けられる。「用度案」「告朔解案」「布施申請解案」が、それぞれ予算書、決算報告書、給料申請書の案であることを知っていれば、理解しやすくなる。どんな帳簿がどの順序で作られていたのか、その用途や目的を解説するものを書こうと思い立った。そして帳簿には見慣れない用語が多く、一つ一つ調べていくうちに時間が経っていく。何か一つ帳簿の例をあげて、その内容を解説するものがあれば良いのではないかと考えた。さらに私自身が研究対象にした帳簿は、知り得たことをなるべく記すようにし、「正倉院文書を研究するには、どうすればよいのか」という質問に応えるために、第一章の【二】浄衣用帳や【四】充紙帳では「研究への展開」という項目を作った。写経所文書は同時期のものが重複して存在することが多い。したがってまずは、これらを比較することが基本となる。この地味な作業によって気がつく、些細な違いや違和感から、研究が展開していくものだと思う。

一方、正倉院文書に関する論文は、その内容の複雑さから著名な学術雑誌に掲載されていることは少なく、手に入りにくい『紀要』などに載っている。さらに苦労して論文を入手しても、内容が思っていたものと違っていたりする。ここから論文の内容を簡潔に説明したものを書けば良いのではないかと思った。さらに進めていくうちに、写経事業の研究がこんなに進んでいるのであれば、それぞれの写経事業の解説があれば便利なのではないかと考えた。このようにして本書の原型ができあがっていった。

私の置かれていた環境はすばらしかった。東京大学史料編纂所の研究支援推進員として史料編纂所図書室や総合図書館・文学部図書室などを自由に使うことができた。さらに史料編纂所の五階には、正倉院文書調査のため、写真帳や図録、主要な書籍・論文が一箇所に集められていた。そして山口英男先生をはじめ、稲田奈津子氏、長島由香氏、西本哲也氏、さらに正倉院文書演習（山口先生）に参加する東京大学の院生に囲まれていた。わからないことがあれば、すぐに相談することができた。広く論文を収集し、写経所文書の入門書を書くなら、それは「今しかない」と感じ、弾かれたように本書を書き上げた。

本書で紹介した先行研究は、写経所文書という膨大な帳簿の山から、写経事業を拾い上げ、その目的や意義、写経機構や財政などをあきらかにしたものである。そのたゆまぬ研鑽と探究心に敬意を表したい。

また本書は企画の段階から刊行に至るまで、稲田氏に相談に乗っていただいた。宮内庁正倉院事務所の佐々田悠氏にもたいへんお世話になった。さらに長島氏、西本氏、垣中健志氏には原稿を読んでいただき、どうすれば読みやすくなるか検討していただいた。正倉院文書演習の成果も盛り込ませていただいた。関係各位に厚くお礼を申し上げたい。そして私に正倉院文書を研究する環境と機会をくださった山口先生、本書の刊行を引き受けてくださった同成社に深く感謝申し上げたい。

正倉院文書は、日本古代史のみならず多くの分野から注目されている。仏教史においては、遣唐使が持ち帰った経典のうち、どの経典が重視され、写経されたのか、為政者の思想や心理にせまる研究が行われている。また仏教がどのように伝播し、日本に根付いていったのか、その過程を探ろうとする試みもある。服飾史においては、写経生の浄衣などから、その素材や縫製の仕方を、食文化史においては、食材や食器・調理器具から当時、何をどのように調理し、どう盛りつけたのかを探ろうとしている。また国語学からは、古代の日本語がどのように使われていたのか、日本語形成の歴史を解明しようと試みている。さらに古代の造営事業、すなわち木材の伐採や運漕、組み立てなどの建築技術、そして木工・鉄工・仏工・石工・鋳物工・漆工・絵師などの職人組織についての研究も行われている。一方、写経所とその上級官司である造東大寺司との間の文書のやりとりなどから、古代の文書行政の実態を解明しようとする研究もある。今ここに記した研究は、ほんの一部であり、研究史料としての正倉院文書には、無限の可能性がある。

私自身は、写経所の財政を研究している。和同開珎は発行されていたものの、まだ布や米が貨幣として機能していた時代に、どのように予算が立てられ執行されていたのか、また平城京東西市や難波津を中心とする流通経済が、どのような影響を及ぼしていたのか、その実態をあきらかにしたいと思っている。

しかし写経所文書は、江戸時代末期からの整理作業によってバラバラになっており、早急に元の状態に戻す必要がある。国立歴史民俗博物館では、カラーコロタイプ印刷による精緻な複製資料を製作しており、実物では不可能な復元作業を行うことができる。今後「続々修」の製作が進めば、多くの「断片」の接続関係をあきらかになるのであり、そうなれば、もはや「断片」ではなく、奈良時代の一級史料となる。複製は「続々修」四四〇巻二冊のうち、一六八巻一冊まで進んでいる。今後の進展を期待したい。

市川　理恵

二〇一七年十一月

2　事項索引

索 引

1 研究者索引（敬称は省略）

正《しょう》倉《そう》院《いん》写《しゃ》経《きょう》所《しょ》文《もん》書《じょ》を読《よ》みとく

■著者略歴■

市川理恵（いちかわ　りえ）

1970 年　東京都に生まれる
1993 年　東京女子大学文理学部史学科卒業
1996 年　東北大学大学院文学研究科博士前期課程修了
2002 年　学習院大学大学院人文科学研究科博士後期課程修了
　　　　博士（史学）

日本学術振興会特別研究員 PD・RPD を経て、
現在、東京大学史料編纂所研究支援推進員・駒沢女子大学兼任講師・聖マリアンナ医科大学非常勤講師。
主要著書
『古代日本の京職と京戸』吉川弘文館、2009 年。
『正倉院文書と下級官人の実像』同成社、2015 年。

2017 年 12 月 31 日発行

著　者　市 川 理 恵
発行者　山脇由紀子
印　刷　㈱ デ ィ グ
製　本　協栄製本㈱

発行所　東京都千代田区飯田橋 4-4-8
（〒 102-0072）東京中央ビル内　㈱同成社
TEL 03-3239-1467　振替 00140-0-20618

ISBN 978-4-88621-777-6 C3021